U0047795

有時候你在尋找的東西
會出現在你完全沒注意的地方。

——無名氏

沒有什麼禮物比貓咪的愛更棒了。

——查爾斯・狄更斯（Charles Dickens）

目錄

不過短短幾星期，娜拉就已撼動我的生活。我的日子有了秩序、有了例行公事。遇見她之前，我睡到自然醒，隨心所欲賴床。那些日子一去不復返，現在我得隨時待命，為娜拉值班。為了值班時不出差錯，更必須鑽研一種新的語言：學習如何說娜拉語。

第二部　高低起伏天堂路

希臘——土耳其——喬治亞——亞塞拜然

我小心翼翼地撿起狗狗。內心湧上似曾相識的感覺，和十個月前在蒙特內哥羅邊境的情境如出一轍。不禁天人交戰。我該怎麼安置牠？應該帶牠到哪裡去？不久我就做了決定，一邊安撫牠，一邊把牠放進背包外出籠。而娜拉生氣地瞪著我，像在質問：這次你又撿了誰？

繁體中文版序

過去這一年半對我們大家來說都是一段艱困的時期。全球的新冠肺炎疫情攪亂了我們的生活。我們必須改變過往的生活、工作以及與人接觸的方式。如果有一線希望存在，那就是封城讓我們有機會盤點自己的生活，停下來並且花個片刻（或是好幾個片刻！）欣賞那些值得讓我們活下去的美好事物。

當然，對我來說，這樣的過程早就開始了。我和娜拉的冒險旅程讓我在很早之前就開始重新思考人生中對我來說最優先的事情。不過這並不代表我已經沒有其他需要學習的事，確實是有的。

自從我寫完這本書，我橫跨全球的旅程就已經完全停擺。在匈牙利經歷第一波疫情的時候，我仍然可以稍微旅行，抵達斯洛伐克、德國、奧地利，接著搭車從荷蘭到丹麥。但是我必須先將橫越世界的大計畫冰封起來，至少目前是如此。我不騙人，那真的是一段充滿壓力、有時令人沮喪的時期。我曾經對於世界能否回歸常軌感到絕望，不知道是否能再見到對我很重要的人、是否能從事我最喜愛的事情——旅行、認識新的地方和人們；相信大部分的人都是如此。所幸，這段期間仍然維持不變的，就是娜拉。

娜拉即將迎接她的三歲生日。從我在波士尼亞的那座山頂上遇見她的那個早晨，她已經長大許多。她仍然活蹦亂跳，總是在一旁逗我笑、讓我開心起來。不過她這陣子比較沉穩了，喜歡躺在一旁，感受這個世界。她也不斷地展現那使我們的羈絆如此之深的神奇忠誠與勇氣。

有個例子就發生在我們穿越斯洛伐克的某個早晨。我紮營在離首都布拉提斯拉瓦不遠處，鄰近樹林的一塊空地。大約早上四點的時候，娜拉靠過來喵喵叫，吵個不停，在我的臉頰旁邊磨蹭，好像在找地方躲藏一樣。這好像意味著什麼事情要發生了。就跟上回在土耳其有熊來拜訪我們的那次一樣。

果然，當我拉開帳篷的拉鍊，望向破曉的天空時，我看到一個男人在翻我的東西。他個頭跟我一樣大，而且手上拿著刀子。我失去理智、立刻衝向他。接下來我半裸著身子在原野上追著他跑。我抓到他然後給他一拳。頓時我的一堆東西從他的口袋裡滾了出來，包括我的GoPro 相機和其他裝備。等我撿起所有的東西時，他已經跑了，可能跟我一樣一邊發著抖。

這個事件讓我停下腳步，開始思考。一方面，我並不為自己感到驕傲。那個男的看起來很邋遢，散發出難聞的味道，感覺好幾週沒洗澡了。我想他應該也沒有好好睡覺。如果他是無家可歸的人或是需要什麼東西，我應該會和他說話並且幫他的忙。但我猜他應該是絕望的人。而有時候當你感到絕望，你就會做出絕望的事。當我回想一遍剛剛的經過，我就覺得非常感激娜拉。如果不是她把我叫醒，那個人在我醒之前早就走遠了。這樣我就會損失價值好幾百英鎊的裝備。誰知道他還會做出什麼事？畢竟他有刀。

在我們的旅程繼續前進的那一年中，娜拉不斷地表現出那樣的勇敢。

我嘗試執行了一直放在口袋名單中的幾件事情。比如說建造一個冰屋並睡在裡面。我也達成了人生的目標，搭了飛機。讓我感到開心的是，娜拉跟我在一起。

那趟飛行是一位奧地利女士哈娜招待我的。不像之前在土耳其卡帕多奇亞的熱氣球之旅，搭飛機對娜拉來說應該容易應付得多。熱氣球的聲響一直是我最擔心的。燃燒瓦斯發出的轟響震耳欲聾，真的很可怕。而且我也很怕她會跳出去或是突然做出什麼動作，然後跑到吊籃的另一邊……呃，光是想像都讓人受不了。搭飛機就完全是不一樣的事了。

有了哈娜的幫忙，我們很順利搭上飛機。首先，我們直接將娜拉帶進機艙放在我腿上。然後我們先在機艙裡面繞行，就像在轎車或是露營車裡面。她沒事。然後我們就起飛，她也很冷靜。當我們飛在空中時，她沉迷於下方世界的景色。引擎持續不間斷的嗡嗡聲就和我們在穿越歐洲及中亞所搭乘的交通工具上聽到的沒什麼兩樣。我很滿意她的反應，尤其是因為如果我們可以再次上路，那會讓我多一個選項，可以在旅程中的某些路段搭乘小飛機。

在那趟旅程中，娜拉似乎和我一樣急著想要回到腳踏車上。我一直在閱讀關於封城以及隔離是怎麼樣改變了許多人、人們如何變得更謹慎了。某部分的我確實想像著如果我們穿越歐洲進入土耳其、喬治亞和亞塞拜然，娜拉是否會有同樣的感受。但是，令我很開心的是，每當我將腳踏車牽出來，她就會跳到籃子裡，隨時準備上路。然後當我們出發之後，她就像以往一樣充滿活力和好奇心。

對我來說，被困在同樣的地方好幾個月實在很綁手綁腳。我有一個躁動的靈魂。不過至少我可以持續製作我的慈善月曆，並用這個健康的收益來幫助世界各地的慈善事業，其中許多事業都因為疫情而苦苦掙扎。當然，並不只是新冠肺炎讓慈善機構陷入困境。二〇二一年八月，我捐錢給 Nowzad，這個慈善機構在阿富汗救援動物並教導動物福利。當美國和英國軍隊撤出的時候，我捐了一筆錢幫助他們的「方舟行動」（Operation Ark），讓他們在塔利班再度掌權之時能夠從這個國家移出。那是一個很刺激的行動，但他們安全地離開了。

幫助慈善組織讓我得到巨大的滿足感，但我也從娜拉為其他人的生活帶來如此多的幸福汲取很多力量及喜悅。關於人們對娜拉的反應，我從未停止感到驚奇，不只是面對面的，也有來自線上的、特別是最多人認識她的社群媒體。

我常常想，到底是什麼讓娜拉這麼受歡迎。我想可能的原因有兩點。首先，大家都愛娜拉。對我來說，她是全世界最可愛的小貓咪，而大家似乎也都同意。大家喜歡看她出現在有趣地點的照片。而這就是第二點。我想，我們給了人們不用離開家門就可以看世界的機會。尤其是在這個人們並不能真正旅行的艱難時刻，雖然我們的旅行不像疫情之前那樣令人驚嘆，但我們仍然在代替其他人探索並分享世界的美，光是這一點似乎便造就了不同。

因此，抱持著這個想法，很明顯的問題就是：接下來呢？嗯，就像大家一樣，我沒有水晶球，我不知道就疫情來說，未來會發生什麼事。但現在看起來，一切已經非常緩慢地開始轉動了。因此我也開始計畫一些事情了。

我沒有改變大致上的規畫。我會照著封城前原有的計畫，也就是往俄羅斯去，騎腳踏車越過一萬公里的西伯利亞及這個國家剩下的部分，直抵海參威，從那裡我可以搭船到南韓或日本。我期望在途中造訪蒙古，可能也會去哈薩克。接續日本和韓國，我會去探索整個東南亞，然後南下澳洲。我希望仍然能夠這麼做，但是由於新冠病毒，情況很不穩定而且變化太快，誰知道我最後會在哪裡？

如果說實話，我真的不在乎。對我而言，重要的是冒險以及在路上的單純喜悅。只要娜拉與我在一起，其他事情並不怎麼重要。

迪恩・尼可森

二〇二一年八月於奧地利

第一部 找到路

波士尼亞——蒙特內哥羅——阿爾巴尼亞——希臘

不過短短幾星期，娜拉就已撼動我的生活。

我的日子有了秩序、有了例行公事。遇見她之前，我睡到自然醒，隨心所欲賴床。

那些日子一去不復返，現在我得隨時待命，為娜拉值班。

為了值班時不出差錯，更必須鑽研一種新的語言：學習如何說娜拉語。

地圖一

Ⓐ 波士尼亞特雷比涅
① 蒙特內哥羅布德瓦（Budva，Montenegro）
② 蒙特內哥羅巴爾鎮（Bar）
③ 阿爾巴尼亞斯庫台（Shkodra，Albania）
④ 阿爾巴尼亞地拉那（Tirana）
⑤ 阿爾巴尼亞希馬拉（Himara）
⑥ 阿爾巴尼亞薩蘭達（Saranda）
⑦ 北希臘
⑧ 希臘伯羅奔尼撒（The Peloponnese）
⑨ 希臘雅典
⑩ 希臘溫泉關（Thermopylae）
⑪ 希臘尼爾斯・史可波斯（Neos skopos）
⑫ 希臘塞薩洛尼基（Thessaloniki）

第一章　回家

我的故鄉蘇格蘭有句智慧、古老的諺語，「會發生在你身上的事，終究會發生。」（Whit's fur ye'll no go past ye.）生命中有些事情是註定的。註定要發生的事情就會發生。那是命運。

從一開始，我就覺得是命運讓我和娜拉相遇。我們在那個時間點，同時出現在那麼偏僻的地方，不可能是巧合，讓她在那麼完美的時刻進入我的生活。那就好像是她被派來，為我帶來我所缺失的方向和目標。當然，我永遠也不可能知道事實如何，但是我喜歡這樣想，想著我也為娜拉帶來她正在尋找的東西。我愈這樣想，就愈被這樣的想法說服。對我們倆來說，這份友誼就是天生註定。我們註定要一起長大，一起去看看這個世界。

我們相遇前的三個月，二〇一八年九月，我從家鄉蘇格蘭東海岸的一個小鎮鄧巴（Dunbar）出發，打算騎腳踏車環遊世界。不久後我就要滿三十歲了，我想擺脫一成不變的生活，逃離那世界的小角落，達成些什麼有意義的成就。但老實說，其實計畫不如預期。我已經穿越北歐，但經歷了一連串的繞路和干擾，失利的開端和挫折，多是我自找的。我原先計畫要跟一位朋友瑞奇，一同完成旅行。但他已經掉頭回家了。我說實話，他離開也許是件好事。我們對彼此的影響並不是最好的。

十二月的第一週，我在波士尼亞南邊往蒙特內哥羅、阿爾巴尼亞和希臘的路上，我開始覺得好像終於有了點進展，我準備好擁有我一直想要的經歷了。長久以來，我夢想著要穿越小亞細亞（Asia Minor）沿著古絲路進入東南亞，從那裡直下澳洲，橫跨太平洋再到南美洲、中美洲，和北美洲。我想像自己騎著腳踏車穿過越南的稻田、加州的沙漠，穿越烏拉爾（Urals）的山脈和巴西的海灘。世界隨我馳騁，要花多少時間旅行都可以，我沒有設定時間表。我不需要，也不再需要向誰報備了。

那個特別的早晨，天剛破曉，我在靠近特雷比涅附近的小村莊收拾好帳篷，當時大約是七點半。除了幾隻嚎吠的狗和一輛垃圾車，閃亮亮的鵝卵石街道幾乎是空蕩蕩的。我顛簸騎過石子地，白色的腳踏車嘎嘎作響，睡意都被抖了乾淨。接著，我沿著通往群山和蒙特內哥羅邊界的路徑騎去。

氣象報告顯示隔天會下雪和雨夾雪，但此刻天空很清澈，溫度也舒適，我的騎程很快有了進展。經過前幾個星期的挫敗，能夠重新上路並自由騎行，感覺真好。過去幾週大部分的時間我都打著石膏，等待腿傷恢復。之所以受傷，是因為我從距此數小時騎程、位於波士尼亞著名的莫斯塔爾古橋跳下來所致。這大概是件蠢事。當地人勸我不要跳，因為冬天的河水很深。但我生來就很容易做蠢事，曾經是班上丑角，終生都是班上丑角。

我是覺得，我犯的最大錯誤就是聽了導遊的話，他說服我用不同於以前在鄧巴跳下懸崖的方式一躍而下。這次我跳進冰水裡時膝蓋微微彎曲，當我離開冰水那一刻就知道有什麼不對勁。醫生告訴我，我右膝的前十字韌帶（又稱ACL）有撕裂傷，需要打三個星期的石膏。

一個星期後我就拆掉了。我沒有耐心再多待，在下次回診前就離開了莫斯塔爾。當太陽升起，我騎著漫長而緩慢的上坡進入山巒間的那個早晨，我主要擔心的點和我回到路上騎車時一樣，就是絲毫不能再加重腿傷了，我知道我的膝蓋如果不左右移動就沒事。

我專注於有節奏地在同一平面上下移動雙腿。我很快就找到一套不錯的動作，而且看起來一切正常。我有信心可以騎八十或甚至一百六十公里。

十點左右，我進到波士尼亞南端的山區。覺得離文明已經有好一段距離了。最後一座小鎮離這裡都至少有十六公里。幾公里後，我經過一處像採石場的地方，但明顯已經廢棄了。我自己一個人，蜿蜒的路並不特別陡峭，更像是個漫長、緩慢且漸進的上坡，剛好很適合我。有些路段塌了，也正好給我求之不得的休息時間。景色很壯觀，我沿著高高的山脊騎行，向上仰望高聳且雪白皚皚的山峰，真讓人興奮。

我感覺超好的，我決定放點音樂。〈回家〉是我最喜歡的其中一位歌手艾美．麥當勞（Amy MacDonald）的新歌，歌聲很快就從我綁在腳踏車後的喇叭裡放出來。我的精神一定很亢奮，因為我開始跟著唱。

若是改天，這首歌的歌詞一定是設計來讓我想家的。而的確有一刻，我真的想到在蘇格蘭的媽媽、爸爸和姊姊，正等著我哪天回家。我們是個親密的家庭，我想他們。但我太享受此刻而無法感傷起來。回家這檔事不得不再多等一段時間了，我對自己說。當然，我從沒想過還有其他東西正等著我，在比家近一點的地方。

事情發生時，我正沿著另一段緩慢爬升的路騎行。一開始，我不太能分辨出那個微弱，又稍稍尖細的聲音是不是從我車後傳來。有一會兒我無法注意那聲音，因為我車的後輪，或是裝滿我衣物和裝備的側袋有零件鬆動，正嘎吱作響，下次休息我要記得上點油。但接著，我停止唱歌，那聲音變得清楚，我意識到那是什麼了。我再確認一次。不可能吧，是嗎？

那是喵喵叫。

我轉頭，眼角餘光看到了牠。一隻骨瘦如柴、毛色灰白相間的小貓咪沿著路碎步奔來，拚命想跟上我。

我煞車，放下腳架立起車。我嚇傻了。

「妳在這裡幹嘛？」我說。

沿著這條路再往前走，是分布著小山羊棚和農場的山丘，而這附近的山區，好幾公里範圍內都沒有其他建築。這附近杳無人煙。我無法理解牠是打哪兒來的，更重要的是牠要去哪裡。

我決定靠近一點看，但等我架好車也下來了，貓咪卻迅速跑離路面，穿過金屬防撞欄進到一些鬆動的巨石堆中。我低下身爬著靠近。很明顯牠是隻小貓咪，可能不過幾週大。這隻亂糟糟的小東西，牠有著長而瘦的身形、大而尖的耳朵、纖細的雙腿和一條胖尾巴。牠的毛很細且飽經風霜，身上有些鏽紅色斑點。但牠也有著最動人、最大的綠眼睛，它們正盯著我，好像要試著弄懂我是誰。

我靠近，內心希望牠很有野性，在我靠近時就跑掉。但牠似乎絲毫不懼怕我，牠讓我輕撫牠的脖子並傾身靠著我，輕輕地呼嚕，好像牠很開心有人的觸摸和關心。

這隻貓應該是人養的，我想。很有可能是牠逃跑了，或更可能是被人丟棄在路邊。我感覺自己想到這個就生氣，我也發現自己的防護罩在瓦解。

「可憐的小東西，」我說。

我回到腳踏車上，打開一個箱子。我車上沒有帶太多食物，但我決定舀一匙原本午餐要用的番茄青醬。我在岩石上塗了厚厚的醬讓小貓吃。

牠吃東西的樣子好像一星期沒見過食物，完全是狼吞虎嚥。我一直在IG上分享這趟旅程的精彩片段給家人和朋友，我拿起手機錄下這奇妙的相遇，可能等一下再跟他們分享。這隻貓肯定很上相，而且牠幾乎是在相機前玩耍起來，牠開始在路邊的石頭上亂跑。

但不幸的是，事實不太樂觀。如果牠自己留在這兒，可能會受不了寒冷和飢餓，也有可能被偶爾經過的貨車輾過，或甚至可能被這幾天我常看到盤旋在山頂的猛禽給抓住。牠這麼小又這麼嬌弱，一隻老鷹或鵟鷹就能撲上來輕易抓走。

我從小在蘇格蘭長大，一直很喜歡動物，尤其鍾情無家可歸的流浪貓狗。在不同時期我養過沙鼠、雞、蛇、魚，甚至是竹節蟲。我還在上學時，有一次，暑假期間我照顧了一隻受傷的小海鷗七週。那隻海鷗後來變得親人，我爸媽還有一張我邊走牠邊站在我肩膀上的照片。最終，牠在我開學的前一天痊癒，健康地飛走了。

但動物終究是動物，我想幫助牠們的心力並不總是順利。在農場工作時，我犯了個錯，我把兩隻媽媽過世了的小豬帶回家。我把牠們放在我房間裡，用燈溫暖牠們。我太笨了，牠們突然暴衝，把身體埋在我的衣服堆裡，弄得到處都亂糟糟的。而那個聲音呢，如果你從他們發出的尖叫聲來判斷，你大概會以為牠們要被殺掉了。那晚真是場噩夢。

我一直覺得，相較之下我喜歡狗勝於貓。我想像貓是有攻擊性的動物，但眼前這傢伙看起來天真又無害，似乎連隻蒼蠅也捨不得傷害。但是，當我的心告訴我該把貓帶著走，我的腦袋說了些理智的話。我這趟旅程的鬧劇已經夠多了，現在好不容易有點動力繼續。如果我今晚想要抵達蒙特內哥羅，就不能因為牠拖慢速度。

我回到路上推著車，讓貓咪在我旁邊跑。我不知道為什麼，但我滿有信心牠等等就會無聊了，看到什麼東西就跑去玩然後消失不見。五分鐘過了，牠仍然跟著我，更重要的是，牠沒有其他地方可以去。這灌木叢生的岩石堆地形嚴峻，如果相信天氣預報，很快就會覆滿白雪。我想著，牠撐不過一天的，要是真的下雪的話。

我嘆了口氣，我的心贏過腦袋了，沒其他辦法。

我拎起貓咪帶到腳踏車旁。牠剛好可以坐在我的手掌上，幾乎感覺不到重量，我甚至可以摸到牠的肋骨。我單車的車頭有個車前袋，用來放置替旅程錄影和拍照的無人機。我清空袋子，把東西拿出來放進其中一個側袋。

然後我在車前袋裡鋪件T恤墊著，輕輕把貓放進去。牠的小臉露出來，不安地看著我，好像在告訴我牠不舒適。但我也沒辦法，我還能把妳放在哪裡？我得走了，希望牠可以安穩點，但顯然小貓心裡有其他盤算。

我只前進不到幾百公尺，小貓就出其不意嚇我一大跳。在我還未意識到時，牠就跳出車前袋、爬上我的手臂並跳到後頸。然後牠就把那兒當家了。我感覺牠圈住了我，用頭磨蹭我的頸背，輕輕地呼吸。我不覺得不舒服或是被打擾了，老實說，這感覺還不錯。小貓應該也很舒適，所以我就繼續往前騎了。很快，我也覺得不可思議，但牠睡著了。

這給我喘息的空間。我有機會評估一下，然後決定現在要怎麼做。我又立刻陷入兩難。一方面，雖然我很享受一個人，但有個伴是好事，小貓體重很輕，而且毫無疑問，這會很有趣。但換個角度，這不在計畫內。我遭遇太多這種時刻了，我責備自己。我又分心了。

接近中午，太陽仍在灰藍色的天空中爬升。我從定位系統裡知道很快要靠近邊界了。我得做個決定。重大的決定。

內心深處，我懷疑自己早就下定決心了。

會發生在你身上的事，終究會發生。

這是命運。

第二章　偷渡客

又騎了一個半小時才到達邊界，但新乘客整路都穩坐在我的肩膀上打盹，毫不在意周遭的一切。要是我此時此刻也能輕鬆以待就好了。

沿著蜿蜒的山路騎行，我的心無法鬆懈。我相信自己做了件正確的事，我不可能讓這麼脆弱的小東西留在危險的地方。但同時，我也被疑慮所苦，到達邊界管制區時該怎麼辦呢？我有什麼預備計畫嗎？我從沒有為了副駕駛是隻貓而討價還價過。

我很快說服自己，我應該向邊境人員申報這隻小貓。我會很誠實地簡要解釋事件經過，我在路邊撿到牠，準備帶牠去看獸醫。理所當然他們也會有同情心吧？又不是要帶什麼邪惡的東西穿越國界。只是隻小貓耶，我的老天啊。但我再想一想，這行不通，每個邊界都會管制動物的移動是有道理的。牠們可能會在國界間傳播疾病，尤其貓咪是出了名的容易生病。牠可能會被隔離，他們甚至必須把牠安樂死。我實在不想見到這種事發生。

有一會兒，我想著也許我能宣稱這是我的貓。但我沒有文書證明，沒有醫療證書來擔保牠的健康，所以這想法也沒什麼希望。

我現在了解唯一的選項，是偷偷把牠帶進蒙特內哥羅不被發現。之後的事情之後再說。

我剛剛經過標誌：五公里後到達邊界。我停在路邊的停車區。有部分的我仍然想找到漏洞，找一個變通的辦法。好了，最後一招，我打開手機上的地圖，想找條沒有邊界管控的小山路。但地圖上不見其他條進入蒙特內哥羅的路。況且，這是個笨主意。如果我被警察攔下，然後發現我根本沒有正式的入境紀錄呢？

現實點，迪恩，我對自己說。

沒辦法逃避了，我不得不過海關並通過邊境警衛隊。但怎樣才能確實地偷渡小貓跨過國界呢？

這是個好問題。

我在蘇格蘭鎮日穿梭在派對間的高峰期，曾有偷帶大麻和酒精飲料混進音樂節的經驗。我會把東西藏在鞋子裡、頭帶裡，藏在各式各樣的地方，成功機會一半一半。我被抓到幾次，都只受輕罰而且逃過一劫，但這次不一樣。

這裡的警衛是配槍的。

我坐在路邊，瞪著我的腳踏車，希望能靈光一現。我不能把貓放在腳踏車後的側袋，不管怎麼安排，那裡都沒空間了，裡面塞滿了我的裝備。有一瞬間，我考慮把貓藏在一件摺好的厚重夾克裡，我可以把牠塞進去。但，這又是個愚蠢的想法，要一隻神經兮兮又扭動個不停的小貓安靜坐在裡面，幾乎是不可能的。牠肯定會想冒出頭跟警衛隊打招呼，我跟你保證。

所以我真正的選項，是把小貓關在腳踏車前方的袋子裡，祈禱海關人員不要注意到。但這一點都不容易，這小東西先前不曾好好待著，為什麼現在要安安靜靜？可是我沒有選擇，我得冒這個險。

我和小貓玩了一會兒，希望能耗盡牠的體力。這附近長著雛菊，莖很長，我抓了幾根，讓小貓追著細長的莖跑。小貓玩瘋了，牠轉著圈圈，一下快一下慢，好像腳下有張隱形的彈跳床。但一陣子後我絕望了，牠一點都沒有慢下來的跡象，這貓像顆無法滿足的純能量球，根本是隻裝著金頂電池的小貓。但再一下，好像被施了魔法，二十分鐘後電池耗盡，牠趴在我旁邊的石頭上，似乎又要打起盹來。是時候採取行動了。「好的，」我橫下心，「開始動作！」

我看到往蒙特內哥羅的交通突然活絡起來，大受鼓舞。如果幸運，也許我過海關時那些車還會在那兒。海關可能因此忙碌而受干擾，不太會注意我們。但沒有。當我十分鐘後騎到邊界，已經看不到任何一輛車。只有我。或準確來說，只有我跟我要偷渡的小貓。

邊界管制區是幢現代化的建築，一連串的路障和亭子延伸到金屬支架連接起來的磚造建築和辦公室。我在其中一個亭子旁小心翼翼架起車，讓車頭超過窗口、落在邊境人員的視線外。小貓還在打盹，但我很擔心牠會突然醒來喵喵叫。我開了小聲的音樂當背景音。年輕的海關人員被擋在玻璃後面，這很有幫助，運氣很好，他沒聽到什麼聲音，即使貓咪開始弄出聲響。那聲響也被音樂溫柔而低悶的咚、咚、咚聲給淹沒了。

窗後那傢伙顯得無聊，他隨便翻了翻護照，甚至懶得確認照片也不問我問題。他伸手去拿出入境印章，一邊翻找乾淨的護照頁要蓋下去。我試著維持冷靜並保持微笑，直直地看著他，以免他要跟我眼神接觸。就差這麼一點。我的眼尾餘光瞄到車前袋，我刻意沒拉到底的車前袋拉鍊縫在起伏，那貓正嘗試把爪子推出來，而且伴隨著響亮的喵喵叫。

我的心臟幾乎跳了出來。我不知道為什麼竟然能忍住咒罵，真是了不起。我強迫自己繃緊神經持續看向海關人員。有一刻我只能聽到喵叫聲，我堅信他不可能沒聽到。

我一直不相信什麼精靈或是守護天使，但他們其中當時一定有誰在看顧我，因為突然有台小貨車出現了。那是台破爛不堪的舊車，有很吵的排氣聲，小貨車的排氣聲很快蓋過了喵喵聲，或蓋過了其他所有聲音。

海關人員在護照上蓋章，快快瞄了我一眼就遞回。我可能只在窗前待了一分鐘，但感覺有一小時這麼久。我推車向前，完全不敢往回看。然而我的雀躍並沒有持續，我們只是離開了波士尼亞，接著得面對蒙特內哥羅的海關。離開一個國家是一回事，進入一個國家是另一回事。我知道這更具挑戰性。

果然，第二個邊界看來配備更多軍事力量。好多個帶槍的傢伙正繞著圈，盤查一輛被攔下來的大貨車。

我平穩地騎車，故技重施，停車時讓車前袋盡可能遠離窗口。但這次我加倍了預防措施。我稍稍調高音樂的音量，時不時把手放在車前袋上讓貓玩。有幾次我的手指被尖尖的東西刺進去，但我盡量不縮手。那不容易啊，牠的小牙齒像針一樣，真的很痛。

這個海關人員更加細心，他舉起護照上的照片頁並看著我。他輕撫自己的下巴，好像是在說我的鬍子比護照上的要厚得多，我點點頭然後微笑。他不會說英文，所以我用手臂環繞著自己，好像在跟他說留鬍子比較保暖，他點了點頭。

他蓋下入境章時所發出的聲音，是我這一整天聽見最美妙的聲音。我跨上腳踏車，騎過障礙物到達路上，感覺整個世界變得輕盈起來。我都快要把小貓從車前袋裡拿出來慶祝一番，在我差點要停在路邊、彎下腰時，我發現了恐怖的事——前面有另一個檢查哨。雖然這個規模比較小、威脅感也比較低，但還是有可能逮到我的。我慢慢靠近，暗自祈禱就不要第三次特別衰。

迪恩，不要做蠢事。

當警衛人員從檢查哨走出來時，我正要放下腳踏車的腳架。他在講電話，而且看起來似乎滿忙的。他只是舉起手來往前揮動，指示我繼續往前騎，邊講電話時幾乎沒看我第二眼。我點點頭、豎起大拇指，往前騎。

我很想衝刺，但想想還是不要比較好。我不希望他覺得我做賊心虛，只想逃離犯罪現場，雖然技術上來說，我的確就是這樣。

第三章　再來一次

距離邊境幾公里的地方，我到了一處綿延開闊的鄉村，這裡有些正在施作的道路工程。顯然施工人員今天休息，看不到一點人煙，挖土機和拖拉機停放在路邊。我離開主要的道路休息，前一段長時間踩著上坡，膝蓋在抗議了。一早的戲劇性發展後，我也的確需要喘口氣、安定心神，權衡一下現在的狀況。

我坐在某條挖土機的軌道上，讓小貓去冒險。牠很快就開始奔跑，這裡有片草叢上堆著水泥塊，牠興奮極了。牠不知道自己在幹嘛，也不是很在意的樣子。這小東西玩得很開心，而且顯然有點嗨過頭。

我拍了幾張貓的照片，花了幾分鐘用手機瀏覽蒙特內哥羅的獸醫名單。最好的獸醫似乎是在布德瓦的沿海城鎮，距離這裡大概幾個小時騎程。除非現在出發，不然我晚上一定到不了，但我想這值得一試。

再次上路之前，我決定先吃點東西，同時分點番茄青醬給小貓。我坐在那兒享受冬日陽光的溫暖，也想著今天到目前為止所發生的事。一定是因為腎上腺素作祟，錯不了。

汽車引擎的聲音吸引了我。我轉頭，看到一台銀色的老式福斯汽車從大路旁，一條通向田野的小巷中冒出來。方向盤後面是個小夥子，我看頂多十八、十九歲。他身邊坐著一個人，從車窗裡透出響亮的音樂聲。他們一邊笑鬧，一邊向我揮手並大聲吼著什麼。車子沒入路的那一頭，我微微笑著，那一幕好似看到過去的自己。我爸以前也有台一模一樣的車，我這趟遠征可能就始於四年前那個漫長而多事的夜晚。

我這一生為了引人注目，常鬧些愚蠢的花招，大概過去十年都是這樣。那天晚上和我在車裡的，就是我每次要出去幹壞事，總是和我形影不離的老友瑞奇。大約從二十歲出頭開始，他就一直是我的好哥兒們，我們喜歡稱自己是「受人喜愛的無賴」。我們經常出去玩，通常會抽點大麻並搞些惡作劇。我和瑞奇喜歡的音樂很相近，對生活的想法也類似。我們倆都是派對動物，我猜你可能會說，喔！自由的靈魂。我們從不按章辦事。

那天晚上肯定就是這種情況。我們借了我父親的車，卻沒有告訴他，我們打算幹嘛。我們從鄧巴開了大概一個半小時的車，到差不多一百公里外金羅斯（Kinross）的機場空地上，這不只是個廢棄機場，一個星期後這裡將舉辦盛大的公園音樂節（T in the Park）。我們連續參加很多年了。這是夏天的重頭戲之一，在長長的、陽光明媚的夏日週末，一邊聽著全世界知名的樂團表演，一邊抽點大麻喝點酒，直到我們心滿意足。

我們今年的瘋狂計畫，是音樂節前在雜草叢生的土地上埋些大麻，音樂節開始，我們就可以進場認出地點，再挖出我們專屬的祕密存糧，嘿唷！音樂節這三天所需都不用擔心了。我們覺得自己簡直就是天才，但當然，差得遠了。

我們開夜車，雙重確保不會被發現。音樂節的工作人員還沒開始整理場地，但我們從經驗大概知道圍欄和舞台位置可能在哪裡。在手電筒光底下找到了合適的藏寶地點後，我們就直奔高速公路。因為只有我保了駕駛險，所以我開車過去又再開回來，但我工作了一天，距離鄧巴不過半小時左右車程時，我幾乎睡著了。

我記得我闔上了一隻眼睛，而我記得的下一件事，是我們偏離了道路，撞上兩旁通常警察會停在上面監視交通狀況的高架平台。重重的撞擊又把我們彈回中央分隔島，然後開始一圈一圈地翻轉。我們從十公尺高的山坡上翻滾下來，摔進農田。這一切都用慢動作發生，好像電影畫面。我還記得安全氣囊是如何充氣並打中我們的臉，接著我們像乾衣機裡面的衣服一樣被轉來轉去。最重要的是，我記得我們終於停下來，瑞奇和我倒坐著，車頂塌陷，距離我們的臉不到幾公分。我們擁抱彼此，繼續倒坐在那裡，頭昏眼花，一些小傷口流血流得到處都是。我們在發抖，但不可置信的是，我們沒什麼大傷，很慶幸能繼續活著。

從嚴重的車禍中倖存下來無疑會改變人生。你會覺得自己騙過了死神，獲得了重生的機會。這的確是我人生中一大轉捩點，它改變了我觀看世界的方式，給了我真正的動力去做更多事情、獲得更多體驗。我一直告訴自己不要浪費任何一天，所以在二〇一八年初，瑞奇第一次提議我們該去旅行時，我馬上就聽進去了。

我們那時候坐在室外，做我們經常做的事情：抽大麻。瑞奇不知道為什麼突然講到我們該去南美洲旅行，這提議深深吸引了我。幾年前我和當時的女友去了泰國時，當我們搭著公車和計程車經過那些地方時。我想進一步了解，是誰住在那裡呢？他們怎麼生活的？回家後，我感覺自己亟需去體驗這個世界，用更近、更個人的方式，而不僅僅是當個觀光客。

我想旅行還有另一個更個人的原因，是因為我開始意識到，我得擺脫在鄧巴的生活。那場車禍可能只是催化劑，它加劇了我那醞釀多年的感受。

人們常常問我，我騎腳踏車環遊世界是不是表示我在逃避什麼。這可能有些道理，但我並不是需要遠離家人，雖然我們家有些起伏與波折，但我和我媽、我爸、我姊的感情很好，我們還跟外婆同住。我也沒想過要在世界的另一頭建立家庭，我很享受我從小生長的城鎮和社區，鄧巴是個很棒的地方，充滿了很好的人。我並非想逃離他們，如果要說我真的想逃離或掙脫什麼，應該是想逃離過去的那個我，還有我把自己打包裝進的，毫無意義且一成不變的生活。

我知道我是心地善良的人，但我一直愛調皮搗蛋，是班上永遠的小丑。曾經有段時間我總是陷入麻煩，次數多不勝數，幾乎可說是稀鬆平常。我曾被警察罰款兩次，莫名其妙就到處跟人打架。我通常是懶散悠哉的，可是一旦喝太多，就會變得火爆，喝了酒就會做些原本不該做的事。我快要三十歲時，覺得自己該做些不一樣的事，也不是說我過去都走偏了，而是好像我一直在繞圈圈。

我的父母和姊姊都從事護理工作。我媽是英國國民保健服務（ＮＨＳ）的急診護士，我爸以前從事心理健康相關工作，現在是寄養人。但是我一直都很叛逆，我奮力抗拒，不願意走上類似的路，這些一點都不吸引我。當我還在學校時，可能是受到曾在軍隊服役的爺爺的鼓勵，我熱切地想入伍，並開始接受皇家電氣和機械工程師的基礎培訓。但是幾個月後，我也開始抗拒並退學了。那之後，我在鄧巴附近做些長期的體力工作，先在農場打雜，然後在一家魚類食品工廠當焊工。

我一直擅長於修復和製作東西，但是我的生活卻不是很有建設性。雖然我的老朋友們陸續有了自己的事業，買了房子並準備生小孩，我卻完全沒有想定下來。我覺得自己若是騎車上路，去認識另一頭的世界，可能會幫助我找到自己。或者，至少能找到一條屬於我自己的路。有人曾經說我之所以騎車上路是為了找到路，這似乎滿對的。

與瑞奇談話後的幾個星期，我變得愈來愈期待這件事。我很著迷於騎自行車，瑞奇也是。我的想法是，我們可以穿越歐洲和亞洲，長途跋涉到南美。我覺得這對我們來說是一輩子只有一次的機會，當我們多年後回望，會是個了不起的成就。

「你想想，你可以告訴你孫兒女，你年輕時騎車環遊了世界，」我對瑞奇說。有天晚上在酒吧裡，我試著說服他。

但其實他根本不需要我說服。

我原本有點擔心跟我爸媽提這件事，但對於我終於要為自己的人生做點決定，他們似乎開心不已。真是太出乎意料了。事實上，他們最擔心的是我的人生會走偏，認為我出去闖闖有益無害。我爸覺得這趟路能讓我變得堅毅而獨立。他們的認可，正好提供了我所需的激勵。

我和瑞奇都知道我們需要錢才能上路，所以我們決定來存錢。我們倆都不怕苦，奮力工作了六個月。瑞奇在水泥廠做事，我則找到一份在格拉斯哥（Glasgow）一個主題公園裡鋪設鐵路的工作。我們還在酒吧兼差，並且另外找了些體力活。這中間有段時間，我們倆加起來總共有五份工作，每週平均工作八十二個小時。到了二〇一八年的秋天，我們都各自存了幾千英鎊。我們開始規畫路線，首先到歐洲大陸，然後穿過法國、瑞士和義大利到達巴爾幹半島，再到希臘。我也開始搜整裝備。

我下定決心買一台最好的自行車，把錢花在頂級的 Trek 920 白色旅行車上，它配有彎把和專業的登山車輪。我花了將近兩千英鎊，但是開箱那一秒鐘，我馬上知道每一分錢都花得很值得。我特別喜歡它很輕巧，不加上其他配備的話，重量不到十三公斤。

試騎一兩次後，我決定修改一些地方，像是換雙更大更堅固的踏板和新的鞍座。畢竟，我們要騎很長的路。

我很快就愛上這輛車。我騎完車回家，會把它停在我家的院子裡，有時目不轉睛地盯著它看。你真是太美了，我是如此迷戀你，我甚至給它取了個名字：埃麗德（Eilidh），這是蓋爾語的海倫（Helen），意思是「太陽」或「發射光芒的人」。

當我開始收集旅行所需的其他工具，還買了一個可以固定在車後，能夠存放更多東西的單輪拖車。

相較之下，瑞奇很滿意我的舊車，這輛泥痕斑斑的舊旅行車在過去幾年裡被我操壞了。它曾經是輛好車，其他人都告訴他，該換輛像我一樣的新車，但他決心不理會。「如果它可以騎一公里，它就可以騎三萬公里，」瑞奇說。

他換了新輪胎，還買了很豪華的「布魯克斯」（Brooks）鞍座和其他零零碎碎的小東西。它看上去還不錯，也挺得住我們的常規練習，沒發生任何問題，甚至可以騎一小時爬上陡峭的、約兩百公尺高的北貝里克洛山（North Berwick Law）山頂。我們在上面待了一晚，為將來幾個月或甚至數年的露營生活做準備。

所以就是這樣了，二〇一八年九月，雖然只有很簡略的計畫，但是我們出發了。

只是這計畫很快就分崩離析。

我們的起點大概糟到不能再糟了，主要是因為，我們表現得像以前在蘇格蘭一樣是對白痴。我們計畫從蘇格蘭沿著東北海岸往南騎到英格蘭，再從紐卡斯爾（Newcastle）搭船到阿姆斯特丹。但是我們出發前一晚開了場盛大的歡送會，那天到下午五點都還沒出發。第二天仍然宿醉，而這幾乎就奠定了接下來的風格。從那時起，整趟旅程都像是備受禮讚的酒吧巡迴。當我們發現自己趕不上原先預定的船班，應該也是滿合理的。

瑞奇不知道怎麼搞的掉了一顆牙齒，報應終於來了。我們不得不騎去安尼克鎮（Alnwick），大概距離紐卡斯爾三十公里的地方找牙醫急診。我坐在候診室裡處理文件，那時我還以為我們的船是隔天晚上出發，但不是，是在當天晚上出發，而且這時已經是下午五點，一個半小時後的六點三十分就要開船。天曉得我們不可能搭得上船，想當然耳，我們錯過了班次，被困了好幾天。

當渡輪公司想到辦法安排我們上船，我爸媽南下來送行。但是氣氛並不怎麼哀傷，我們都知道我正在做正確的事，只是我父親還是送我一個小小的紀念品。他在紐卡斯爾長大，是紐卡斯爾足球隊的狂熱球迷，他買了一個小別針送我，上面是足球隊著名的海馬冠和黑白條紋徽章，以祝我好運。我把它別在背包上，搭上了船。

我和瑞奇搭船到了阿姆斯特丹，發誓要認真一點，但實際上沒發生任何改變。我們很快又故態復萌，抵達荷蘭的第一件事情，就是狂歡一整個週末。

我們時不時會互相打氣，向對方說：「我們不能再這樣子了，」但是我們無法停止，我們帶壞彼此的能力就是這麼強。

我們繼續一起旅行，愈發現我們追求的東西不一樣。我們經過比利時進入法國，然後到達巴黎，但這根本不是我腦海中的計畫。我不喜歡大城市，我想看到開闊的道路和鄉村風景，體驗不同的大自然並認識有趣的人，而不是吃昂貴的食物，和遊客擠在大街上走個一公里。同時，瑞奇希望回到蘇格蘭和女友相聚，更勝於和我一起。事後看來，這個計畫一開始就有問題。

我們在一起的時候並非沒有歡樂。老實說，跟瑞奇一起真的很有趣。當我們穿越瑞士，沿著富爾卡山隘（Furka Pass）的山路並經過著名的老麗城飯店（Hotel Belvédère），這間飯店因為出現在詹姆士龐德的電影《〇〇七：金手指》中而出名，現在已經廢棄了。但我們發現後面有扇破掉的窗戶，溜了進去，那天我們一人獨佔一間套房。

但當瑞奇中途離開去見他女友，而我獨自騎車穿越法國時，我也窺見了獨自一人的感受。我喜歡騎在開闊的道路上，要什麼時候在哪裡野營，都隨我高興。

當我們在義大利重聚，就開始遇到各式各樣的麻煩。有一次，我的護照被偷了，不得不回格拉斯哥換新護照。另一次，瑞奇的腳踏車被偷了，他雖然奇蹟般地找回了車，但前馬鞍袋裡的東西都已失去蹤影。他變得非常沮喪，尤其瑞奇的旅費已經快要見底。當我們穿過克羅埃西亞到波士尼亞，快要到莫斯塔爾鎮（Mostar）的時候，一切到了臨界點。

瑞奇受邀到匈牙利的布達佩斯參加單身派對，他要往北騎去赴會，而且派對後就不繼續騎了。他想要我跟他一起去，之後我再自己回頭，一個人繼續旅程。我卻不想這麼做，因為天氣預報很糟糕，而且我一心一意想往南騎到蒙特內哥羅和阿爾巴尼亞再到希臘。所以我拒絕了。

我們沒有對彼此說任何話，只是決定了不同的方向。我們在一起的最後一日，我在莫斯塔爾鎮的青年旅館裡，他往回騎去布達佩斯。就是這樣了，沒握手，沒說再見。

有一陣子我很難過，因為我們最初的計畫失敗了，我感覺自己搞砸了一件大事，也許這是我最後的機會了。但慢慢地我開始了解，這才是正確的決定。這是唯一一個正確的決定，如果我誠實面對自己，如果我想要繼續冒險，我就要用自己的方式、依照我自己的時間表前進。

大約兩週後，我坐在蒙特內哥羅的路邊，我們分道揚鑣似乎是再明智不過的決定，今天早上的冒險完全證明了這件事。我們會發現有隻小貓嗎？我們會帶牠上路嗎？假使會的話，我們會成功穿過國界嗎？我當然不會知道，但我滿懷疑的。

發生的一切我都沒有責怪瑞奇，事實上剛剛好相反。我意識到自己大大地欠了瑞奇一次，因為他明確讓我知道這趟旅程不該是什麼樣子，讓我看見前方清楚的道路。

小貓爬回我的大腿，把我從思緒中拉了出來。牠蜷曲在我身邊，呼吸不太規則，好像氣喘吁吁的樣子。可能牠之前獨自在山上時已經筋疲力盡了。我輕撫牠讓牠安心，牠也更往我靠近了一點。我很高興牠終於沒有危險了，有我的陪伴，牠好像也覺得安穩且安全。

最重要的是，我很高興能夠再給自己一次機會。我不知道前方的路程還會遇到什麼困難，但也許這個瘦巴巴的新夥伴會幫助我，讓我充分施展自己的能耐。

第四章　室友

下午之後，天氣更糟了。即將落下傾盆大雨的鐵灰色烏雲，取代了早些時候清朗的冬季藍色天空。我騎在毫無遮蔽的路段上，不得不逆著頑強的疾風，艱難騎行。這拖慢了我的腳步，推測抵達布德瓦大概要接近傍晚了，應該來不及看到獸醫，突然間大雨傾倒下來。

這位乘客仍然暖和地圈在我的脖子上，非常舒適的樣子。小貓醒了，我可以感覺到牠的頭從一側轉到另一側，也許牠在欣賞風景，完全可以理解。雖然光線愈來愈暗，蒙特內哥羅的海岸景色仍然很壯觀，有山脈與湖泊、古老的教堂，以及鑲著紅瓦屋頂的秀麗村莊。

我仍然不敢相信自己會把這小東西偷渡過境。我的內心深處有一部分希望會被邊境人員或警察之類的人攔下來，我確信任何一個仔細看看我的人都知道，我幹的都不是什麼好事，我的T恤上說不定印著「國際間走私小貓的人」的字樣。

再晚一點，我們抵達了美麗小鎮科托（Kotor）一個位於湖邊的渡船口。靠近登船舷梯時，我看到一位身穿制服的驗票員沿著車道走，和每位坐在駕駛座的人交談。我慌了，腦袋一片空白就把貓塞到車前袋裡，牠的抗議聲很快被渡船隆隆的馬達聲淹沒。我把剛剛好的零錢和票遞給驗票員時，他輕瞄一眼就通過了。

船行駛到湖中間的時候，突然有個念頭從我腦中冒出來。我到底在擔心什麼？為什麼渡船驗票員會在乎一隻小貓呢？事實上，為什麼船上會有任何人在乎呢？

果然，當我讓小貓爬回我的肩膀，人們都被牠迷得團團轉。有個小男孩興奮地在他爸車裡跳來跳去，用手指著我們。其他的駕駛和乘客都笑著點頭。我一開始有點不自在，但是認真想一想，也不能怪他們盯著我看。我們是滿奇怪的沒錯，這個留著鬍子、紋著刺青的大塊頭坐在單車上，肩膀上有隻小貓，好像海盜船長肩上有隻鸚鵡。我們本來就容易吸引別人的注意，但重要的是，他們的反應證明了我根本不需要想太多。對這個世界來說，我和小貓就是旅行夥伴，儘管是很奇怪的一對，但無論如何就是一對。

布德瓦映入眼簾時，太陽已經消失在西邊的山巒之中，光線正在迅速消逝。到達目的地真讓人鬆口氣，我騎了快七小時的車，將近一百公里的路程，我受傷的膝蓋開始大聲求饒。所以當我在小鎮海灘附近的花園裡，找到一塊小型露營地，心中的大石落了地。我迅速架起帳篷，讓小貓出去自由地奔跑，好好探索新環境。小貓還是很謹慎，沒有離得太遠。如果突然有噪音或發生什麼牠沒料到的事，牠就會快速奔向我。牠顯然已經開始信任我，我很開心。我可以感覺到我們之間的聯繫愈來愈深。

穿過小鎮的路上，我去一家當地的商店為我倆買些食物。我幫自己買了義大利麵，幫小貓買番茄青醬，因為架上幾乎沒有適合貓吃的東西，而且牠好像很喜歡番茄青醬。我用小爐子煮義大利麵，跟我的新朋友在戶外吃了頓晚餐，雖然俯瞰著大海，其實看不到什麼東西。地平線是模糊的灰色，陣陣海風吹來幾滴小雨，就在我要把小貓抱進帳篷時，牠開始大聲喵喵叫。這叫聲跟我之前聽過的完全不一樣，要激動得多，牠的眼睛直盯著我瞧，好像是要告訴我什麼。我想，牠吃飽了也喝了水，現在應該是要上廁所。所以我捧起小貓，把牠放在一堵可以望見海的牆上。不出所料，牠跳下沙地，快速竄出我的視線。牠邊嗅聞邊探索，我猜牠是想找個不受干擾的地方。

我呆站在那瞭望景色有一會兒了。這個海灘大約綿延一公里，空無一物，只有個人正在跟他的狗玩。大概過了幾分鐘，那個人和他的狗開始往這堵牆靠近，我突然想到貓咪去哪兒了。我問自己，就是這樣了嗎？牠就這樣跑了，連聲謝謝也沒說？我希望不要。但我馬上就知道不需要擔心，我人都還沒跳下沙地，牠就像一枚制式導彈朝我射過來，一個箭步跳上牆。也許牠聞到了狗狗接近的氣味，也許牠只是想回來跟我在一起。不管怎麼樣，我都很高興牠回來了。如果牠不見了，我肯定會擔心整晚。

我們隱身在夜幕中，暴風雨來了。我很快就聽到風在帳篷外呼嘯，雨水打在帳篷上劈里啪拉的聲音。我躺著用手機，花了整晚做我最常做的事，看看影片、更新ＩＧ動態。

我和瑞奇在離開鄧巴之前，就為我倆的旅程設了一個專屬帳號，一方面能讓家鄉的親朋好友得知我們的近況，另一方面，也有點像是這趟旅程的剪貼本，記錄我們的進展。我們在北歐旅行那段時間，吸引了不少人來追蹤，現在的追蹤人數已經接近兩千，讓我很開心。今天和貓咪的偶然相遇，絕對是件不能不提到的事，所以我分享了我幫小貓在路邊拍的影片，還有牠安然坐在車前袋裡的照片。大家真的愛死了這兩則貼文。

我很喜歡一個人待在帳篷裡，但是今晚有點不一樣，我不再擁有自己的空間。我們花了點時間習慣彼此，像所有人剛認識新室友一樣。剛開始，小貓躁動不安，跑來跑去又停下來輕聲喘氣，牠無法找到一處安頓。牠試著躺在我的腳上，然後趴在我的頸後，不停換位置。有段時間，牠搭在我的大腿上，但最後，在我胸膛靠近臉的位置，找到了一處舒適的地方。牠很快把自己捲成一圈，緊到我都覺得可以打一個結了。牠的呼吸有時不太均勻，但看起來似乎滿舒服，很快就睡熟了。

騎了一整天的車讓我精疲力盡，過不了多久就昏昏欲睡，外面風吹雨打的聲音非常助眠。我意識到自己在睡袋裡蠕動的時候大約是凌晨兩三點，黑暗中我仍然感到昏沉且搞不清楚方向。我感覺到小貓又橫跨在我的腳上睡覺，但並不是這個讓我變清醒，還有點別的什麼，喔，有股非常臭的味道。

我花了點時間才搞清楚發生什麼事，而且我意識到那味道是從我睡袋裡的某個地方飄出來的。我點亮燈，發現底下有東西黏著，我腿上也有，是褐黃又油膩的東西，而且很臭。從外觀很明顯看得出來它原本是什麼，小貓吃的所有番茄青醬都直接拉出來了。我哭笑不得，然後喃喃自語，這還真是報答新室友的好招。但無論如何，也是我自作自受。

此刻外面的風正在咆哮，下著傾盆大雨，我只能盡可能在狹小的帳篷空間裡清理這灘亂七八糟的東西，但是臭味一整夜都揮之不去。白天醒過來時真是種解脫，風雨停歇了，我把睡袋拿去外面用水龍頭好好清洗一番。小貓緩慢地往外移動，一臉無辜的樣子。我笑了，我知道這新建立的關係，一定還有太多要學習的。

這是我的第一堂課。

趁著早晨和緩的微風，我把睡袋掛在附近一棵樹的樹枝上晾乾，「我的朋友啊，你不能再吃番茄青醬了。」我說。

接下來第一件事就是打電話給動物醫院，他們那天早上就可以幫小貓看診。我吃完早餐便往鎮上騎去，小貓坐在我的肩上，我們騎車在舊城區遊歷，拍了幾張照片，許多人好奇地盯著我們瞧，大多數都是指著我們然後微笑。有幾個小孩甚至跑過來，要求摸摸我的旅伴。我很樂意讓他們輕撫小貓，小貓似乎也滿享受目光的。

動物醫院位在舊城區的山坡上，很現代而且設備齊全。獸醫是個大鬍子、戴著眼鏡的人，他英語說得很好，這讓我放心，因為蒙特內哥羅語我是一點都不懂。他先徹底檢查小貓，看看牠的牙齒和眼睛，雙手在小貓的肋骨和背部移動。我原本覺得這景象很適合拍照記錄，但是當我拿手機對著他和小貓，他皺了眉。

「如果你還要繼續這麼做，就去外面等，」他板著臉說。

我把手機放回口袋，不值得為了ＩＧ上的幾張照片而不愉快。

過了一會兒，他說：「有點瘦，她需要吃頓好的。」

「她？」我問。

「對啊，毫無疑問是女生，大概七週大。」

我提到她跑來跑去後，會不均勻地喘氣。他把聽診器放在小貓身上，仔細聽她的肺。

「你在哪裡找到她的？」他問。

「她被遺棄在山上的路邊。」我答。

他難過地搖搖頭。

「這種不幸的事時常發生。」他說：「人們把牠們往車窗外丟。她大概是在野外太冷，所以肺部很虛弱，不過隨著她長大就會強壯一些，你要多加留意。」

得知她身上沒有晶片時，我鬆了一口氣。就算有好了，我也不會把她交還回去，不論是誰把她丟在路邊，都沒資格擁有任何動物。

「好了，你準備拿她怎麼辦？」獸醫一邊在她皮膚上點驅蟲藥，一邊問我。

這是第一次有人問我這個問題。如果我對自己夠誠實，早在波士尼亞的山裡初次撞見她，我就有答案了。

「我要留著她，」我回答，「我想我會帶著她環遊世界。」

他看起來有點吃驚，但很快地，他從抽屜裡拿出一張表單。

「那你就需要幫她辦護照，邊境檢查人員不喜歡沒登記的動物。」

我有一點點良心不安，伸手拿了表格。「我該怎麼申請呢？」

「我們要為她植入晶片，然後她要打預防針。我今天就可以打第一針，一週內打第二針，打第二針的時候我就順便放晶片，接著我們就能送出申請單。」

「太好了，」我說。

要待在布德瓦一週或更久的時間，我完全沒有問題。這是個漂亮的地方，只要我跟小貓的頻率對上了，在露營地也會非常舒適。接著幾天的天氣預報都非常糟，預計還有大雨。這剛好給了我機會更了解小貓，也能為這位會和我一起上路的長期乘客，藉機添購一些裝備。

獸醫給小貓打第一劑預防針，針頭刺下去時她有些退縮，但我抓住她的爪子，她很快就忘了針頭。

「好了，你現在需要取個名字，」他說，遞給我帳單和一台刷卡機讓我付款，「護照的費用。」

這問題擊中了我，我從來沒想過這件事。

「我能下週回來再跟你說嗎？」我答道，一邊把信用卡遞給他，然後按下密碼。

「當然。」

我在小鎮上看到一家寵物店，在返回露營地的途中，我去店裡購買了一些基本的東西。除了幾個給她吃飯的塑膠碗，我還買了一個玩具，一條掛著小老鼠的繩子。我還買了胸背帶，她有幾次差點掉下自行車，我意識到她既年輕又無知，她可能會衝到車陣中，或者從高處跳下而受傷。胸背帶可以讓她更安全一些。

最後，我買了一個寵物外出箱。店裡有兩種可選，一種是不透光的黑色袋子，看起來會引起幽閉恐懼症。所以呢，我選了一個色彩繽紛，上面還有貓咪圖樣，而且側面配備了一扇小窗戶的箱子，讓她可以沿途欣賞我們騎車經過的世界。

回到營地後，我用牢靠的橡膠捆繩把外出箱綁在單車後座，看起來滿合的。但不幸的是，胸背帶就不是這樣了。這已經是寵物店裡的最小尺寸，但即使這樣，當我試著給貓穿上，它仍然太大了，她真是個小東西。這並不能讓她安全一點，她的頭很容易就掙脫，還好我靈機一動，不然差點把它扔了。

我跑到另一家店買了瞬間膠，再回到營地，我切斷一部分胸背帶上的項圈，套在她脖子上量好尺寸，再用瞬間膠把兩邊黏起來。

「好啦。」我說，真是佩服自己的手藝。

晚些時候，我牽著她去散步。但她不開心，一直拉那個胸背帶，又叫又一直撥弄著脖子。直到我們回到營地，我試著從小貓身上脫下胸背帶才發現問題。項圈有一部分黏在她的毛上了。

「糟糕，我真是不稱職的貓爸爸，」我說。

感謝老天，我拿下了胸背帶，用剪刀試著把她沾到膠水的毛剪掉。但這不容易，小貓不斷蠕動，一直從我手上掙脫跑走。我花了快半個小時，終於把沾到膠水的地方剪乾淨。更晚一些，太陽西沉的暮色轉瞬即逝，我為了彌補她，便騎車帶她沿著海岸兜風。我們很快發現一處美麗的海灣，有棟廢棄的建築可以俯瞰迷人的小海灘。我停好車，讓她出去冒險。

我們有屬於自己的海灘。小貓在我前面跑來跑去，聞著漂流木和沖上岸的其他漂流物。她看起來適得其所，和我一樣。很快地，太陽再次沉在山後。我坐在石頭上，小貓在我身邊跳來跳去。她是個勇敢的小傢伙，從一塊大石頭跳到另一塊大石頭上，大概有三公尺這麼遠。之後，她站在一塊往大海延伸的石頭上，凝視著海岸線，像一頭驕傲的小母獅。我突然有了個念頭。

我小時候最喜歡的一部電影是《獅子王》。我姊最喜歡的角色是辛巴（Simba）的兒時夥伴娜拉（Nala），她長大後成了辛巴的妻子。我似乎還記得，她也是個活力充沛又有膽識的小傢伙。這裡的訊號不錯，我開始用手機搜尋這個名字。瀏覽一些網頁後，我發現「娜拉」在斯瓦希里語（Swahili）中是「禮物」的意思。我決定了。我們雖然只共度了一天，但我已經覺得小貓是份禮物，而且是份很珍貴的禮物。

「好了，決定了。」我說，我故意弄亂她脖子上的毛，「妳的名字是娜拉。」

第五章　暴風雨中的騎士

接下來幾天在灰濛濛的天色裡流逝了，這讓我想起蘇格蘭的十二月，幾乎不間斷地下雨。所以除了偶爾逛逛商店，和娜拉一起去海邊上廁所外，大部分時間我都被限制在營地附近，在我的小帳篷裡。

不過，無聊也不是什麼大問題。娜拉是不會休息的搞笑藝人，她可以花好幾個小時跟我玩鬧著打架，或追逐我買給她的小老鼠玩具。到了晚上，如果我將手電筒的光照在帳篷布上，她會精力充沛地跳來跳去，試著捕捉一點一點的光。不管她嘗試或失敗幾次，她似乎從不覺得沮喪或失望。觀賞她滑稽的一舉一動，我毫不厭倦。

她對我也很有愛，當我在更新ＩＧ動態或是看影集時，她會輕輕碰我，或用鼻子磨蹭我的額頭。總而言之，她是相當出色的同伴。

一週過去了，照顧她變得容易許多。謝天謝地，晚上沒有再發生第一晚的番茄青醬嘔吐事件。我在布德瓦發現一家店，裡面有些不錯的貓食。我們經常一起吃飯，我大啖外賣薯條和義大利麵，而她總是把碗舔得超乾淨，乾淨到可以看見自己的倒影。除非是為了吃飯和上廁所而叫我，她幾乎不太需要我為她做什麼。只要我在附近，她似乎就覺得安全。而且，這跟和人類夥伴在一起時不同，我不會希望她給我要去哪裡或什麼時候出發的建議。她則全權交給我決定，我有一種感覺，她即將變成我的理想旅行夥伴。

當然，一旦我們再次上路，她的表現如何還有待觀察，所以我極度渴望能回到騎車的日子。六天後我再次回到獸醫那裡，他給她打了第二劑預防針，並且在她脖子後方的皮膚上切一個小口，把晶片縫進去。他也檢查了她的肺，並沒有比較糟，這是好消息，尤其是這幾天這麼潮濕。然後，他開始填寫晶片的文書作業，也為了申請護照填單。它們被放在一個藍色的小夾中，嚴格來說，稱為國際疫苗接種和獸醫健康紀錄證書，而且上面有英文和蒙特內哥羅文，這很有幫助。

看到我的名字和住址就列在娜拉的名字旁邊，感覺很好。這是正式文件了，她是我的了。好吧，就執政單位而言是這樣，但無論如何，我從不相信任何人可以「擁有」任何動物，尤其是像小貓這麼獨立的動物。對我來說，娜拉曾經並且永遠都會是自由的靈魂。像我一樣。

獸醫遞給我一張帳單，和上次一樣，帳單上是蒙特內哥羅幣，我再次在刷卡機上按下密碼。

「我現在可以進入阿爾巴尼亞了嗎？」我在等待付款通過時問道。

他看起來似乎有些驚訝。「不行，她得打過狂犬病疫苗才能通過邊境。」

我以為只要預約下一次回診就好，小問題。

「好的，我需要上路了，我們可以約接下來幾天嗎？」

他看著我，好像我是白痴。

「不行，她要至少三個月大才能打。」他瞥了一眼文件。「她的生日我定在十月二日，所以呢，我們可以預約一月下旬或二月上旬。」

我的心一沉。我腦子裡的時間表很趕，如果趕不及在新年之前到達希臘，至少一月也要到那裡。這真的會拖到我的計畫。

「真的沒有辦法早一點打嗎？」我問道。

他不贊成地搖搖頭，「不行，你得要等。」

我接下來的一整天和一整晚都待在帳篷裡，絞盡腦汁想著該怎麼辦。我看著地圖，騎到阿爾巴尼亞邊境大概要花兩天或短一點的時間。在那之後，大概要花一兩個星期才能騎到希臘。現在離耶誕節大概一週左右，我可以很輕鬆地在一月初到達希臘邊境。這時候為什麼不衝刺呢？這感覺太熟悉了，我的腦子一直在左右互搏。誰說我一定要在一月之前趕到希臘？住在這裡有什麼不好嗎？

另一方面，雖然我很感謝這位獸醫協助我們，但他並不是世界上唯一的獸醫。沿路還會有其他獸醫，為什麼不往前騎一點，帶娜拉去看下一個獸醫呢？讓他們打下一劑預防針，管他是什麼針。我通常是滿好睡的，但那天晚上我輾轉反側，比平常更難入眠。但，就在我終於快要睡著時，我似乎默默做出什麼決定。

第二天早上，我醒來，娜拉的臉緊貼我的臉，她舔著我的額頭，呼吸輕輕地吹拂在我臉頰上。當我醒來眨著眼，她哀怨地喵了幾聲好重申她的訴求。這是我很快從她那裡學到的另外一課，她不會在吃飯時間上輕易讓步。她這是在說：「拜託，老兄，我的早餐呢？」我從睡袋裡滾出來，給她弄點吃的，然後把頭伸出帳篷。我鬆了一口氣，雨勢終於停了。雖然沒有熱帶島嶼的陽光，但現在似乎感覺不到雨水的蹤影。這幾天，我第一次可以看到向南延伸好幾公里的海岸線。我把這當作是個好兆頭，告訴我該動身前往阿爾巴尼亞的邊界。我收拾行李，把娜拉放在自行車後座那個色彩繽紛的外出箱裡，大約在十點出發。

出發沒多久，我就得停下來。我們才騎幾分鐘的時間，娜拉就開始發出震耳欲聾的叫聲，那叫聲大到我以為身後有台警車在鳴笛。一開始，我告訴自己別多想，她就只是不習慣新的箱子，她總歸會習慣的。但是她的叫聲愈來愈猛烈，當我回頭看，還看到她使盡全力在推箱子，很明顯她正要嘗試闖出來。

我停下車、把她抱出來，她立刻跳到我的肩膀上。我讓她在那坐一會兒，好讓她冷靜冷靜。我一抓到機會，就把她再放回車子前面的小袋裡。前半段的旅程，她就蜷曲在車前袋裡，但過了一會兒，她開始把頭從車前袋中伸出來，好像在檢查我們騎到哪裡。她待在那兒看起來很開心，這也滿鼓勵我的，我要繼續努力向前踩，盡我所能累積里程數。

我上網查天氣時，天氣預報提到會有強風，可能還有暴風雨，但剛開始的時候狀況還算可以，天有點灰，只有一點點海風。我還在想我可能可以幸運躲過，但沒騎很遠，一切就風雲變色了。

我騎在往前延伸的開闊道路上，根據手機上的地圖，它向南延伸了許多公里，如果老天爺給面子，我可以在這趟點路。只是天不從人願。

我注意到的第一件事是風。如果它是吹在我的背上，或甚至從側面吹擊我，都不會那麼糟。但是它直直向我吹來，騎車很快就變得非常困難。我是一個強壯的車手，之前也曾克服過棘手的天氣。但是我突然感受到這次的威力，即使用最低檔也一樣，好像我一直被向後推。更糟的是，突來的陣風是如此猛烈，根本就是朝我重擊。有輛大貨車駛過，我的人差點從車上飛出去。如果我倒下，很可能會倒在那台車的行經路線上，如果是這樣，我跟娜拉應該就差不多玩完了。

我留意到天空變黑時，我已經上路大約半個小時了。較早的灰色雲層被一大塊嚇人的炭黑色雲團所取代。我已經能聽到遠處傳來轟隆隆的雷聲，看到時不時出現奇形怪狀的閃電。一場暴風雨正在醞釀之中，我則直直騎向了風暴。很快地，雨開始規律地打下來。我停下來檢查娜拉，剛開始起風時，我用毛巾把她包住，只露出她的頭，但是她很快縮回到袋子裡，現在她蜷成一個球，多希望我也能爬進去和她窩在一起。我把拉鍊拉到底，確保她能保持乾燥。我不想讓她的肺再次感染發作，我絕對不想讓她感冒，或發生什麼更糟的事。

從那時起，彷彿暴風雨的眾神決定將強度上調到滿分，或滿分以上。在頂級強風之外，還有傾瀉如注的大雨，正以猛烈的力量砸痛我。我只穿短褲，強力的雨柱很快打紅了我的腿。這絕對是場悲劇，我幾乎看不到前方的路。

當我開始爬著無止盡的長坡，狀況已經糟到不能再糟。我仍然直挺挺地騎在風裡，但是現在刮的風十分狂暴，再一次，我因為一陣狂風襲來而搖晃，但這次，它真的把我從座位上吹下去了。我別無選擇，只能下來牽車走路，即使那簡直是地獄般的苦行。我往風吹來的方向竭盡全力頂回去，同時努力不讓自行車被側面來的風吹歪。某個時間點，我想，**好了，我**

受夠了。我不能再繼續了。

有幾分鐘的時間，我站在路邊，向經過的車子伸出大拇指，但我懷疑他們根本沒有看到我，更別說要如何在毫無遮蔽的路上安全停下來。我很快就放棄了，別無選擇，我只能繼續前進。在我前方出現巴爾鎮的標誌之前，我一定走了十幾公里。我決定這就是停損點了，我不可能在這種天氣下到達阿爾巴尼亞的邊界。一來太冒險了，這個天氣狀況看來只會更糟，不會變好。我唯一的安慰是，每當我看著娜拉，她仍然蜷縮著安睡。

我騎出主要道路，在大約下午四點時前往巴爾鎮。原本最多要花兩個小時的騎程，我現在花了五小時。到達小鎮的我已經身心俱疲，濕到骨子裡了。我停下車，訂了今晚的旅館。

進到一個溫暖的房間時，我覺得我從來沒有像現在這麼心懷感激。我用毛巾擦了擦娜拉，脫下濕衣服，洗了個熱水澡。真是幸福。

我洗了濕衣服，把它們放在暖氣爐上烘乾，那天晚上，我們依偎在一起，外面的風雨則繼續肆虐。娜拉比平時更加躁動不安，我聽到她輕輕咳了好幾次，我感覺很糟，為什麼這種天氣我會帶她出門呢？

第二天早上雨仍然在下，雖然它不像前一天那樣用倒的，但是我不打算冒險，整個早上我都會乖乖待著，也許下午會再慢慢騎幾公里。這樣我們才能休息得夠，心情也會好點。但事實證明，那只是我一廂情願的想法。

娜拉很喜歡和我打架，我會向她揮動我的手，誘使她跳起來並試著去抓我的手指，然後在她抓住我之前趕快把手收回來。但這不一定都奏效，有時候她會成功用牙齒夾住我的手指。而讓她鬆口不是件容易的事，牙齒留下的小凹痕也不容易消除。其他時候，我們的遊戲會升級為正規的打架，不過當然不是真的動手。她超喜歡我先抱起她再讓她輕輕掉在柔軟的床墊或桌子上，她會非常興奮且熱切。

那天晚上，我還是對於逕自把她拖入暴風雨中感到很抱歉，於是我決定好好補償她。我們很快就在床頭櫃旁邊的桌子大舉打鬧起來，她超級興奮，決定跳到桌子上，把所有東西都掃下去。通常呢，這不是什麼大問題，但我的手機放在那裡充電。我大概花了半秒鐘才意識到我錯了。

如果這在拍電影，我會慢動作飛在空中，大聲吶喊，雙手絕望地向前伸長。我會看到我的手機在桌子邊緣顫抖，然後，就在我的手指快要碰到它時，它往下摔落，撞到堅硬的地板，發出碎裂的聲響。我知道它壞了，螢幕被砸碎變成一片黑，我按著重新啟動鍵，沒有反應。我懊惱到不行。

我怎麼會這麼愚蠢？

這不是娜拉的錯，是我的錯。我不應該把它放在那裡，我是白痴。

當我走進大廳，我看起來肯定像是乘載著全世界的憂愁。旅館老闆問我，「一切還好嗎？」

我高高舉起電話。

「它摔成碎片了。」

他伸出手微微向我比畫，好像要我等等。

「等一下喔，我可能可以幫上忙，」他說，然後他開始打電話。二十分鐘後，我和旅館老闆的兒子一起待在附近修理手機的店裡。

「手機螢幕和液晶顯示器都壞了。」他說：「給我兩個小時。」當天晚上我就拿回了手機。真是鬆一口氣，雖然我花了快兩百英鎊，但情況可能更糟。上次我確認帳戶裡大概還剩六七百英鎊。

「妳猜我新學到什麼？」我回到旅館對著娜拉說：「我手機在旁邊的時候，絕對不要跟妳玩。」

第二天早上十點多，我們出發前往邊界。也許是我有太多時間想這件事情了，我比離開波士尼亞的時候還要焦慮。我知道阿爾巴尼亞不久前還是共產國家，自立於其他歐洲國家之外。這國家現在對遊客開放了許多，但我還是預期邊界的檢查哨會比較嚴格。

我在蒙特內哥羅的邊界耍了一樣的把戲。檢查站前幾公里，我就停下來把娜拉從車前袋中抱出來陪玩，我感覺這趟艱辛的旅程在她身上多少看出點影響。大約十分鐘之後，她願意再次蜷回車前袋。當我拉上拉鍊，沒有出現任何抗議聲。

事實證明，阿爾巴尼亞的邊界就像我擔心的那樣令人生畏。檢查哨看起來像個小型軍事營地。除了路障和亭子看上去就很嚴肅，後面似乎還有軍營和基地。有一整排的汽車在排隊，還有穿著制服的傢伙拿著槍來回踱步，有些還拿著反射鏡在檢查車子底部。但真的讓我擔心的，是當我和娜拉緩慢來到隊伍最後方時，有幾位警衛手裡拉著長長的繩子，牽著幾隻嗅探犬東聞西嗅。

我的腦子很快就起了暴動，我開始想像各式各樣世界末日的場景。我知道那幾隻狗受過訓練，可以嗅探到毒品或爆炸物。可想而知牠們絕對不會放過這裡，毫無疑問有小貓的味道。牠們聞到的那一刻，一定會立刻衝上來。娜拉呢？狗的味道和聲音可能也讓她頭昏。老天啊，等等會發生什麼事。這些傢伙看起來是我迄今遇過最嚴肅的人了。

我告訴自己要保持鎮定。我有文件證明她是我的，他們不能沒收她。

幸運的是，我的守護天使們一定又在我身邊徘徊。我在汽車隊伍裡排了幾分鐘，一列新的、比較少人排的隊伍出現了，而且他們揮手叫我過去。這讓我們遠離了嗅探犬，牽著牠們的人被指派去其他隊伍檢查幾輛大貨車。

我快手快腳地拉起亭子的窗戶並奉上我的護照，坐在那裡的人問了我幾個問題。當我告訴他我要騎去希臘，而且計畫要環遊世界時，他看起來很困惑。他搖搖頭，看了我一眼，好像在說：「老兄，你是個瘋子。」他在我的護照上蓋章，揮手叫我通過，花了不到三十秒。我鬆了好大一口氣，但是當我騎車經過軍營並進入阿爾巴尼亞時，我沒有像進入蒙特內哥羅時一樣興高采烈。再一次地，我覺得自己很幸運。但我可以僥倖逃過多少次？

我決定今天不再多趕路了。我覺得不太舒服、很疲倦，不太對勁。所以我先去阿爾巴尼亞境內的第一大城斯庫台，訂了一家背包客旅館。我馬上覺得回到家了。我發現主人有兩隻救援犬，謝天謝地，她把牠們帶到了旅館的後院，我們登記入住時，她對著娜拉讚美不已，給了我們一個可愛的房間。房裡還有一位住客，是個瘦削又健談的塞爾維亞年輕人，名叫博格丹。他和我一樣要穿越阿爾巴尼亞，只是他是徒步旅行。

娜拉和我用剩餘的下午時間探索這座城市。這是個古樸的小城，最古老的城區裡，街道邊成排的咖啡館顯得有些安靜，好像我們是唯一的遊客，但想到現在是一年中的淡季，也就不奇怪了。我拍了一些照片，然後在城堡升上無人機俯瞰城市，拍攝了一段影片。回到青年旅館，我們就在公共區域的爐火邊放鬆休息。當我把頭靠在娜拉的胸口，我以為我聽到了她不規則的喘氣聲。可能我太多疑了，以防萬一我還是拿毯子把她包起來，讓她更溫暖一點。娜拉很快就打起了瞌睡。

她睡著後，我就和博格丹聊天。他的英語說得很好，而且根本是資訊金礦，他告訴我在阿爾巴尼亞該去哪裡、不該去哪裡。他推薦了一些往南去希臘時值得拜訪的地方，我也花了點時間上網惡補資料。

在我的ＩＧ頁面最上方的資訊欄，我加了一行國旗標誌，記錄我每個到過的國家。英格蘭也算的話，阿爾巴尼亞是我第十個造訪的國家。這讓我覺得自己的環遊世界之旅頗有進展。就在我瀏覽最新的幾則照片和留言時，我發現了過去幾週裡，這趟旅行為我帶來多大的變化。

與瑞奇分道揚鑣之後，這頁面的名稱就改成「1bike1world」，這吸引人的小標題是滿好的總結。一個人騎著單車環遊世界。但，這不再切題了，現在是一個人和一隻貓。

自從發現娜拉，我上傳了一些與她有關的影片和照片。蘇格蘭的朋友還有那兩千多位追蹤者，似乎都很注意我們的進展，也很喜歡這些貼文。他們超愛我在布德瓦的古牆上為娜拉拍的照片，他們稱讚我救了小貓，說了許多好話，尤其是我第一段找到娜拉的影片。

今天晚上，我發現自己正閱讀且再重讀這些評論時，基於某個原因，我感到更確定了。我還在懷疑自己成就了什麼嗎？還是我只是需要點鼓勵？這讓我去思考，並且發現自己正以前所未有的方式，重新評估我的新處境。

我找到娜拉以來，追隨人數激增了數百人。我注意到一些新加入的人來自世界的那一頭，像是美國。這麼多對她的關懷和愛湧入，還有少部分是對我的，我值得嗎？我不太確定。帶著娜拉穿越暴風中心是場豪賭，尤其是不知道她肺部的狀況如何。還有沒打狂犬病疫苗就離開蒙特內哥羅，再把她偷渡進另一個國界，我安靜地搖搖頭。錯了，毫無疑問，我太魯莽。我讓她承受了什麼風險？如果我們被抓到，她會被怎麼對待？我只是在碰運氣而已。我想得愈多，就愈清楚我為什麼受困，又應該怎麼做。我要更認真看待這件事。

當然，我們得冒險，如果我們不冒險，哪都去不了。畢竟我們是騎著單車環遊世界，不是搭乘豪華轎車或私人飛機。我們時不時會被天氣、官僚體系和我自己不斷發生的無心之錯而耽擱，這就是生活的事實。但是我絕對需要做得更好、更仔細地思考。

新的現實就在我ＩＧ頁面置頂的那行。一單車一世界。事實上是，那重要的數字不再是一，而是二。這是關於我和娜拉，我們倆的故事。我應對她負起的責任跟我對自己的一樣多，我不得不開始實踐它。

第六章　解法

隔天，我花了一整個早上思考下一步，想想怎麼做對我最好，也對娜拉最好。隨著氣溫持續變冷，我想要往南走。我揣想著，如果離希臘和地中海愈近，天氣就可能愈暖和。較為溫和的氣候對我們兩個都好，尤其是如果像蒙特內哥羅的獸醫所說的那樣，娜拉的肺部比較虛弱，那這樣對娜拉最好。我也決定了，下次離開邊界時，她必須是合法出入境。我對照地圖和博格丹建議我們穿越阿爾巴尼亞的路線，我差不多找出什麼時候該往哪走，才能讓娜拉好好接種狂犬病疫苗。

有計畫了真好，我的心境已經很久沒有這麼明朗了。我心中有個藍圖，我看得見前方的路。但是呢，我是不會全部都仰賴計畫的。那句話是怎麼說來著？「如果你想讓上帝發笑，就把你的計畫告訴祂。」如果你想讓祂笑得更大聲一點，就跟祂說這計畫裡還包括一隻貓。我們第二天大約十點出發，天氣好了一些些，當我們沿著阿爾巴尼亞的主要幹道騎行時，太陽甚至偶爾冒出了頭。臉頰上能感受到溫暖真是讓我精神一振。

娜拉似乎也興致勃勃。原本擔心她會不喜歡這趟旅程，現在我早就把這念頭拋在腦後了。她在車前袋裡看起來超舒適的，她想睡的時候，就在裡面蜷成一團，她醒來時就會坐直，把頭從車前袋的拉鍊口探出來，身體還窩在車前袋裡保暖。看著她的凝視點從一側轉到另一側，定著在某個我剛剛騎過的東西上面，真是有趣極了。

總是有很多值得一看的地方。阿爾巴尼亞是個美麗的國家，但很明顯地，它近代經歷的歷史真的很艱困，我們經過的許多村莊都是破敗的農業社區，道路上到處都是坑洞。要躲開坑洞真的是一大挑戰，尤其是車多的時候。剛開始幾公里我試著騎小徑，但路況更糟，我很快就放棄了。我不只一次騎到坑洞裡，整台腳踏車包括我都抖個不停，但好險娜拉在車前袋裡被保護得很好，袋子剛好可以充當她的吸震器。

不可避免的，輪胎被刺破了，我被迫在田野上修補輪胎，還有不懷好意的山羊盯著我瞧。牠們開始聞我從腳踏車袋中露出來的圍巾時，我還不得不把牠們趕走。當我們到達首都地拉那，有部分的我實在是感動不盡。

先不管別的，這裡的道路狀況好多了。

我不喜歡大城市，我比較喜歡鄉村和自然風景。娜拉呢，則是開心得不得了。城市的景象、聲音和味道，都深深吸引娜拉，當我們騎經巨大的蘇維埃時期的雕像和建築物，經過色彩鮮豔的水果攤，娜拉都會從車前袋中溜出來，把她的小爪子搭在我的車把上。她真是隻好奇的貓，她不想錯過任何事。

我決定，往南前往沿海城市希馬拉之前在地拉那住一晚，好處理一些事。希馬拉距離博格丹建議我們做為中途停留站的阿爾巴尼亞里維埃拉（Albanian Riviera），大約有一六〇公里。希馬拉離希臘邊界很近，那裡很漂亮，不僅適合度過耶誕節，希馬拉也有獸醫可以為娜拉打狂犬病疫苗，接近新年，我們要離開阿爾巴尼亞之前，那時她就滿三個月了。

我在地拉那得完成一項工作，就是在戶頭裡存入阿爾巴尼亞貨幣「列克」。我在希馬拉預定的青年旅館只收現金，而且已經有很多人提醒我，耶誕節時銀行不會開門。阿爾巴尼亞反正看起來也不太適合用信用卡，我找到一家銀行有提領現金的機器，把卡放進去。正準備要領錢，我看到了螢幕上的存款餘額。這比我預期的要低得多，即使扣掉了我在巴爾鎮修手機的兩百英鎊。

我站在那裡搖頭，這一定出了什麼錯。

我死命地想，我是不是在哪裡用過信用卡被盜刷了？還是我把卡交給哪個人被偷偷複製了？我什麼都想不起來。但我強迫自己不要恐慌，我得先聯絡銀行。

我已經預訂了一家廉價旅店，那裡的手機訊號真的是糟透了，但我還是找到一個位置可以撥通電話到英國。銀行檢查了最近的付款狀況，大部分開銷我都有印象。但是他們提到一週或更早前的兩筆大額付款，加起來快四百英鎊。我完全想不起來這是什麼錢，連他們唸出的公司名稱我也不認得。而且這公司位在塞爾維亞（Serbia），我根本沒去過那個地方。

「這不可能是我啊，」我說：「我從來沒有到過塞爾維亞。」

「但這筆帳是用晶片信用卡刷的，還輸入了密碼。你出示了你的卡，還輸入了正確的密碼，」銀行人員這麼說。

就是這一刻我恍然大悟。布德瓦的獸醫院是家連鎖醫院。我想起來有看到一個標示，說他們駐點在波士尼亞、塞爾維亞和蒙特內哥羅。那時候我一心一意想處理娜拉的事，付錢時壓根沒想到要把蒙特內哥羅幣轉成英鎊，我想說應該沒多少。很明顯我錯了，還錯得很離譜。

我掛掉銀行的電話，覺得自己很蠢。有一瞬間我很生自己的氣，但我很快就冷靜下來。現在的狀況還不到很緊急。我的帳戶裡還是有不少現金，我也過得很省。我可以吃最便宜的食物，還可以隨處紮營，這甚至就是這趟旅程吸引人的地方。但即使是這樣，我知道我還是要小心謹慎為上，勒緊褲帶。但事實證明，說起來容易做起來難。

到現在為止，我的自行車已經騎了三千多公里。我在鄧巴組裝起來的那台閃閃發光的新車，現在看起來已經飽經風霜，需要一些悉心照顧。但這一點也不足為奇，這一路它經歷了很多艱困的狀況，像是過去幾天騎在阿爾巴尼亞坑坑洞洞的小路上。尤其是前煞車變得非常不可靠，我懷疑煞車皮被磨得非常薄。我在網路上搜尋，找到了一個一群年輕人經營的腳踏車修理廠。我穿梭在城市的小巷裡，登記之後把腳踏車留給他們，讓他們好好整理一番。他們向我保證，如果不需要換任何新零件，不會花什麼錢就可以整理好。

我帶著娜拉在附近的公園散步，大約半小時後回到腳踏車修理廠。我馬上就知道不妙，因為修理廠負責的男生看起來有點怯生生的。他跟我說，雖然我的腳踏車整體上狀況不錯，但是他們看到煞車皮時嚇傻了。我知道煞車皮一定是嚴重磨損了，尤其在瑞士的時候，有些下山的山坡路簡直就是不可思議的難騎。但即使是這樣，他們拿舊煞車皮給我看時，我還是相當震驚。我知道前輪的煞車皮已經磨得差不多了，但是當他們從支架上取下煞車皮，我幾乎看不到它的存在。後輪的也好不到哪裡去。

我覺得很內疚，竟這樣帶著娜拉上路。但當我要問費用多少，我也覺得很害怕。不過，這些人都很實在，我相信他們。他們說會以成本價給我煞車皮，而且只收最基本的服務費。整輛車整理完大約是五十英鎊，這可真是讓人鬆了一口氣。

我去附近喝咖啡，腳踏車又在修理廠待了一個多小時。坦白講，這些人做得真不錯，好到讓我覺得尷尬，因為從我離開鄧巴到現在，這是我的車第一次被洗乾淨。

當我們回到旅館，我仍然為了旅費超支而懊惱，所以我決定簡單買個外賣在房裡吃。一個人靜一靜，陪娜拉玩，也更新一下IG上的進度。

夜色漸深，另外三個人回到了旅館。其中有兩個英國人，我很驚訝地看到博格丹也在，他是今天從塞克達（Shkodra）搭公車過來的。他跟娜拉之前就一拍即合，馬上就玩了起來。她很快就開始跳來跳去，在所有她爪子伸得進去的地方東撥西弄。我加入戰局，她又更加興奮了。我假裝要追她，她從上層的雙層床架跳到床旁邊的窗簾上。

她顯然打算將爪子伸進窗簾布、在布上移動。但這對她來說行不通，當她試圖抓住窗簾，爪子勾住了，卻無法固定在同一個位置上，她側身一翻，就整隻貓飛到空中。貓呢，為人津津樂道的就是牠們有自我修正的生理機制，向下墜的時候永遠是腳先著地。但顯然娜拉的生理機制還沒發展完成，因為她的頭摔在地上。有那麼一瞬間，整個寢室鴉雀無聲，博格丹的臉像床單一樣慘白。

我跳下來，跪在她旁邊。

娜拉躺在那裡，大約有五秒的時間，感覺毫無生息。這時間長到足以讓各式各樣的念頭閃過我的腦海。大概有半秒鐘，我甚至以為她死了。但在那個念頭深植之前，她自己站了起來，抖一抖身子，一拐一拐地撞進我的臂彎。不到十分鐘，她恢復正常，博格丹尤其鬆了一口氣。

如果貓真的有九條命，那麼我懷疑她用掉了第一條命。很肯定她學到了永生難忘的一課，因為那之後，我再也沒有見過她嘗試類似的舉動。

第二天早上，我和娜拉與博格丹道別，然後往南騎向希馬拉（Himara）。這條路風景如畫，帶我穿過一望無際的山谷和頹傾的羅馬廢墟。我還看到了幾十個共產主義時代的舊碉堡，當博格丹告訴我這世界上一百萬個碉堡中，有四分之三都散佈在阿爾巴尼亞時，我還心存懷疑，現在我知道他不是在開玩笑。

第一天騎的路很有趣，但第二天的行程就要了我的命。這條路幾乎一直都是上坡，有些坡度非常陡峭，我不得不下來推車。在一座小山村附近，因為我的速度實在太慢了，時不時就被騎著驢的當地人超車。有個白髮蒼蒼的老頭，當他和他的驢子從我身邊經過時，他對我露出一個大大的無牙咧嘴笑並豎起大拇指，好像在說：不要放棄啊孩子，你快到了。

還好天氣對我不錯，晚上十點左右，我騎到了美麗的海濱小鎮希馬拉，比我預期的晚了幾小時。我訂的旅館空無一人，只有一個長頭髮的傢伙，似乎是客人兼管家。他介紹自己的名字是邁克。

旅館簡簡單單的，位在海灣上方的小山上，是座改建的舊建築，在一條狹窄的柏油碎石路旁。但裡頭有很寬敞的公共區域，開放式庭院裡有些吊床，客房是間有著三張雙層床鋪的寬敞臥室，真的很舒服。我卸下裝備，把娜拉放在床上，幾秒鐘後她就睡著了。我讓她睡，半掩著門，怕她醒來嚇到。除了我和邁克，這裡沒有別人，感覺很安全。

邁克很有趣，他是德國人，比我小幾歲，自稱是旅行者跟ＤＪ。我們相處得不錯，第一晚就聊到半夜。

他解釋說，這間旅館的主人是一對夫婦，現在正在科孚島（Corfu）度假。他們委託邁克照顧這個地方，換來免費的住宿。

「也許你也可以這樣？」他說，「在這打點工。」

我樂意做任何可以省下旅費的事，我現在需要的就是一個省吃儉用的耶誕節。

「沒問題，」我說，他同意明天早上打給旅館老闆。

他說到做到，第二天，也就是耶誕夜的早上，笑容滿面地來找我，豎著大拇指。

「太好了，我需要做哪些事？」

「砍柴、榨早餐的柳橙汁、照顧他們的狗。」

「完美。」我說。

我開心極了，感覺提早過了耶誕節，整天都沉浸在節慶的氣氛中。

阿爾巴尼亞有部分人是穆斯林，但是之前的共產黨政府是反宗教的。所以當我那天下午帶娜拉出去逛街時，發現希馬拉的耶誕氣息不濃重，也就一點也不意外。有幾棟大樓的窗戶裝飾著聖誕樹和小燈泡，商店櫥窗裡堆滿了這季節才有的義大利耶誕麵包潘妮朵妮，但這跟英國耶誕節時瘋狂的商業氣息幾乎沒有相似之處，我覺得這變化讓人耳目一新。

當我們漫步街頭，娜拉就是塊吸引人的磁鐵。幾個當地人走過來想要摸摸她，一群青少年來和我們自拍。當我們坐在牆上欣賞風景，一個戴著頭巾的老婦人花了大約五分鐘的時間用溺愛的眼神盯著娜拉，她不停地自言自語，彷彿在說禱告詞。當然，我不知道她在說什麼，但我明白了一件事，這太神奇了，娜拉似乎擁有超能力，無論什麼宗教、何種年齡或哪種文化的人，都會為她展開笑顏。

晚上我留了充足的食物和水給娜拉，讓她安心在房間裡打盹。我和邁克去了當地一家酒吧待了幾個小時，當地人非常熱情，給我們好幾杯當地釀的烈酒拉基亞（Rakia），是水果口味的白蘭地。第一杯喝起來像油漆去除劑，但很快就順口了。現場有當地音樂家表演，氣氛很愉快卻不張揚。我十點前就回到旅館和娜拉一起了。

耶誕節同樣安靜，我開始做些例行工作，砍柴、從院子裡的樹上摘橘子、餵旅館旁邊空地上的四隻狗。其中一隻是德國牧羊犬，生了一窩小狗，非常保護她的孩子，當我裝食物到她碗裡，她竟瞪著我低吼。

午餐時，我打電話給在蘇格蘭的媽媽、爸爸、外婆和姊姊。我們一直很親密，一起度過每個耶誕節，我可以感覺到他們對我的想念，就像我想念他們一樣。這是第一個我不在家過的耶誕節，他們很高興我找到了一個好地方過節，也很開心看到我的旅行出現正向的轉變。爸爸鼓勵我堅持下去，「兒子，你這輩子只會有這麼一次機會，」他說，「好好享受它。」這著實給了我一劑強心針。

我知道他們一定會在家吃一頓豐盛的傳統耶誕晚餐，但我滿足於現有廚房中的義大麵和青菜，這樣夠好了。

晚餐後，我用手機看了一部電影，開始擬定新的計畫。如果一切順利的話，在新年前後就能幫娜拉接種完狂犬病疫苗，然後在一月的第一週越過邊境進入希臘。事情似乎又恢復正常了，至少我希望是這樣。

隔天的節禮日（Boxing Day）[1]是數週以來陽光最美的一天。我們看向下方的地中海，是片誘人的深藍色，我決定帶娜拉去海灘。她四處追著玩具老鼠跑，玩得很開心，這也讓當地攜家帶眷來享受好天氣的人很開心。有些人圍著拍照、撫摸娜拉，我沒有阻止他們，因為如果娜拉不同意，她一定會讓他們知道。她和以前一樣，似乎很享受大家的關注。

那天晚上回到旅館，我在ＩＧ上發佈了她在海灘玩耍的照片，這時我注意到娜拉的呼吸又不均勻了，是我熟悉的喘息聲，還夾雜微弱的咳嗽聲。

我覺得很糟糕，我以為她已經好了，我以為她的肺會隨著年齡增長而變得強壯。我現在很後悔讓她吹太多海風。

邁克曾提到，假期中會有位獸醫來檢查小狗。他打電話給獸醫，問他是否也能看看娜拉。獸醫說他這一兩天不能來，但他交代我，在他來之前，都要讓娜拉在室內保暖，這我知道，我也不想讓她在戶外跑來跑去，尤其是天氣預報要再次變冷的情況下。

獸醫在除夕前一天出現。他穿著寬鬆不合身的西裝，是個開朗的人。他把聽診器放在娜拉胸口，給她做了全身檢查，一邊搖頭一邊小聲喃喃自語，「嗯，嗯。」他做這些經典的醫生例行動作時，全程無視我的存在。這讓我很害怕，但我按捺住擔憂。過了一會兒，他開始

1　節禮日是十二月二十六日，耶誕節後一天的國定假日。

在包裡翻來翻去，拿出一些藥和針筒。

「貓的胸腔有感染，」他舉起針筒用蹩腳的英語說著，「她需要抗生素，現在一次，三個星期後再一次。」我點點頭，照這種情況看來，可憐的娜拉要變成針插了，但我不可能不讓她接受治療。

從我發現娜拉開始，她的肺部就已經有問題，現在一定要解決。娜拉在針戳下去那一瞬間略有退縮，但就只是這樣子而已。獸醫要求我付款時，我做好了心理準備，這筆帳單會掏空我的帳戶嗎？當我換算金額，發現只要大約二十英鎊，讓我很驚訝。我興高采烈地付了現金。

邁克跟獸醫說，娜拉需要在一月分接種狂犬病疫苗。

「除非她好些了，」獸醫搖著手指告訴我。

之後我在娜拉旁邊坐了一會兒，琢磨剛剛發生的事。我的絕妙計畫再次成了泡影，但這次我不在乎，我不會重蹈覆轍，我打算遵從獸醫的建議，在娜拉好轉之前暫停行程，並留在阿爾巴尼亞。如果有必要，我們會留下來度過冬天，我要做正確的事，這是為了娜拉，也是為了我自己。

那天後來和隔天的除夕夜，我都讓娜拉待在室內。她沒有抗議，貓會根據自己的本能行事，在內心深處，我認為她知道她必須恢復精力，慢慢好起來。到了早上，她的咳嗽已經減輕了一些，但我不打算催她。她休息時，我就繼續做那些例行事務。

希馬拉的除夕夜，和我在蘇格蘭習慣狂歡的霍格曼內（Hogmanays）[2]完全不同。當午夜鐘聲響起，港口周圍的街道擠滿了各戶人家，但幾分鐘後就空了。無論如何，就我所見，這裡沒有通宵的派對。我有點想家，但娜拉分散了我想家的心情。我和她待在旅館，確保她包得很暖和，沒有被煙火嚇到，雖然說它們也沒有很可怕，才持續了幾分鐘。

阿爾巴尼亞比英國快兩個小時，所以我熬夜等待蘇格蘭的跨年，上線與朋友和家人聊天。我的ＩＧ頁面也充滿了留言，不僅來自蘇格蘭，還有來自世界各地的許多粉絲，其中很多人是過去一週才發現了我和娜拉的帳號。

其中一個是位於紐約的著名動物網站，叫做「渡渡鳥」（The Dodo），他們正在考慮要做一集我們的故事。我們同意在新年多談一些，我那時不太相信他們是認真的，因為我不覺得這有這麼有趣，但我也開始認真思索，我是不是正在做一件重要的事，如果我真的產生了影響力。

2　霍格莫內是蘇格蘭新年前夕的慶祝活動，戶外遊樂園和街頭都會化身為派對場地，到處可見臨時的餐車與小販，以及各種藝術與音樂表演活動。

不過我不知道該怎麼做，我知道ＩＧ上的「網紅」會以此為業，但這從來就不是我的選項。到現在為止，我知道我和娜拉對人們產生了正面的影響，但那一晚，是我第一次開始考慮，也許我可以往這方面發展，然後可能把它變成「某種」工作。

我愈想愈興奮，也許我開始做的這些好的事情，也提升了人們對某些我關心的議題的意識，像是動物福利或是環境保護，那我會覺得我真的成就了點什麼。

或許這就是我的新年目標，我心裡想著。**做點好事吧，迪恩，做點好事。**

第七章　諾亞方舟

等待獸醫回診的兩星期似乎永無止境，雪上加霜的是天氣變得更冷。一月第一週某天早上，我到戶外走走，發現遠方山頭有一點白雪。每年這個時節，我早已習慣看到鄧巴西南方拉默繆爾山（Lammermuir）的山頂覆蓋皚皚白雪，但這裡距離希臘才不到一小時車程，山頭上的雪顯得如夢似幻，很不真實。無論如何，寒冷的天氣讓我有很多事要忙，必須多砍點柴火來保持旅館室內溫暖。

娜拉心滿意足地蜷縮在燃燒的柴火前，但我一刻也閒不下來。我天生就是坐不住，媽媽老是開玩笑說我有過動症。因此儘管頂著刺骨寒風，我還是努力兌現在新年對自己許下的承諾。

我先開始動手處理我在各地都注意到的問題，不只阿爾巴尼亞這裡看得到，之前在蒙特內哥羅、往北一點的克羅埃西亞，甚至義大利都有同樣問題：海岸線汙染。只要沿著沙灘走一段，一定會看見塑膠垃圾到處散落。有些是海浪沖來的，但更多是一般的生活垃圾，像是寶特瓶、塑膠包裝、塑膠袋，真的讓我火冒三丈。

我看過不少海洋垃圾議題的紀錄片，知道這些垃圾會戕害世界各地的動物。南美洲沿岸的海龜遭廢棄漁網纏勒溺斃，歐洲和世界各地的魚類、鳥類誤食塑膠碎片窒息死亡。我也近距離目睹過類似情形，有好幾次我都必須制止娜拉玩那些風化脆裂的塑膠碎片，以免她被鋒利的鋸齒狀邊緣割傷。

新年過後幾天，我著手清理沿著希馬拉海岸往下約一公里遠的一片小海灘，才二十分鐘就撿滿了兩大垃圾袋的塑膠瓶瓶罐罐，接著花了整個早上的時間才清完海灘上堆積如山的其他垃圾，從食物包裝、塑膠袋到衣服碎布和廢棄電子產品，甚至有人把筆電鍵盤丟在岩石堆裡。東西好像被丟在那裡一陣子了，上面長了一層綠藻。哪個天才想說這是個好主意的？我猜關鍵字是「想」，他大概完全沒用腦袋思考。

我認為，如果大家意識到就連這麼偏遠的海灘都丟滿塑膠垃圾，那汙染規模也許真的非同小可。因此我回到旅館，在ＩＧ發了一張剛剛淨灘的照片，加上幾句話說明狀況。我對於太正經「說教」感到有點不自在，我不是大衛．艾登堡（David Attenborough）或格蕾塔．桑伯格（Greta Thunberg），也從不認為自己是社運人士。不過我還是忍不住稍微提高音量向大家呼籲，我們應該還給海灘本來面貌，除了回憶什麼也不留下，更重要的是捨棄一次性塑膠用品，改用環保產品。

現在有兩千五百多雙眼睛盯著我，大部分都是世界彼端的陌生人，因此我發這則貼文的時候有點緊張，不過很快就得到一些正面回應。

我告訴自己：**你看吧，不用害怕發表意見，你跟任何人一樣有權發聲**。

接下來幾天，我跟旅館借獨木舟划向遠一點的海岸，找到其他需要清理的海灣。我甚至為了觀察汙染程度，在冰冷的海水裡浮潛，只不過我最大的成就是讓自己被海膽刺到，之後必須把手裡的小刺一根根挑出來。這可不好玩，我的手又痛又癢得不得了，好久才復原。

為環保議題發聲固然很好，但我不會自欺欺人，我知道這些新網友為什麼追蹤我們，因此一定會為大家更新娜拉的近況和健康情形。她這一週以來恢復良好，一到遊戲時間精力更是絲毫不減。她在旅館裡到處瘋、到處跑，除非德國牧羊犬在附近才避開庭院。牧羊犬第一次見到娜拉就明白表示自己的好惡，對她狂吠不停。娜拉很勇敢，但絕不逞匹夫之勇，她從此對那隻大狗敬而遠之。

一月的日子一天天過去，我發覺娜拉漸漸康復。娜拉真的很放鬆，放鬆到新年第一週小地震襲擊希馬拉時，娜拉也在睡夢中度過。

地震來襲時，我和邁克一起坐在戶外，最早的徵兆是幾隻狗同時叫了起來，發出奇怪的嚎叫聲。片刻之後，旅館牆壁出現奇怪的擺動，整棟建築彷彿成了果凍，外面街上房子和車子的警報聲嗡嗡作響。地震只持續幾秒，但已經久到讓我膽戰心驚，我以前從來沒遇過地震。後來邁克告訴我地震稀鬆平常，愈往阿爾巴尼亞北邊的地拉那走就愈常見。

相較之下，娜拉完全不為所動。我在地震當下跑進屋裡看她的狀況，發現她在最愛的沙發上睡得香甜。

因此一月第三週獸醫回來看娜拉和小狗的狀況時，我抱持合理的樂觀態度。獸醫記得我的請求，帶來了治療娜拉肺部用的第二劑抗生素，也帶來了狂犬病疫苗。看她連挨兩針真的很心疼，但這是為了她好，希望她短時間內不用再打針了。

獸醫似乎很滿意娜拉整體的健康情形，他用聽診器聽聽娜拉的胸口，為娜拉豎起大拇指。一如第一位獸醫所料，他認為娜拉喘氣的問題會隨著她成長而漸漸消失，她的肺部已經愈來愈強健。

「我想帶著她騎自行車去希臘，沒問題嗎？」我問他。

他只是聳聳肩。

「有何不可？」

不是我希望的熱烈贊成，不過也不錯了。

我已經在希馬拉停留將近一個月，這裡開始像是離家在外的第二個家，也許有點太像家了。我覺得自己過得太舒適，加上屋主不久就要回來，我也不需要再看管這個地方了。獸醫回診的兩天後，我走到屋外，發現天氣變得溫和許多，於是開始收拾裝備、整理好自行車。是時候動身上路了。

打包這些日子以來的行李沒那麼簡單，不只要收拾我買的全套裝備，還要收拾我幫娜拉買的東西，非常花時間。有數不清的東西要記得帶，我老是覺得忘了什麼。等到我和邁克交換完聯絡方式、互道珍重再見後，時間已經接近中午。

離開希馬拉時，我的心情有點沉重，但也十分雀躍，期待重新展開旅程的前景。我迫不及待想騎到希臘，希臘在我渴望探索的地點清單上名列前茅，而且感覺就像離開歐洲的門戶。我希望從希臘前往土耳其，夏天的時候就到了泰國也說不定。

大概騎了一小時，娜拉爬到自行車握把上，我現在知道這是她告訴我要停下來上廁所的意思，我決定一石二鳥，順便讓她吃點午餐。飽餐一頓可能可以送她進入夢鄉，讓我前進得更順利，直達邊界。

離開旅館之前，我也幫自己準備了簡單的午餐。我伸手進袋子裡撈了又撈，卻發現我忘了帶上午餐，要記得的事情實在太多了，用鋁箔包住的餐點放在廚房流理台上，一切還歷歷在目。有一刻我考慮調頭回去，但很快勸自己打消主意，我前進的步調良好，眼前已經可以看到海上科孚島的輪廓了。希臘離我愈來愈近，現在不能回頭，必須繼續前進，只是不得不餓著肚子往前了。我要在路上找點東西吃。

果不其然，又往下約十公里，我經過一片柳橙樹林，水果或許正是醫生會推薦的食物呢。我在路邊停車，滑下斜坡走進柳橙樹林，伸手拉下樹枝看一看。外皮有點粗糙乾澀，不過柳橙看來已經夠成熟了，我摘下一顆剝好皮送入口中。我咬了一口立刻吐掉，非常難吃，又苦又澀，離成熟還差得很遠。

我大口灌水清掉嘴裡的味道，這時發現下方的溝渠裡有什麼東西在移動，只看得見一長條的棕黑斑紋。我一時之間非常興奮，以為會不會是蛇或蜥蜴。不過走得更近一點，我發現既不是蛇也不是蜥蜴。

「別跟我開玩笑了。」我對自己說。

是隻小狗。

我彷彿又被送回波士尼亞的山上，真不敢相信情況再度重演。天曉得小狗怎麼會在這裡？方圓好幾公里內都看不到農場或建築，我們身在一片荒野中間。小狗非常年幼，只有幾週大，甚至比娜拉剛被我找到的時候還小。小狗骨瘦如柴，不停抽搐顫抖，可能是因為發燒或飢餓，可能也很害怕。小狗一定很痛苦，一被我碰到就高聲哀鳴。

我把小狗撿起來，簡直跟羽毛一樣輕。小狗沉重地喘氣，皮膚的狀況一團糟，我懷疑可能有跳蚤或皮膚病。娜拉自己在附近玩，不過我一現身她就跑了回來。她臉上的表情大概跟我幾分鐘前的表情一模一樣。

這是怎麼一回事？

這次我一刻也不猶豫，抱起娜拉把她放進車前袋，接著把小狗放到後面的袋子裡。我知道之後要消毒過袋子才能再把娜拉放進去，否則獸醫才剛說她治好肺病重拾健康，轉眼卻又可能感染可怕的疾病。

我花了一點時間看地圖。我不想回頭，必須繼續沿著海岸朝希臘邊界前進。最靠近這裡的較大城鎮是一個叫薩蘭達（Saranda）的地方，我上網查詢，鎮上的獸醫診所今天沒開，不過明天會看診。和幾週前的狀況如出一轍，我必須等一個晚上。我已經感覺得到心裡的恐懼默默累積。

「帶小狗去看獸醫會讓我破產。」我對自己說。

但是我不會拋棄小狗，實在不可能拋下牠。

晚上我們在離薩蘭達一．五公里左右的一間老舊廢棄車庫露營。我餵小狗喝點水，也試著餵牠吃點東西，不過牠似乎沒有食欲。牠只想窩在娜拉的提籃裡休息。

娜拉對這位新旅伴非常著迷，一直試圖偷偷接近小狗，同時一邊嗅著空氣，彷彿能夠聞出小狗生病的氣息。不過我確保她不會靠得太近，我擔心可憐的狗狗感染了什麼嚴重的傳染病。就著昏暗的光線，我覺得好像可以看到牠的皮膚上有跳蚤跳來跳去，真是令人心痛。

晚上我睡得很不好，腦海裡思緒翻騰，好一陣子心裡只有滿滿的憤怒。把小狗丟在荒野裡的人一定知道牠病得很重，他們把小狗丟著自生自滅，要多冷血才會做出這種事？不過我的思緒慢慢轉向更實際的問題，我要拿這個新加入的孤兒怎麼辦？撿到娜拉時，娜拉雖然虛弱，但還算健康，可是這隻小狗迫切需要醫療照顧，可能必須住院數週。

在希馬拉滯留了將近一個月，我才剛上路幾小時而已，又要停下腳步一個月等這個可憐的小傢伙康復嗎？如果停下來等，之後牠要加入我和娜拉的旅程嗎？莫非我是旅行動物園？還是現代版諾亞方舟？不行，這樣完全不可行，太荒謬了。但是拋下小狗一樣不可行，我必須再想個辦法。

第二天早上，我聯絡上薩蘭達的獸醫，獸醫會說英語，真是幫了大忙，更棒的是他說他可以收容流浪和生病動物。他願意看看小狗的狀況，看看可以幫什麼忙，他要我到鎮上時打電話給他。

我最擔心的問題是錢。昨晚我和人在蘇格蘭的朋友提到這件事，朋友建議我發起群眾募資的網頁，這樣大家可以幫忙捐款支付小狗的醫藥費。我完全沒有這方面的經驗，不過朋友立刻幫我架好網頁。我昨晚在ＩＧ發了文，今天早上大家已經開始捐款了。捐款金額不大——這邊十英鎊，那邊二十英鎊——但很快積沙成塔，我出發去看獸醫時，總金額已經累積到數千英鎊。我心頭的重擔卸下不少，不論如何，小狗的醫藥費有著落了。

我打電話給獸醫，他和我約在鎮中央的廣場見面，乍聽之下滿奇怪的，為什麼不在他的診所碰面呢？

但我其實不必多慮。獸醫自我介紹說他叫施敏。他為人溫柔隨和，英語流利，立刻讓我放心下來。

施敏看看小狗，接著緩緩搖了搖頭。

「真不知道怎麼會有人忍心這樣對待動物。」他說話的同時，怒氣完全表現在臉上。施敏更仔細地檢查小狗，這時娜拉出現了，她剛剛在人來人往的廣場四處跑跳探索。

「你在哪裡找到這個傢伙的？」施敏邊問邊摸摸娜拉。

「波士尼亞的山區，」我說：「一樣被丟在路邊。」

施敏微笑著搖搖頭。

「我們兩個是同一種人。我現在家裡有四隻狗，但再多四十隻也不奇怪。我希望拯救每一隻我遇見的流浪狗，可是我知道自己力不從心。」

我點點頭。

「對啊，我懂這種感覺。」

我從施敏看小狗的眼神看得出來他很擔心，小狗的狀況真的很不理想。

「我想是公狗，不超過三、四週大。我必須帶他去動手術，之後可以帶他回家靜養。」

「請讓他接受一切所需的治療，」我說。「錢不是問題。」

施敏看起來很驚訝，我猜自己看起來大概不像世界首富。「沒問題，」他說：「之後如果你能幫他找到一個家就太好了。」

他看了看錶，好像想起來必須趕去其他地方。

「我必須離開了，」他說。「把小狗留給我吧。」

我的表情一定透露出一絲擔憂。

「別擔心，他在我這裡很安全。」他一面跟我說話，一面溫柔地把小狗抱在懷裡，摸摸小狗的頭。「我的手機儲存了你的電話，我會告訴你小狗的後續。」

我最後又摸一摸小狗。

「小兄弟，祝你好運。」我向小狗說完之後目送他們離開。看著施敏的背影，我感到平靜而滿足。我把小狗送到正確的地方了，施敏看起來是個非常可靠的人。

天氣再度轉壞，氣勢磅礴的烏雲正在我們前方聚集，氣溫驟降好幾度。我在海岸邊找到遮蔽處，搭起帳篷度過這一夜。等天氣一好轉，我就要衝向希臘和雅典。施敏信守諾言，傍晚時分傳了訊息給我，他順利幫小狗洗了藥浴，成功驅除造成皮膚病的蟎蟲。他也幫小狗吹乾身體，餵一點抗生素幫忙提高體溫，讓小狗吃了一些東西。小狗隨後倒頭大睡。

施敏的訊息讓我這晚安下心來，不過我還是煩惱等小狗恢復力氣、重拾健康之後又要何去何從。

晚上我在ＩＧ發文為大家更新小狗的近況，我已經幫他想好名字了。和施敏分手之後我繼續往前騎，剛好經過某間房子側面的一個招牌，招牌只斗大寫著「巴羅」兩個字。我不知道這是當地語言的一個字還是一個姓氏，不過「巴羅」讓我想起電影《與森林共舞》（*The Jungle Book*）裡的大熊，似乎很適合這隻小狗。不論如何，這個名字顯然很受我的追蹤者喜愛，短短幾小時內已經有好幾個人表示願意領養巴羅，其中一位住在倫敦的女士看來是完美人選。更棒的是還有幾個人想詢問施敏的聯絡方式，看看施敏是不是還有其他小狗等待領養。

大家的善良讓我稍微重拾對人性的信心，也大大安慰我沒辦法帶著巴羅一起走的心情。施敏說得對，如果我撿起旅途中遇見的每一隻孤苦流浪兒，大概要花一百年才能環遊世界，而且要開大卡車才載得下大家。此路真的不通，我只有一個人而已。

相較之下，我能做的是提升大家的意識。犬隻的棄養、虐待和流浪是世界各地同樣面臨的問題，而我也發現世界上有很多善良的人願意給小狗一個家。如果我可以搭起兩者之間的橋樑，那麼或許就能帶來改變。其實我們已經帶來改變了。

這是一個轉捩點，我覺得心中亮起了另一個燈泡。就跟海灘的塑膠垃圾一樣，我不可能把地球上每一段海岸線都清理乾淨，但是或許我可以讓大家思考這個議題，從根源杜絕亂丟垃圾。

和娜拉一起躺在帳篷裡，聽著外面狂風怒吼，我心裡雀躍不已。多年來我一直困在日復一日的工作，上班就只想下班，工作只是為了拿到一週結束的薪水袋。現在我做的是自己天天滿心期待想做的事，我甚至不覺得是在工作。

沒錯，這份新「工作」會比我想像的更微妙一點、更複雜一點，我也的確必須設法抓到訣竅、摸索出門道，但是我發現了自己的信念所在，找到了值得投入的事。我人生中可以大聲說出這種話的時刻屈指可數，也許甚至是有生以來第一次。

第八章　娜拉的世界

我之所以喜歡騎自行車，其中一個原因是這個活動給了我思考的空間。獨自騎在開闊的路上，遠離手機和人群，真的能幫我清空腦袋，讓我有時間好好思考，面對好好壞壞、大大小小的問題。隔天早上我騎往希臘邊界，娜拉坐在前面的車前袋裡，雙耳直豎，頭突然從左向右擺，我發現自己心裡正想著她，還有她帶給我的影響。

真的難以置信，不過短短幾個星期，娜拉已經用許多意想不到的方式撼動了我的生活。首先我的日子有了秩序、有了例行公事。娜拉今天跟往常一樣在天亮時叫醒我，舔舔我、磨蹭我的臉，喵喵叫著命令我幫她準備早餐。她走到外面進行每日儀式，東聞西聞，標記完她的「領地」之後再消失去上廁所。這時我也拖著身體起床，舀一些早餐到她碗裡，刷個牙開始規畫眼前這一天。

遇見娜拉之前，我睡到自然醒，隨心所欲地賴床。

那些日子真的一去不復返了，現在我得隨時待命，為娜拉值班。

從日出到日落。

為了值班時不出差錯，我必須鑽研一種新的語言：學習如何說娜拉語。我很快就聽得懂幾種基本喵叫聲，她用來告訴我她肚子餓、累了，或是需要上廁所的喵喵聲。不過有些肢體語言比較難懂。

舉例來說，一開始我完全不明白娜拉為什麼偶爾會我在騎車時靠近我，舔我的嘴脣。第一次有點嚇到我，她到底想幹麼？感覺好怪。直到第三次還是第四次我才恍然大悟。我喝下一大口水，一部分的水慢慢流向下巴，娜拉會先舔舔我的下巴再舔我的嘴脣。

「喔，我懂了，妳也很渴，」我說。

我本來以為自己已經確保讓她攝取充足水分，不過自從那次起，她只要伸出舌頭，我就知道她想喝水。

除了呼嚕聲和她高興時發出的古怪又哀怨的聲音之外，娜拉不太跟我閒聊，主要是在有需求的時候才開口「說話」。她通常也表達得很直白，確定我接收到她清晰易懂的訊息，像是她覺得我們該騎車上路了，之類的。

我原本以為，無論我什麼時候想做什麼，娜拉都會乖乖配合。這個想法很快被我丟得一乾二淨。如果她樂見我騎上自行車準備動身，她會跳進車前袋裡坐好，等著出發。有時候即使我不打算騎車，她也會跳進車前袋，一屁股坐在那裡盯著我，好像在催促我上路。

但如果她還不打算離開，她也會絕不含糊地讓我明白。就像那天早上的情況，我已經準備騎車出發，她卻不見蹤影。

我們前一天晚上住在俯瞰大海的岬角上，靠近一片松樹林間的小空地，娜拉幾乎整個晚上都在那裡玩。於是我直接走到空地，果不其然，看見她擠在幾根樹幹的縫隙之間。她不知道我看到她了，因為她不時探出頭來。真是笑死我了，她想躲起來。

我盡我所能，用最有效的方法引誘她：拿出幾片耶誕節買給她的可口肉乾。雖然花了幾分鐘，但她最後還是小跑步衝過來。我知道這種時候必須迅速果斷地動作。她還沒回過神來，我已經把她的胸背帶扣上自行車握把，把她放進車前袋，動身上路了。

「前面還有更多樹呢，娜拉，」我開懷大笑，她響亮的抗議聲飄揚在海風中。

仔細想想，她對我生活造成的影響真是不可思議。娜拉不只改變了我的世界，也改變了我周遭的世界。娜拉走到哪裡都能吸引仰慕者，陌生人有時候會筆直朝她走來，好像我不存在一樣。我不覺得不受尊重或是不高興，事實上恰恰相反。

跟瑞奇一起騎車的時候，即使我們停在路邊的咖啡廳或是村子的廣場，也幾乎不會有人接近我們。我們兩個大塊頭蘇格蘭壯漢也許不只外表嚇人，也不像對認識陌生人有興趣，因此大家總是對我們敬而遠之。

那時候沒有多想，現在想想滿可惜的。環遊世界的其中一個目的就是認識不同的人，了解他們為什麼會做這些事，了解他們和我哪裡不一樣或是一樣。和瑞奇一起騎車時錯過了這種體驗，我們的確遇見了一些人，但整體而言，他們和我們保持距離，不願敞開心房。和娜拉在一起，情況截然不同，她讓世界向我敞開。

總而言之，我覺得在繼續騎車的同時，娜拉已經接管了我的生活，成為我的頭號要務，這或許是最大的改變。現在不論我們身在何方，我發現自己總是重複問起一連串同樣的問題：娜拉在哪裡？她開心嗎？該餵她吃下一餐了嗎？她夠暖嗎？她今晚要睡哪裡？幾乎像是生了個小孩。她成為我第一優先的考量，成為我世界的中心。回過來想，我不確定自己對她是不是一樣重要，或許我也是娜拉世界的中心？

我低頭看她，她顧盼生姿地坐在車前袋裡，就像我們這艘小船的船長，我在引擎室踩著踏板前進，她從上層甲板勘查世界。她就是《星際爭霸戰》（*Star Trek*）的寇克艦長（Captain Kirk），我是無所不能的工程師史考提（Scotty）[3]。

「沒錯，就是這樣。」我向自己笑著說。「現在這是娜拉的世界，我就住在娜拉的世界裡。」

我們離邊境關卡愈來愈近，我心底泛起異樣的緊張。我手邊備齊了所有可能用得上的文件，但是心裡又開始胡思亂想。文件正確無誤嗎？他們會不會找到什麼小瑕疵而拒絕娜拉入境？

我在窗口前停下車，將兩本護照都交給衛兵。衛兵是留著小鬍子的大個子，制服穿得有點邋遢，比起我們，他似乎更關心崗哨亭角落小電視上的足球賽。他看看我又看看娜拉，娜拉在車前袋裡坐直身子看著他，頭歪向一邊，彷彿決定要把可愛值調到最高一樣。

他一臉困惑地翻閱我們的文件，我猜他以前從來沒看過寵物護照。前後不到三十秒，他邊搖搖頭邊幫我的護照蓋章，臉上同時露出一絲笑意。他把文件遞還給我，揮手示意我通過，同時向娜拉眨眨眼。

我不禁啞然失笑。這是我和娜拉首度一起正式通過邊境關卡，竟然這麼輕而易舉？擔了這麼多心，費了這麼多力氣，花了這麼多錢確定娜拉的文件一切正確，結果其實只需要讓娜拉露出人見人愛的小臉蛋就好，那張可愛的小臉蛋就是娜拉的護照。

3　寇克艦長是經典電影《星際爭霸戰》中帶領艦隊的主要角色，史考提則是劇中奇蹟式解決一切工程問題的重要人物。史考提是蘇格蘭人，作者用此來呼應自己的身分以及和娜拉的關係。

前往南歐的旅途當中，我有好一陣子天真地以為希臘這片大地一年四季陽光普照，心裡或許多少期待看到大家一月了還穿著T恤走來走去。我的幻想很快就破滅了。我計畫騎車穿越鄉村再往下切到雅典，隨著我們一路前進，天氣冷得刺骨。強勁的北風陣陣吹來，北方群峰山頂覆著新降的雪。

冬天的盡頭還在遠方。

不久娜拉再次吸引眾人目光，這次更來自意想不到的地方。

娜拉中午睡得很飽，因此現在從車前袋裡坐直身子，欣賞鄉間風光。我們騎過一連串小農村，大家注意到我們，指著我們露出微笑。經過一間小型學校時，運動場上的孩子向我們揮手歡呼。

我輕輕揉揉娜拉的脖子。

「簡直就像跟著了不起的皇家成員一起旅行。」我向她說。

想不到這個時候，大概剛騎進希臘二十公里左右，我注意到有輛警車從後方漸漸逼近。我揮手請警車先通過，不過警車無動於衷，目標好像就是我們。

「呃啊，」我自言自語，「可能有麻煩了。」

一如我擔心的，繼續往前騎了一公里多，後面出現閃爍的車燈。我回頭一看，車子裡有一名警察揮手要我停到路邊。

我離開道路，在一間小教堂旁邊停下車來。

一切就像電影場景，我看著個頭矮小的中年男子下車慢慢走向我們，身穿灰灰髒髒的深藍色制服，我立刻注意到他的腰上繫著槍帶。我認為自己沒有觸犯任何法律，不過還是伸手從放文件的包包裡找出護照，以備不時之需。

警察直接走過我面前，走到自行車頭。

「你的貓很美。」他邊說邊向娜拉彎下腰。「她叫什麼名字？」

「娜拉。」

「娜拉，妳好啊。」他說話的同時輕輕摸著娜拉的後頸。

我拿出護照遞給他，不過他揮揮手要我收回去。

「這位朋友，你要去哪裡呢？」他問。

「最終目的地是雅典。」我回答。「打算花幾天騎到那裡。」

他指指山脈和籠罩山頭的烏黑天空。

「狂風暴雨要來了。我如果是你的話，再往前騎幾公里就會停下來紮營。」

「沒問題，」我說，「我會照你說的做。」

「希望你的貓別淋雨感冒了。」

他最後又彎下腰來再輕輕摸了娜拉一次，以飛吻親了她好幾下。

「祝妳旅途平安，娜拉。」他說完之後對我點點頭，回到車上，片刻後便駕車離開，突然而來突然而去。

我不可置信地搖搖頭，警察大費周章攔住我，只是為了警告我快下雨了？還是因為他真的很想跟娜拉打招呼？我拿不定主意，兩個原因聽起來一樣不可思議。後來證明警察的建議完全應驗，等我悠哉騎到下一個較大的城鎮時，天氣為之一變。我全速搭起帳篷，和娜拉躲進溫暖的帳篷內，鑽進裡頭不久就聽見外面暴雨開始打在帳篷上。不能騎車只好退而求其次，繼續做些工作，完成我正在擬訂的抵達雅典後的計畫。

手上資金不寬裕，因此我上沙發衝浪網站看看能不能找到免費住宿，好減輕心中的擔憂。我和瑞奇剛出發的時候也使用過幾次沙發衝浪網站。我已經受邀到北邊一個叫做新斯科波斯（Neos Skopos）的地方小住，新斯科波斯位於前往塞薩洛尼基（Thessaloniki）的路上，屋主是我在蘇格蘭一個阿姨的幾位朋友。不過我也另外發出請求，希望能在雅典附近住幾晚。既然愛丁堡被譽為「北方雅典」，我覺得自己應該看看真正的雅典。

我很快收到一家人的邀約，他們表示很樂意接待我們。我以為他們的邀請純粹出於好心，不過我真應該猜到他們的動機其實沒這麼單純。那位媽媽承認女兒愛貓成痴，女兒看到我在網站上的個人簡介提到我帶著貓一起旅行。

「她迫不及待想見到娜拉。」媽媽在電子信件裡寫道。

可惜我在找的另一樣東西娜拉沒有幫上忙，我想找點工作。我決定必須多賺點錢，娜拉帶來額外的開銷，而且萬一她在路上生病，我不希望進退兩難。娜拉四月初就滿六個月了，到時候需要再看獸醫打新的預防針，也許還要動結紮手術。巴羅還在阿爾巴尼亞的施敏那裡接受治療，我決心把群眾募資平台「GoFundMe」的錢都用在照顧巴羅身上，因此我回覆了幾個獨木舟嚮導的徵人廣告。

我從少年時代就常常划獨木舟，我丟履歷應徵了大概十幾家公司，有幾家公司回覆說他們接下來旅遊旺季的員工已經徵滿了，剩下的公司大都石沉大海，連回覆都懶得回。不過我還是決定繼續應徵，也許會有哪家公司順便需要有人幫忙抓老鼠？

接下來這週的進展只能聽任陰晴不定的天氣擺佈，前一刻還陽光燦爛，下一秒可能瞬間狂風暴雨，轉眼之間又再度放晴。陽光露臉時，希臘北部毫無疑問是天堂。我們沿著希臘的西北部往下騎，夜晚在無人海灣的邊緣露營，看水鳥在海面盤旋，聽海浪拍打岸邊的聲音。

不過一旦下雨，就像蘇格蘭一樣，陰鬱、灰暗、潮濕。

我完全不介意，騎車上路很美好，從一地前往下一地。這是我熱愛的騎車方式，也是我非常享受的反樸歸真的生活。只不過，我沒料到會有隻調皮的小貓和我共享這一些。

娜拉迅速長大，她依然是隻精瘦的小貓，不過能把她放在手掌心的日子已經是很久以前的事了，她也愈來愈不怕離開我身邊。

只要她覺得安全無虞，就會漫步到好一段距離之外。新到一地的時候，看娜拉的反應很有趣，她會像個法警先四處檢查，跟一般貓咪一樣聞聞領域的味道，看看有沒有其他生物的氣味，然後磨擦東西留下她自己的味道。我現在知道貓咪可以從味道分辨出很多訊息，對貓而言，就好像在讀旅遊指南或看地圖一樣。娜拉對周遭環境滿意之後，就開始專心玩耍了。

娜拉真是身手矯健的小貓，我覺得跳不過去或爬不上去的障礙，她全都不以為意。我把這認定成她的另一項超能力，她可以從站姿直接跳到三公尺高，好像腳上有強力彈簧一樣。她也天不怕地不怕，我喜歡把這想成是我們之所以相似的其中一個原因。

只不過她也跟我一樣，養成了自找麻煩的習慣，有點自不量力。

這週某天晚上，我找到可以俯瞰另一段如詩如畫的海岸線遮蔽處，開始搭起搭帳篷，這時忽然聽到娜拉大聲喵喵叫。

有一陣子我對她的叫聲充耳不聞。她吃過晚餐，喝過東西，也上完廁所了，還會有什麼要求？不過叫聲沒有消失，反而愈來愈大聲、愈來愈激動。她開始爆發短促尖銳的叫聲，幾乎帶著怒氣。要不是知道她是貓，我會以為她在罵髒話。

我拋下組到一半的帳篷，走過去看看情形。我知道娜拉跑去樹林裡玩，因此開始掃視低處的樹枝，但不見她的蹤影。

娜拉又開始叫了，這次音量更勝之前。

我聽見叫聲從上方傳來，抬頭一看，只見娜拉就在上面，待在一根看來一折就斷的樹枝邊緣以維持平衡，離地面至少六公尺高。

「妳到底怎麼跑上去的？」

她一定是從樹的主幹往上爬，然後往外跳到這根脆弱的樹枝上，沒有意識到有多危險，讓自己陷入搖搖欲墜的危機中，情況完全如字面意義而言。問題在於那根輕飄飄的樹枝在微風吹拂下瘋狂擺動，娜拉不敢跳回樹的主幹。

我快速偵察評估，爬到樹幹大約三分之一的地方，在一根粗大多節的樹枝上平衡身體，然後抓住另一根比較輕的樹枝，這根樹枝往上生長的角度正好接到娜拉受困的樹枝。樹枝有彈性好操縱，我上下移動樹枝，讓它更靠近娜拉。這根樹枝為娜拉提供逃生路線，成為往下回到我這裡的梯子。

娜拉一開始好像不太願意過來，在上方樹枝的邊緣徘徊，往前踏一步又縮回腳，好像要鼓起勇氣縱身一躍。

「娜拉，來吧，」我呼喚了好幾次。「妳可以的。」

最後她終於奮力一跳，像在鋼索上衝刺般地跳下逃生梯。她甚至懶得跳向我，直接一路往下回到地面，咚一聲落地。

等我從樹上爬下來回到地面時，她已經抖掉身上的灰塵快步離去，好像什麼事也沒發生過。

「我的榮幸，陛下。」我對著娜拉走回帳篷的背影說。她發出我不認得的一聲短叫，我猜她可能又罵了句髒話。

我們花了一週時間騎到雅典。幾乎一看見巴特農神殿（Parthenon）莊嚴身影的當下，我對大城市一貫的反感立刻消失得無影無蹤，深深被這個地方的歷史感和活力所震撼。每個角落似乎都矗立著經過風霜洗禮的古代紀念碑或雕像，不過這裡也是活力四射的現代城市。

願意接待我們的一家人住在一個綠樹成蔭的可愛郊區，靠近市中心。騎近外觀時髦的房子時，我有點擔心，特別是經過幾天辛苦路程的洗禮，首先我迫切需要好好洗個澡，而且我也不知道會面對什麼情況。寫信溝通時感覺他們人都很好，不過你永遠無法確定像這樣沙發衝浪時會遇到什麼樣的人。

幸好媽媽伊蓮娜、爸爸尼克，和他們的女兒莉迪亞都無比善良體貼。他們像歡迎多年不見的老友一樣迎接我們，我們抵達的第二天，尼克甚至聯絡了我自行車的原廠製造商捷世樂（Trek）雅典分公司，幫我安排維修，而且堅持由他招待。他們竟然可以對素昧平生的陌生人這麼親切，讓我驚訝得說不出話。

娜拉也立刻和他們打成一片，完全不讓人意外，畢竟他們這麼無微不至地關心她。莉迪亞巴不得一天二十四小時都和娜拉玩在一起，她們一人一貓在電視機前打打鬧鬧、又親又抱，好像認識彼此一輩子了。

我喜歡看她們兩個膩在一起。這讓我得到奇妙的休息時間，可以從照顧娜拉的職責中喘口氣，忙些其他事情。

離開阿爾巴尼亞以後，我和施敏定期保持聯絡。巴羅一度病重，好一陣子都需要吊點滴，不過他終於熬過難關，現在正漸漸康復，準備前往地拉那接受正式訓犬師的訓練。要領養巴羅的英國女士也計畫來阿爾巴尼亞見他，一切都正往好的方向前進。我一方面很開心，但一方面也很難過自己只見過巴羅生病的樣子。按照現在事情進展的步調，巴羅很快就在前往倫敦的路上了，我之後可能再也見不到他。

尼克和伊蓮娜在ＩＧ上追蹤我，有天晚餐時問起巴羅的事。我一定把心情全都寫在臉上了，他們立刻察覺我心中五味雜陳。

「你可以上去看看他啊。」伊蓮娜建議。

尼克點頭微笑。

「我們可以照顧娜拉一兩天，」他說：「對吧，莉迪亞？」

想到可以和娜拉共度幾天，莉迪亞高興得幾乎歡呼起來。

我嚇了一跳，我甚至從來沒考慮過這個可能。

「真的嗎？」

「真的。」他們異口同聲地說。

我查了一下，有一班巴士從雅典的長途客運總站出發，可以帶我往上穿越邊界直達薩蘭達。我可以坐夜班巴士，和巴羅共度一天，再搭夜班巴士回來，總共大約要離開三十六小時。

和娜拉暫別真的讓我很難受，我們自從在波士尼亞的山區相遇以來就形影不離，不過我知道她在這裡會備受呵護。幾天之後，我在接近傍晚時分出發，離開時娜拉和莉迪亞玩得很開心，幾乎沒注意到我悄悄出門了。

三十六小時的旅程宛如煉獄，巴士的暖氣開到最強，我一度以為自己要融化了。早上我終於抵達薩蘭達，直奔上次跟施敏碰面的鎮中央廣場。

幾分鐘後施敏現身了，手上牽著一隻活蹦亂跳的小狗，跟我幾星期前留在這裡的巴羅簡直判若兩狗。巴羅現在是我當初在路邊找到時的兩、三倍大，看起來非常健康。他的毛皮閃閃發亮，四處移動時也很靈活。施敏把巴羅交給我幾個小時，我帶巴羅到鎮上散散步。巴羅用力拉著繩子想到處跑，他鑽進街道旁邊的灌木叢，跟普通的小狗沒兩樣，真的讓我很開心。看得出來巴羅顯然會平安長大。

我不希望單獨留下娜拉太久，因此當晚就踏上歸途，和巴羅、施敏開心道別，搭上同一班巴士回到雅典。我覺得自己彷彿為一個章節畫下了句點，我很可能再也見不到巴羅，不過誰知道呢？我只知道自己盡了一份心力，為他的生活揭開新的起點，這確實讓我心滿意足。

回程巴士上，暖氣一樣開到最強，不過這次我沒有心情煩惱暖氣了。跨越邊境對我而言幾乎已經是家常便飯，我也不以為意，因此巴士被阿爾巴尼亞的警察攔下來時，我才猛然驚醒跨境不是小事。我不知道警方是否接獲線報說有毒品或什麼非法物品走私，他們鉅細靡遺地搜索整輛巴士，所有東西——包括巴士本身——都經過X光機檢查，而且不只一次，檢查了兩次。中間他們把兩個年輕人押進旁邊的小屋，兩人一去不回。

我們總共被攔下來幾個小時，這讓我有時間好好思考。上次我和娜拉一起跨越邊境時，我幾乎以為不必費心準備正確文件，只需要娜拉可愛的臉蛋就好。我在跟誰開玩笑啊？如果我們不遵循一切官方要求，絕對不可能在這樣的審訊底下逃出生天。如果我要繼續帶娜拉環遊世界，就必須時時小心注意這點。每個國家都有自己的規定，我不能冒險讓娜拉像那兩個年輕人一樣被帶走。

回到雅典，我才剛走進門，娜拉就衝出來跳進我的懷裡，她邊磨蹭我邊發出深沉的呼嚕聲。我把她緊緊抱在懷裡，但是過沒多久她就看著我，好像在說：**好了，老兄，我沒那麼想你**。

她很快又跑回去和莉迪亞一起玩。

二月接近尾聲，我找工作找得愈來愈灰心，我又寄出了新一波求職申請到全愛琴海和愛奧尼亞群島的獨木舟中心。有幾間回覆我，其中一間詢問我有什麼經歷和證照，但是我沒有正式考取證照。我開始考慮是不是該想個備案，或許該應徵酒吧的工作。

有一天我和娜拉出門騎車在雅典繞了一圈，回來吃午餐時看到一封電子信件跳出來。寄件人叫哈里斯，他在愛琴海南部的聖托里尼島（Santorini）經營獨木舟生意，他說他們或許可以雇用我，但條件是我要盡早上工，他和弟弟需要人手幫忙處理迎接夏季的前置作業，想問我能不能四月初就開始工作。

時間很短促，我也不太熟悉希臘群島，因此決定問問尼克和伊蓮娜的意見。兩人聞言都露出微笑。

「聖托里尼？那是希臘數一數二美麗的地方。」伊蓮娜說。

「是全世界數一數二美麗的地方。」尼克說：「你有機會一定要去看看，你可以從雅典這裡搭渡輪過去。」

他們的話讓我下定決心，我回信表示可以在三月底到達聖托里尼。接著我開始研究從雅典出發的渡輪，每週有幾班船從主要港口比雷埃夫斯（Piraeus）前往聖托里尼。重點是他們接受貓坐船，只要把貓放在合適的寵物提籃裡就可以。

距離坐船出發還有將近一個月的時間，我決定重新上路，再多探索希臘北部。雖然尼克和伊蓮娜他們沒有說任何話暗示我，但我覺得自己叨擾他們太久了。我們原本說要住兩天，結果已經住了兩個多星期。現在我打算出發去看看新斯科波斯和塞薩洛尼基，也想見識溫泉關（Thermopylae）名聞遐邇的溫泉，那裡一直名列我想造訪的地點清單。我決定先去溫泉關。

我猜要把娜拉從莉迪亞身邊帶走可能會是個挑戰。果不其然，娜拉一看到我開始把行李載上自行車就跑回屋子躲在沙發下。莉迪亞不得不幫我把她哄出來，再把娜拉裝進車前袋，前後花了我們二十分鐘。

最後的道別也一樣漫長，而且感覺就像好萊塢電影的催淚場景。他們一家人都流下眼淚，如果這時候有樂團奏起感傷的背景音樂我也不會覺得驚訝。總之我還是設法控制住場面，否則我們也許直到今天都還在尼克和伊蓮娜家裡。

「別擔心，妳會再見到他們的。」騎車離開時，我向娜拉這麼說。娜拉發出刺耳的低沉咆哮聲，跟我以前聽過的聲音都不一樣。我不認為自己會想翻譯這個叫聲，我很確定那可不是讚美。

第九章　上天的祝福

我們在三月頭幾天抵達溫泉關。不難發現我們離目的地愈來愈近：隨著我把自行車左彎右轉逐漸爬上蜿蜒山路，瀑布低沉的轟隆聲和硫磺水淡淡的臭雞蛋味也愈來愈清晰。溫泉就位在兩千五百年前列奧尼達（Leonidas）帶領斯巴達三百壯士抵禦波斯軍隊的著名隘口附近，因此這一帶在旺季是人山人海的旅遊景點，幸好現在離夏天還有三個月。我騎車經過列奧尼達的雕像、官方遊客中心跟博物館，一直騎到溫泉旁邊的停車場，只看到幾輛車掛著法國、瑞典等地的海外車牌。除此之外一片安靜。

主要溫泉區是天然溫泉池和人工溫泉池交織而成的網絡，分布在瀑布周遭和湍急多石的溪流旁邊，一路延伸穿越四周的林地。娜拉坐在我的肩膀上，我出發四處探索，很快找到一段比較平緩的溪流，幾乎空無一人。娜拉似乎不太信任略帶乳白色的碧綠泉水，尤其水面還升起裊裊蒸氣，加上味道刺鼻。娜拉不停聞聞空氣，心裡好像在想：**這個臭味是什麼？**我把衣服脫到只剩短褲，泡進泉水，娜拉一臉不可置信地看著我。

娜拉不知道她錯過了什麼。溫泉非常美妙，水溫一定有四十度，走進去泡熱水澡的同時，彷彿踏進了天然大浴缸。不得不承認，經過一週艱辛路程的摧折，我很需要好好泡個澡。

騎到這裡花了四天左右，一路上歷經千辛萬苦。離開雅典幾天後，我在一座古老的山丘碉堡露營，俯瞰廣闊的山谷。這裡不太適合搭帳篷，所以我和娜拉在星空下露宿而眠。我們窩進戶外防水睡袋，上方的天空萬里無雲，不過到了清晨五點左右，我被一陣隆隆雷聲驚醒，簡直就像炸彈直接擊中我們身旁一樣。一場暴風雨在我們頭上展開，天上降下巨大雨滴，雨滴大到每次砸在睡袋上都感覺得到滴滴分明。

幸好暴風雨雖然猛烈但很短暫，我的戶外睡袋擋住了雨水，娜拉從頭到尾都躲在我的身體下，絲毫不受影響地呼呼大睡。只不過躺在暴風雨之中，我有點可憐自己的遭遇，過了兩天，心裡再次浮現類似感受。當時我決定離開幹道，結果最後騎上了泥濘不堪的小徑，把自行車拖出去後，整個人都裹上一層泥巴。一直等到現在置身溫泉的溫熱泉水裡，才有辦法把身上的泥巴全部搓洗乾淨。

受到地核加熱而湧出的泉水富含硫磺等礦物質，據信能促進健康，因此數千年來不停吸引大家來到這裡。我泡完溫泉後真的覺得通體舒暢，而且無疑比我這一陣子以來乾淨許多。

這一帶有很多值得一看的名勝，因此我決定在這裡露營一晚。我看見離溫泉不遠處有棟像是旅館或青年旅館的建築被樹林包圍。泛黃的建築沿著從溫泉流出的溪流矗立，風光不再，地面凌亂不堪、雜草叢生。

建築物前方有一片長著灌木的開闊乾燥土地，看起來非常適合搭帳篷，可是我看不出來這塊地是否位於旅館的範圍內。我不希望費力搭好帳篷卻又被趕走。

有個年輕人站在旅館車道入口的牆邊向觀光客兜售無花果醬。他注意到我，向我揮揮手。

「沒關係，可以的。」他說。

「你確定我可以在這裡露營嗎？」我問他。

「確定，百分之百確定，沒問題。」

我一向喜歡吃甜食，因此跟他買了一小罐果醬聊表謝意。他非常感激，我想他這天生意很冷清。

娜拉在附近四處探索的同時，我動手清理要搭帳篷的地面。我注意到旅館前面有幾個小孩在玩，我差不多才剛搭好帳篷就有幾個孩子跑過來。她們都是小女孩，一頭黑髮，身穿運動長褲和連帽上衣。就跟以往一樣，不難推測吸引她們過來的是什麼。

娜拉四處探索，累了以後回來狼吞虎嚥地吃下我為她準備的食物。我招手邀小女孩靠過來，她們跪在離娜拉幾公尺外的地方，彎腰靠近娜拉輕笑聊天，說的語言聽起來不像希臘語。

我告訴她們娜拉的名字，她們似乎聽得懂。

「娜拉，娜拉。」她們複述。我從來沒看過娜拉拒絕別人的關注，她很快跟幾個女孩玩在一起。

大概十分鐘後，一個年紀較長的女孩過來喊這群孩子，招手要她們回去，顯然是晚餐時間到了。年紀較大的女孩看起來很親切，她向我致意，然後把小女孩帶回家。幾個小女孩走回家的時候還頻頻回顧，高喊：「Ma salama，娜拉！」我猜是再見的意思。

我讀過的資料說硫磺水儘管氣味衝鼻，卻可以安全飲用。不過我知道娜拉不願意靠近硫磺水，因此我向旅館走去，看看能不能幫水瓶裝水，我猜他們可能會過濾當地的水。

我愈靠近就愈清楚看到這裡不是普通的旅館。大部分陽台都晾滿一長串衣服，其他陽台則有不少人睡在吊床上。其中一間房間旁邊有一群婦女在屋外生火，烹煮像是兔肉的東西。

走進屋裡，大廳的裝潢被拆得精光，幾乎什麼家具也沒有，只有一個角落擺了幾張老舊的皮沙發，沙發上的幾個男人在看電視，聲音開得很大，電視上說的似乎是阿拉伯語。

我正準備走向他們，這時一位年輕人出現了，手上拿著幾個倒滿茶的小玻璃杯。他看到我，似乎非常驚訝。

我向他揮揮手上的水瓶，然後指指肩膀上的娜拉。

「要給我的貓喝。」我說。

想不到他會說一點英語。

「喔，沒問題，要水是嗎。」他說話時稍微放鬆了下來，然後把茶遞給沙發上的男人。

「稍等一下。」

他接著示意我跟著他走。

「跟我來。」

他帶我走到小小的廚房區，從一個大塑膠桶裡倒出一些水給我，看起來可以喝。

廚房看起來一樣年久失修，牆壁滿是汙漬，油漆斑駁剝落，廚具看起來都生鏽了，似乎有好一陣子沒有使用。

「這裡是什麼地方？」我問這個年輕人。

「以前是旅館。」他說。

「以前？那現在是什麼？」

「喔，我們是難民，這裡現在是難民營。」

我驚訝無比。我一直天真地以為難民營是可怕的地方，有高高的鐵絲網圍住數以百計的帳篷，將就湊合的住處。這棟房子雖然也很簡陋，地點卻很棒。當然，在這種處境下被困在這裡做何感，又完全是另一回事了。

我不確定該說什麼，因此謝謝他給我水之後就往外走出去。我繞遠路走回帳篷，在難民營的腹地四處走走，氣氛相當古怪。

一方面而言，這裡的孩子似乎真的非常開心。一群孩子正從石頭上跳進直接流經房子旁邊的湍急溪水裡，另一群孩子正對著旅館後面附近的一堵牆踢足球，他們看起來好像完全無憂無慮。但是另一邊卻有好幾群大人擠在一起，坐在石頭或是破舊的椅子上低聲交談。兩相對照，大人看起來好像肩上扛著整個世界的重量。

我不想闖入他們的生活，因此退回帳篷和娜拉一起吃飯，現在天色幾乎完全暗下來了。我騎經漫漫長路才終於抵達這裡，很快沉沉睡去，第二天早上娜拉一如往常地叫醒我，比平常的時間晚了一點。我拉開帳篷拉鍊讓她出去，眼前意外的景象讓我過了一下才反應過來。自行車旁邊放了一個塑膠袋，往裡面一看，更讓我不敢置信：裡頭裝滿柳丁、番茄、麵包跟水。基本上是一頓豐盛的早餐。

「怎麼回事？」

一定是難民營的居民送來的。他們擁有的或許不多，但仍然願意和我分享食物，真的讓我又驚訝又佩服。

早上陽光燦爛，我坐在帳篷外享用大餐，麵包和我昨天買的無花果醬搭起來很好吃。自行車的鍊條在我騎上來的路上表現有點異常，因此我決定用早上的時間簡單維修檢查一番。我才剛把自行車倒過來，昨晚的幾個小女孩又跑回來了，這次還帶了幾個新朋友。

「娜拉，娜拉。」她們不停地對新來的女孩子開心說著。

我讓她們和娜拉玩，幫我們所有人拍了張合照。小女孩看起來個個眉開眼笑、心滿意足，你絕對想不到她們是難民營的孩子。我猜也許這裡的日子遠勝她們從家園逃離的往日生活，我不敢多想她們為了來到這裡吃了多少苦。

我繼續忙著修理自行車，這時一位中年男子加入我們的行列，他身穿牛仔褲、運動服，頭戴老舊的鴨舌帽。他好像認識這群小女孩，和她們講了幾句話，接著才走向我身邊。他說起話來輕聲細語，似乎受過良好教育，英語確實說得很流利。他問我需不需要幫忙，我說我沒問題，他於是在我旁邊的草地盤腿坐下來。

「你從哪裡來？」他問我。

「蘇格蘭。」

「喔，風笛。」他微笑著把手臂夾進胳肢窩，假裝在吹奏，我想這是在模仿高地風笛手，只是模仿得很不像。

「沒錯。」

「你要騎車去哪裡？雅典？塞薩洛尼基？」

「環遊世界，和我在那邊的貓一起。」我說。

他轉頭看看正在和小女孩一起玩的娜拉，然後向我微笑。

「在我信仰的伊斯蘭教，據說先知穆罕默德傳教時膝蓋上坐著一隻貓。有一天他發現貓趴在長袍衣袖上睡覺，他就把袖子割下來，讓貓可以安穩熟睡。」他說話的同時臉上露出燦爛的笑容。「所以現在大家說愛貓表示你是信徒。」

我點點頭，這解釋了為什麼阿爾巴尼亞等地的人這麼歡迎娜拉。

他好像想到什麼。「你會穿過土耳其嗎？」

「對，計畫是這樣。」

「土耳其人會喜歡你的貓。」他說，這時臉上的笑容收了起來。「不過要當心，貼著北邊走，不要接近和敘利亞交界的地方。」

「你們是從那裡來的嗎？」

他緩緩點頭。

「那裡局勢很惡劣。」他邊說邊低下頭。「非常惡劣。」

過去幾年來，我常常在電視上看到敘利亞難民冒著生命危險躲避炸彈和子彈，冒險搭上小船橫渡到希臘，畫面令人不忍卒睹。我無法想像他們經歷了何等磨難。

「這裡的人都是從敘利亞來的嗎？」我問他。

「不是所有人都是。有些來自伊拉克，有些是庫德人。大家全都困在這裡。」

「困在這裡？」

「我們動彈不得。我們想去德國或瑞典，或者蘇格蘭，」他微笑著說：「不過希臘和這些國家之間的各國都不願意讓我們跨越國境。」

我約略聽說過這方面的事。巴爾幹半島有許多國家設下重重阻礙，阻止難民通行，因此他們千里迢迢來到這裡卻就此困住，無法繼續前往北歐，但也害怕返回家園。

「我猜困在這裡還算不錯。」我試著讓氣氛輕鬆一點。

他環顧四周。

「這裡以前是旅館。」他說。

「對，有人告訴我以前是旅館。」我回答。

「希臘政府把這裡變成我們的收容中心，我們把這裡當成家，設了一間給孩子用的小圖書館。」他補充說明，對在旁邊玩的小女孩微笑。不過他的表情很快再次變得凝重。

「但是好景或許不常，政府很快會再把我們遷走。我們也許必須回土耳其，或是搬到另一個難民營。」

一時之間，我們兩人陷入沉默。我不確定該說什麼，我能說什麼呢？

過了一會，他打破沉默。

「那你會騎到澳洲去嗎？」

「澳洲？也許會吧，總有一天。」

「我想去澳洲，看看袋鼠。」他邊說邊抬起臀部開始模仿，這次學的是澳洲袋鼠明星「跳跳」（Skippy）。他自顧自地笑了一會，好像被自己的小小玩笑逗樂了。

我遞給他一個剛剛拿到的柳丁。

「Shukran。謝謝。」他微笑收下柳丁，向我道謝。

我也幫自己剝一顆柳丁，比之前在阿爾巴尼亞路邊摘的柳丁甜好幾倍。

「不，該道謝的人是我。」我回答。「是這裡的人送我這些食物的，其實不必麻煩。」

他向小女孩點點頭，然後轉過頭來看著我。

「把祝福帶給他人，你也會獲得祝福。」他說。

除了讓小女孩跟娜拉玩，我真的沒把什麼祝福帶給她們，至少我不這麼認為。不過我懂他的意思，也不打算和他爭論，我一樣相信這點。

他又在這裡繼續待了一會，慢慢吃著柳丁，看我修理自行車。我猜自己可以轉移他的注意力，打破日復一日的單調生活。不過他最後還是起身離開，離去之際做了小小的祈禱手勢，向我點點頭。

接下來整天都像這樣度過。我偶爾會鑽進帳篷躺下躲太陽，但我幾乎還來不及躺好休息，就有另一顆腦袋探進頭來，要拿水給娜拉喝，或純粹好奇想看看這個身上有刺青、講話帶奇怪蘇格蘭腔的男人。娜拉和我彷彿成了難民營的新娛樂。我完全不介意，我很高興能幫他們放鬆心情，尤其是大人沉重的心情。當然歸根結柢都是娜拉的功勞，要不是有娜拉在這裡，根本不會有人走過來和我搭話。娜拉確實為我打開眼界，看見更寬廣的世界。

午餐過後我和幾個孩子玩了一下，踢著一顆破舊洩氣的足球到處跑。要是在家鄉英國，這顆球早就被丟進垃圾桶了，但這些孩子一點也不以為意。於是我把行李中的飛盤挖出來，教她們怎麼互相丟接飛盤。娜拉玩得很開心，追著飛盤跑，想在半空中接住飛盤，孩子在旁邊又叫又笑。

我真的很喜歡這群孩子，因此下午三、四點左右，我帶著娜拉跳上自行車，沿著之字形的路往下騎回上山途中經過的商店。我買了一堆巧克力和甜食分給大家，孩子大快朵頤吃著甜食，好像在過生日一樣。很高興能看到她們臉上綻放笑容，我不知道她們多常可以像這樣吃零食，不過一如那位敘利亞人所言，難民營裡有人和善地對待我，我至少能付出這些當做報答。

四個小女孩一直在這裡玩耍，直到夕陽漸漸沒入北邊高大的山脈後方，媽媽喊她們回去吃晚餐。她們準備解散跑回去的時候，我把飛盤送給其中一個小女孩。她一開始不明白我的意思，會意過來之後向我露出無比燦爛的笑容。

晚上，我把我、娜拉和幾個小女孩的合照發到ＩＧ上。我沒有聊到任何政治議題，我覺得自己沒有資格高談闊論。我只單純說今天跟收容中心的孩子還有其他人度過開心的一天，這是我能盡的最大努力。如果因此能喚起更多人注意到他們的處境，即使只多一個人也好，一切就值得了——意思是加上我之外再多一個人。

我第二天一早就騎車出發，腦中不禁一直回想難民營的人。他們置身此地，被迫離開自己的家園和社群，被剝奪一切財產。但儘管他們一無所有，卻依舊樂於付出。令人難以置信的發人深省。

「妳不准再抱怨了，我也不准。」我一邊騎車一邊向娜拉說。

接下來前往北方的旅程中，偶遇難民的事情一直在我腦海裡揮之不去。下一站要拜訪住在安靜小鎮新斯科波斯的海倫阿姨的朋友，他們跟我在雅典的「家人」一樣慷慨得令人感動，甚至為我和娜拉找到幾條街外的一間小屋供我們暫住。他們還邀請我們一同享用希臘的聖灰星期三（Ash Wednesday）人餐，這是傳統上四十天大齋期（Lent）的開始。不過大啖鷹嘴豆泥、鹹魚子沾醬和口袋麵包的同時，我還是無法擺脫關於難民營的念頭，對比這裡的豐盛大餐，那裡有多麼缺乏食物，儘管我努力自我安慰，說自己確實無能為力。

騎往希臘第二大城塞薩洛尼基的路上也一樣，有幾晚我在路上搭帳篷過夜，雨水再次打在我們身上，不過這次如果我興起了任何一點可憐自己的念頭，我就重複同樣的話語鞭策自己。

那些孩子吃了多少苦頭？必須睡在什麼樣的地方？

我們騎到塞薩洛尼基的時候天氣暫時放晴，讓我有機會探索這座城市，完全是古典和現代的巧妙融合。這裡曾經是拜占庭帝國數一數二的偉大城市。娜拉坐在我肩膀上，我們參觀了幾個古蹟，包括羅馬市集、圓形大廳（Rotunda）和為了紀念戰役凱旋的名勝加萊里烏斯拱門（Arch of Galerius）。

娜拉自然更喜歡探索公園綠地，她深深迷上觀察小鳥，看著枝頭上的小鳥時會發出奇妙的喀噠聲。我猜她想把小鳥變成晚餐，不過我不會讓她脫離牽繩亂跑，否則後果實在不堪設想。

在塞薩洛尼基停留期間我有幾件事想處理，有些很重要，有些則普通。

我十九歲左右在腳上刺了第一個刺青，是在紐卡斯爾刺的，沒有任何意義，只是一個圖案。不過之後我又陸續刺了大概十個刺青，大部分都標誌生命中的重大事件。我在身上刺了阿姆（Eminem）〈直到我倒下〉（Till I Collapse）的幾句歌詞，因此我考慮了一陣子要不要刺個刺青紀念娜拉。她現在成為我生命的一部分，我希望對此致上敬意。

我找到一間不錯的刺青店，請年輕的女刺青師把娜拉的掌印刺在我的手腕上。我覺得刺在隨時看得到的地方最好，成果讓我滿意得不得了。

回到我訂的小青年旅館，我終於有空和渡渡鳥網站的女士克莉絲汀聊聊。談論自己的事一開始讓我覺得不太自在，我一直很介意自己的口音，實在不認為她能聽懂我的鄧巴腔。不過聊到最後我比較放鬆，也樂於仔細談談我初次遇見娜拉的細節和高潮起伏。克莉絲汀說她

1 我和我救起的海鷗，當時我還是蘇格蘭鄧巴的小學生。

2 和家人的合照。由左至右：我、爸爸尼爾、媽媽艾薇兒、姊姊荷莉。

3 我和瑞奇，攝於二〇一八年秋天準備上路的時候。

4 和娜拉相遇不久之後，在蒙特內哥羅的海灘一起玩。

1 二〇一八年十二月，蒙特內哥羅布德瓦的城牆上。

2 娜拉就定位，我們準備騎往阿爾巴尼亞地拉那。

3 娜拉的第一個耶誕節，二〇一八年十二月攝於阿爾巴尼亞希馬拉。

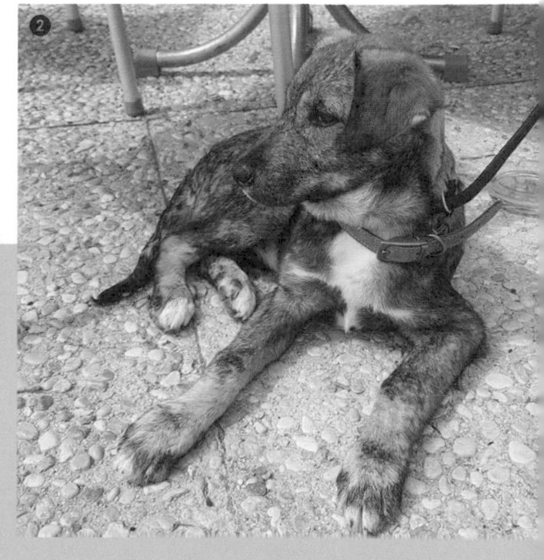

1 娜拉拚命抓玩具鼠，二〇一八年節禮日攝於希馬拉海灘。

2 巴羅健康的樣子，獲救幾個月之後攝於地拉那。

3 二〇一九年一月，我們在阿爾巴尼亞薩蘭達，巴羅已經交給獸醫施敏照顧。

1 二〇一九年一月，娜拉在希臘的第一天。

2 在希臘底比斯稍事休息。

3 在雅典和尼克、伊蓮娜、莉迪亞合影。

1 在聖托里尼獨木舟基地和東尼合影。

2 「這是為了你好。」娜拉看完獸醫之後戴上臨時頸圈。

3 小護士娜拉，幫助我邁向康復。

❶

1 加倍呵護，照顧娜拉從結紮手術復原。

2 娜拉習慣了海水和獨木舟。

❷

1 在獨木舟裡自在休息。

2 被聖托里尼當地的餐廳寵壞。

3 和費拉附近的聖托里尼動物福利協會的幾隻狗一起玩。

1 製作義賣用的陶器。

2 前往伊茲密爾的路上，準備在廢棄泳池過夜。

3 下一站：亞洲。二〇一九年七月，準備搭渡輪從希俄斯到切什梅。

1 在土耳其風景壯麗的鄉間露營。

2 在珍妮位於土耳其馬爾馬里斯附
的動物保護區和她合影。

3 經過掉了護照「地獄般的一天」
後，和傑森、席林共進晚餐。

1 準備在土耳其錫瓦斯的長椅上過夜。

2 像烏龜般前進中。騎車穿過喬治亞的一個村子。

3 娜拉欣賞卡帕多奇亞的熱氣球。

1 二〇一九年十月二日，在喬治
提比里斯慶祝娜拉的一歲生日

2 在提比里斯的一間餐廳午睡。

1 二〇一九年十月，在亞塞拜然和大衛、琳達合影。

2 「我們到了沒？」娜拉看到亞塞拜然邊界的反應。

3 咫尺天涯。在巴庫眺望裏海。

1 最佳死黨。娜拉和白靈一起休息。

2 準備搭上回喬治亞的火車，衝回白靈身邊。

3 在提比里斯和佩德羅、白靈跟另外兩隻獲救的狗合影。

1 在土耳其安卡拉附近玩躲貓貓。

2 驚喜！二〇一九年十一月回鄧巴慶祝外婆的九十大壽。

3 二〇二〇年新年在保加利亞普羅夫迪夫散步。

1 被濃霧困住。二〇二〇年一月在塞爾維亞的田野間等待天氣好轉。

2 娜拉欣賞自己在YouTube上的英姿。

3 在匈牙利布達佩斯的布達城堡（Buda castle）四週探索。

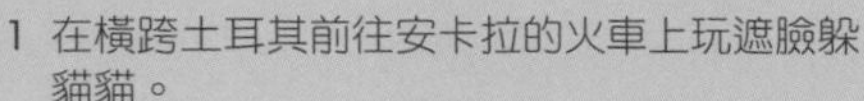

1 在橫跨土耳其前往安卡拉的火車上玩遮臉躲貓貓。

2 美夢中。在她最愛的地方打盹：我的胸口。

3 酷貓。娜拉知道什麼時候該待在陰影下。

很期待能把我的一些影片素材剪進他們準備發表的影片裡。

我花了一些時間整理舊影片傳給她，網速一度很慢，我幾乎想放棄，不過最後還是順利寄出影片。克莉絲汀沒有向我保證一定會幫我做出影片，因此我很快把這件事拋諸腦後。我的想法很簡單：誰會關心一個遊手好閒的邋遢蘇格蘭人和他的流浪貓？這種文章或影片有誰會想看？

回雅典的一路上樂趣橫生，多彩多姿。

我中間在沃洛斯（Volos）市停留，沙發衝浪住在一位菲莉西亞女士家裡。她真的非常親切，一天晚上甚至找了她的朋友亞瑪雅和其他幾個人帶我一起去市區玩，非常感謝她的招待。我不想回到夜夜笙歌的老樣子，不過偶爾還是需要好好放鬆享受一下。

繼續南下的路上，我又遇到了幾個小挫折。我在過河途中讓車子倒向一邊，結果所有裝備都浸濕了，還嚇了娜拉一跳。我只好在河岸上晾乾東西，不過我毫不介意。看到這麼多人的人生經歷翻天覆地的變化，完全不是因為自己的過錯，而我是自願選擇踏上旅程的，又怎麼可以自嘆自憐。

回雅典的路線會經過溫泉關和難民營，我想過去打聲招呼，不過靠近的時候發現跟差不多一週前相比，好像多了不少動靜。幾十個人帶著大包小包走在路上，附近還有一些看起來像是政府派來的人，其中幾位身穿制服。

我騎上通往入口的道路，入口離我上次露營的地方不遠，放慢速度時聽見好幾個聲音在大喊。

「娜拉！娜拉！娜拉！」

幾個孩子從舊旅館跑出來和我們打招呼，我們上次見過的幾個女孩也在其中。他們圍著自行車，一兩個人輕輕摸了摸娜拉。

我心裡有一部分很想待在這裡，搭起帳篷，停留一段時間。我覺得自己想多認識他們一點，聽他們娓娓訴說自己的故事。

不過孩子很快就被叫回去，情況不一樣了。我可以看到好幾個家庭聚在旅館外面，前面擺著行李。也許就像那個和我一起吃柳丁的敘利亞人所預料的，他們將被遷到別處。我不禁思索他們接下來會落腳何方，到了下個地方又會面臨何種命運。想起來讓人掛慮不已。

我向孩子——還有難民營——揮手道別，祝他們一切順利。

第二天是我的生日。

我在可以俯瞰海岸的風景優美處露營，和娜拉輕鬆度過這一天，跟遠在蘇格蘭的爸媽和姊姊聊天。也許是難民營對我的影響，也或許是因為這一個月來，我在其他家庭度過不少時光，我比平常更想家。這是我第一次在鄂巴以外的地方過生日，和家人聊天讓我的心情好了一點，很開心能知道大家的近況。他們一直擔心我的錢不夠用，因此很高興聽到我不久就要去聖托里尼工作一個夏天。媽媽也做了蛋糕，我在手機上看他們三個吃得津津有味。

「一口也別浪費，想想有些人光靠這個蛋糕就要活一個月。」

「天啊，你說話的語氣跟你爸一模一樣。」媽媽大笑。

媽媽說得對。我跟姊姊還小的時候，爸爸常諄諄告誡我們，世界上有許多人在挨餓，相較之下，我們有多富裕。跟大部分的小孩一樣，我左耳進右耳出，但現在我明白了。

我又再騎了四、五天，終於回到雅典，距離搭渡輪前往聖托里尼的日子還有幾天，因此我接受伊蓮娜、尼克、莉迪亞一家的邀請，回到他們家小住幾天，尤其莉迪亞非常渴望再見到娜拉。大家能夠重聚真的很開心——儘管時間短暫。娜拉當然被莉迪亞的陣陣狂吻淹沒，一人一貓立刻回到老樣子黏在一起。

我買渡輪船票時，他們告訴我，娜拉搭船時必須全程待在寵物提籃裡。伊蓮娜帶我去商店，我們挑了一個有大窗戶的寬敞提籃，這樣娜拉隨時都能看到我。晚上我在家裡試用，娜拉不太喜歡待在提籃裡，不過我們別無選擇。等到上船之後，我確定一定有機會把她偷偷放出來在甲板上跑一跑。

由於天候狀況不佳，渡輪幾度延期，不過我們終於在三月底出發了，伊蓮娜、尼克、莉迪亞到港口為我們送行。這次大家沒有哭得這麼慘了，我答應之後會再回來看看他們。

接近夜半時分，我們走上斜坡進入一艘巨大的渡輪，準備展開一段漫長的過夜旅程。

我把自行車停在下面的貨艙，然後在上層甲板找到隱密的空間，偷偷把娜拉放出來，讓她可以坐在我的肩膀上。我們一起看著比雷埃夫斯的燈火漸漸沒入遠方，港口和整個雅典很快變成海平面上一條微弱閃爍的細細光線。

感覺這是個重要時刻，彷彿我們一人一貓第一階段的旅程即將告一段落，準備開啟新的章節。

我不介意里程碑是用英里還是公里計算，不論採用哪種計算方式，每個新成就都能大大鼓舞我。我發現自從我和娜拉在波士尼亞的山上相遇以來，我們已經一起騎過一千多公里路，因此我默默引以自豪，同時也心懷感激。我們已經一起經歷過好多事情，共度高低起伏的日子，有驚喜也有挫折，就算給我千金萬金我也絕不交換。

娜拉讓我的旅程更加豐富，讓我變得更負責任、更深思熟慮，也讓我立下一些目標。娜拉是我好長一段時間以來生命中出現的最美好的事物。

我記得在難民營和我一起吃柳丁的敘利亞人所說的話，他說：「把祝福帶給他人，你也會獲得祝福。」如果娜拉的友誼是我在山路上撿起她的回報，那我確實是非常幸運、深受祝福的人。

第二部　高低起伏天堂路

希臘——土耳其——喬治亞——亞塞拜然

我小心翼翼地撿起狗狗。內心湧上似曾相識的感覺，和十個月前在蒙特內哥羅邊境的情境如出一轍。不禁天人交戰。我該怎麼安置牠？應該帶牠到哪裡去？

不久我就做了決定，一邊安撫牠一邊把牠放進背包外出籠。

而娜拉生氣地瞪著我，像在質問：這次你又撿了誰？

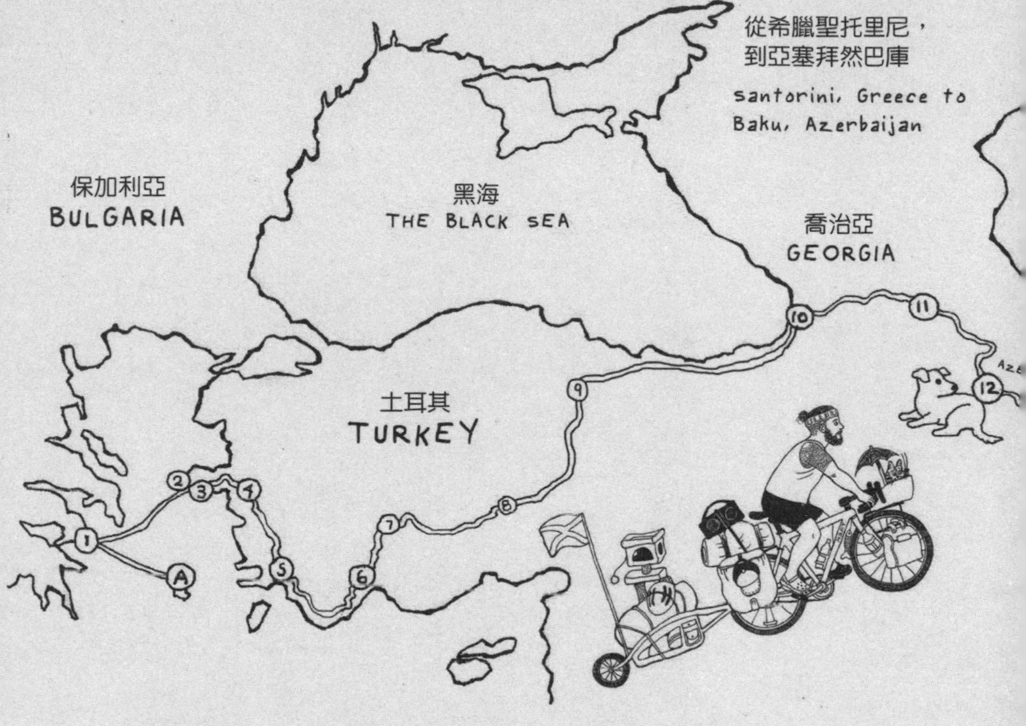

地圖二

Ⓐ 希臘聖托里尼（Santorini）

① 希臘雅典（Athens）

② 希臘希俄斯（Chios）

③ 土耳其切什梅（Çeşme）

④ 土耳其伊茲密爾（Izmir）

⑤ 土耳其馬爾馬里斯（Marmaris）

⑥ 土耳其安塔利亞（Antalya）

⑦ 土耳其科普魯魯峽谷（Köprülü Canyon）

⑧ 土耳其卡帕多奇亞（Cappadocia）

⑨ 土耳其錫瓦斯（Sivas）

⑩ 喬治亞巴統（Batumi）

⑪ 喬治亞提比里斯（Tbilisi）

⑫ 亞塞拜然甘賈（Ganja）

Ⓑ 亞塞拜然巴庫（Baku）

第十章　愚人節快樂

我們一定都經歷過這樣的時刻，覺得世界好像起了天翻地覆的大變化，想都沒想過的事情竟然發生了，那一刻我們頓時覺得世界再也不可能回到老樣子。我猜這一刻發生在我和娜拉抵達聖托里尼那天可以說是恰合時宜，畢竟那天正好是四月一日，我有好一陣子都認為一定是誰開的愚人節玩笑。

我和娜拉前一晚從比雷埃夫斯搭上渡輪，事情發生時，我們還沒完全從航程的勞頓中恢復。前一晚無比風平浪靜，娜拉幾乎整段航程都在睡覺，她一如往常地蜷伏在我胸口，我則躺在渡輪甲板一個安靜的角落。不過船開始朝聖托里尼靠岸時，我決定一馬當先，到貨艙拿回自行車和裝備。真是個錯誤的決定。

船隻巨大的引擎轟隆作響，加上厚重大門開啟時噹啷咔啦的刺耳磨擦聲，使娜拉嚇得驚慌失色，我從來沒看過她這麼害怕。隨著噪音愈來愈大，她也搖晃顫抖得愈厲害，爪子深深扎進我身上。

簡直糟透了。於是船員一打開閘門，我立刻擠開人群，快速牽車下船離去，把娜拉緊緊抱在身上。我直接走進小島懸崖腳下一間咖啡廳，娜拉依然像風中落葉一樣瑟瑟發抖。

我幫娜拉弄了一些食物和水，坐在她旁邊，眺望著名的火山口。數百萬年前水面下的巨大火山噴發、陷落，形成這座壯觀島嶼，留下眼前的破火山口。娜拉似乎放鬆下來了。

新老闆哈里斯在我們離開雅典前曾經傳來訊息，說他弟弟會來接我，不過停車場看來杳無人跡。之前船上收不到訊號，電池又快要沒電，我就先把手機關機。於是我打開手機，以免哈里斯想打給我卻找不到人。

女服務生送上我點的咖啡。手機這時已經復活，叮叮咚咚響個不停。我收到一連串的訊息、信件、通知。我有點慌張，擔心是不是哈里斯那邊出了什麼問題，不過我立刻發現這些訊息另有原因。訊息實在太多，ＩＧ的通知也狂跳不停，告訴我誰按了讚，或是又有誰開始追蹤我。通知一波波湧入，每則都要叮咚一聲，我的手機簡直成了彈珠台。

「現在到底怎麼回事？」我問娜拉。

絕大多數的信件主旨寫著「渡渡鳥影片」。

「嗯……」我低聲自語。他們幫我們製作的短片一定放上網站了，顯然吸引了一些人來追蹤。我打開頁面看一下。

真是萬幸我沒把滾燙的咖啡打翻在自己身上。

「他X的什麼鬼？」我脫口而出，音量有點太大，引來一位英國長輩觀光客投以責備的目光。

離開雅典時，我的ＩＧ大概有三千人追蹤，我認為是相當不錯的人數，也引以為榮。現在竟然有將近十五萬人追蹤我，是前一天的五十倍。而且就在我說話的當下，這個數字還在繼續攀升，每過幾秒就多一百人追蹤。我的手機繼續瘋狂叮咚響個不停。

我腦中一片空白，無法相信這是真的，一定是哪裡弄錯了，或者是誰在開玩笑。是不是有人從蘇格蘭駭進我的帳號，耍了這一手和我說愚人節快樂？這可不會讓我意外，這種惡作劇我自己也樂此不疲。

但是我愈仔細看，一切就愈像真的。娜拉好幾張照片得到上萬個讚，之前二月初我們剛進入希臘時拍的短片觀看次數破十五萬。太瘋狂了。這一切不可能是有人造假的，對吧？

謎底很快就揭曉了。我收到的其中一封信是遠在鄧巴的朋友寄來的，訊息簡單扼要：「迪恩，你看過這個了沒？」她在信裡附上渡渡鳥臉書粉絲專頁的影片連結，看到時我又罵了一次髒話。影片標題只簡單寫著，「騎單車環遊世界的傢伙撿到流浪小貓」。影片我實在看不下去，受不了自己說話的聲音。不過仔細看看螢幕，我發現影片已經有三百萬次觀看。

三百萬。簡直是天方夜譚。

我聽過別人在網路爆紅的故事，但始終摸不透事情的來龍去脈。我原以為是個漸進的過程，或是背後有什麼強大力量搧風點火，才終於爆發。但我的狀況是背後什麼也沒有。沒有預警，沒有醞釀，瞬間爆炸！

我再度看向火山口。我的爆紅事件規模無法跟火山爆發相提並論，但感覺肯定相去不遠。我不禁開始懷疑這將會重塑我日後的人生風景。

我還正忙著消化這一切，這時一輛車停到我們旁邊按了聲喇叭。一個留鬍子的年輕人從駕駛座車窗探出頭來，臉上笑容燦爛，向我豎起大拇指。

「迪恩。」他高聲喊我的名字。我想應該是哈里斯的弟弟。

「對，我就是。」我邊說邊開始收拾裝備。

娜拉現在平靜多了。我把她放在肩膀上，牽著自行車和拖車往車子走去。駕駛已經打開後車廂準備幫我裝行李。

「我是東尼。」他說話的同時向我伸出手。「我在獨木舟學校工作，來帶你過去。」

看到我騎自行車和拖車來到這裡，東尼十分驚訝，看到我還帶著一隻貓就更訝異了。

「可愛的貓，她叫什麼名字？」他問。

「娜拉。」

「哈囉，娜拉，歡迎來到聖托里尼。」

他的車子是一輛小型福斯汽車，後車廂放不下自行車。所以我們決定用車子載拖車和馬鞍包幫我減輕重量，我則騎自行車跟在後頭。

接著我爬上一連串髮夾彎來到懸崖山頂，這段路不論天氣好壞都很難騎，但剛剛半小時狂風大作，實在太誇張，簡直堪比龍捲風。我一度以為風會把娜拉高高吹起，吹到海上。而且路上車水馬龍，更添騎車的難度。抵達山頂時我完全筋疲力竭。

停下來喘口氣讓我有時間欣賞風景。聖托里尼的每一寸風景都跟尼克和伊蓮娜向我保證的一樣不可思議、美不勝收。一切蔚為奇觀，半月形的火山岩壁，白色粉刷的雅緻村莊點綴在懸崖側面。環繞四周的大海是我見過最湛藍的顏色，即使今天強風在整片海灣捲起陣陣白頭浪，也絲毫不減海的蔚藍。換成任何一天，我都會樂意撥出一小時陶醉在這片風景裡，但現在強風怒嚎，我腦海裡又千頭萬緒，想搞清楚手機上發生的動態，於是我再次啟程，希望盡早抵達目的地。

我們到了島上另一邊的阿克羅蒂里（Akrotiri）村附近，東尼帶我走進一間大房子。

「獨木舟學校的員工都住這裡，」他說：「不過現在這裡只有我跟你兩個人。」

東尼接著帶我和娜拉前往島嶼北岸的小海灘，距離房子十分鐘車程。這裡遮蔽良好得多，風比南邊弱了一倍不只。即使在四月初的時節，海邊也已經有三三兩兩的遊客帶孩子來度假，大家在海浪裡開心玩水，我能理解他們的心情。雖然說海灘的沙來自火山，黑灰深淺不一，但大海絕美動人，是深邃的藍綠色。我等不及想跳進大海。

我們跟著東尼走過幾間咖啡廳和酒吧，有一兩間生意已經開始繁忙。我們在海灘另一端停下腳步，狹長的帶狀沙灘被大約十公尺高的紅色懸崖包圍，懸崖似乎隨時會剝落。沙灘看起來需要好好清理，一堆堆乾掉的海草還有各式各樣的垃圾被沖上岸。海浪不只沖來塑膠垃圾，也沖來漂流木等千奇百怪的東西。看來要把這裡清理乾淨得費一番苦工了。

獨木舟基地接近海灣盡頭，是一間石屋，沿著凹進懸崖側面的洞穴蓋成。東尼走進屋裡把窗戶和日光燈打開。經過整個冬季，穿過門窗縫隙吹進來的海風讓屋裡覆滿一層厚厚的灰塵和沙土，屋子聞起來也有霉味。裡面是阿拉丁的藏寶洞，擺滿獨木舟和各式裝備，從安全帽、船槳到救生衣、繩索等等，一應俱全。

「要好好打掃一番。」東尼說：「還要重新粉刷。今天好好休息，我們可以明天一早動工。」

晚上我們一起喝了幾杯，不過我早早上床就寢，一方面是為了確定早上受驚嚇的娜拉已經沒事了，另外也是為了弄清楚網路上發生的種種，這困擾了我一整天。

我躺在娜拉身邊，再次掃過手機訊息，現在瘋狂程度有增無減。目前ＩＧ已經有二十萬人追蹤，來自世界各地的人們寫下數百則留言，渡渡鳥影片的觀看次數又多了五十萬，其他數字也同樣持續攀升。我的信箱湧入數十封又數十封信件，各式各樣的人寫信給我，也有公司行號來信。我看到其中一封的寄件人是網飛（Netflix），某個網飛員工提議他們派人來拍我。我把信件刪除。目前我還沒辦法理解這一切。

報章媒體的邀約也不少，我回覆了其中幾家，包括《每日郵報》和美國的《華盛頓郵報》，《每日郵報》是人在蘇格蘭的爸媽會看的報紙，《華盛頓郵報》的大名連我都聽過，雖然我不懂這麼正經的報紙怎麼會想採訪我。我答應過幾天和這兩家報紙聊一聊。

在這種不知所措的時刻，我的直覺反應是關掉一切，不去理睬背後的原因。有人可能會說這種戰術只是駝鳥心態，不過我比較喜歡的說法是爭取喘息空間，重整旗鼓。我知道自己如果直接著手處理一切大小事，只會把事情愈弄愈糟，惹出更多麻煩，搞得自己暈頭轉向，絕非上策。

因此我更新完ＩＧ之後——當然要好好感謝、好好歡迎新的追蹤者——就把手機放在一邊，試著入睡。我知道明天有得忙了。

第二天一大早，我和東尼前往獨木舟基地。他帶了一些油漆和刷子。不過開始粉刷之前，我們必須先把空間清出來，似乎每個角落都堆滿裝備或箱子。我們戴上口罩避免吸入灰塵，然後趕緊開始動手。

東尼個性隨和幽默，似乎是個好人。前一晚我們聊得不多，因為旁邊閒雜人等太多，今天他一用音響在洞穴放出音樂，我就知道我們必定一見如故。他的品味和我一模一樣，尤其是他熱愛索洛蒙（Solomun）這位浩室（house）DJ，我也常聽索洛蒙的音樂。我們一起完成輕鬆的清理工作，丟垃圾、把洞穴刷洗乾淨，還一邊唱歌跳舞。我們樂在其中，一點也不像在工作。

娜拉也玩得開心自在，在洞穴前方幾公尺外的一小堆石頭那裡跳上跳下，隨著海浪湧進後退，一下追浪一下躲浪。我在外面放了幾個空箱子讓她玩，知道她一定會喜歡。洞穴大門敞開，我隨時都能注意她的動靜。

「聊聊你怎麼會帶著那隻貓吧？」我們粉刷的時候，東尼開口問我。

「說來話長，」我說：「簡單來說，就是我四個月前在波士尼亞救了她，她從此一路跟著我。」

「確定不是她救了你？」他向我眨眨眼。「看你們相處的樣子，就好像你找到了靈魂伴侶。」

我報以微笑。東尼是第一個指出這點的人，這在所有人眼中無疑顯而易見，如今我和娜拉形影不離。

黃昏時分，一切大功告成，我和東尼一同欣賞努力的成果，整個地方看上去比昨天好了十倍。

「要不要去哪裡喝一杯？」東尼說。

「能帶貓就行。」我回答。

東尼聞言大笑。

我們沿著海灘漫步數百碼，走進一間酒吧，在角落就座，眺望大海。夕陽已經從島的另一邊落下，天空泛著紅光，即將蛻變成完美的夜晚。

我和東尼啜飲一口啤酒，這時一群當地的女孩子經過我們身邊。娜拉站在我旁邊的牆上，望著大海，朝她們輕輕叫了一聲。其中一個女孩注意到我們，向我們微笑，接著忽然停下腳步，臉上凍結的表情，我只能形容為震驚。她立刻向同伴指指我們，低聲交談。

其中一個會說英語的人走近我們。

「你是ＩＧ上的那個人嗎？救了貓的那個？」她問。

「對。」我隔了一兩秒才回答。

我驚訝到說不出話。

「我朋友在追蹤你。可以跟你合照嗎？」女孩說。

「當然可以。」

我和娜拉立刻擺起姿勢，接連拍了好幾張照片。那群女孩今晚似乎因此心滿意足，她們跑掉時一面看著手機上的照片開心輕笑。

有那麼一瞬間，東尼緊緊盯著我。

「好了，這到底是怎麼一回事？」他問。

我原本不打算提起，但眼前別無選擇。我讓他看渡渡鳥影片和我的ＩＧ頁面。

他大聲吹起口哨。

「所以今年夏天有名人大駕光臨，來我們這裡工作啦。」他笑著說。

我從來不曾用這個觀點看待這件事，現在也完全無意這麼想。

「沒什麼，只是她剛好看過影片而已，不會再發生了。」我說。

「當然不會。」東尼帶著會心的微笑回答。

他說得對，我們倆都心知肚明，這只是開頭而已。

接下來一兩天，我們忙著完成獨木舟學校重新開放的準備工作，再過幾天就要開放了。這段日子最美好的時刻是東尼提議下水測試一下獨木舟。

「總得知道獨木舟是不是還浮得起來。」他開玩笑地說：「也要告訴你，要帶遊客划到哪裡。」

我希望有一天能帶娜拉一起出海，但不打算立刻付諸行動。我必須自己先熟悉水域和海岸線，不能魯莽行事。

於是我把她留在基地，為她準備充足的食物和水，然後和東尼一起划船出海，沿岸巡禮。我們在其中一艘獨木舟船尾綁上喇叭，可以邊聽音樂。我們沿海岸線前進，划了幾個小時。我從少年時代就開始划獨木舟，覺得划船很直覺。

我們順利通過一小段會起風的危險水域，東尼向我大喊：「看起來你確實知道怎麼划船啊。」

東尼對這片海域瞭若指掌，他帶我划日後獨木舟行程的航線，指出某些航段海流變化多端，有些地方可能突然刮起強風，要格外小心。他接著帶我划進一個小海灣，是我們之後每天中午泊船野餐的地方。他提醒我，愛琴海經常吹起強風，風強時可能會難以靠岸。

我們順流划行好一陣子，邊聽音樂邊聊天。我心想：**如果後半生的夏日時光都是這樣度過，我可能永遠不會離開這裡**。完美無缺，這就是我夢想中的工作。

隔天團隊報到一位新成員，來自斯洛維尼亞的大衛，為人和善，他也會住進獨木舟學校的房子。哈里斯也來露臉打聲招呼。他年紀比東尼大一點，英語差一些，不過和弟弟一樣開朗幽默。哈里斯顯然只會偶爾出現，他在其他島上好像還有別的生意，聖托里尼這裡的獨木舟基地交由東尼負責日常營運。

團隊全員到齊，於是東尼為我們講解接下來的旅遊季要準備迎接什麼，他在白板上塗塗寫寫，我和大衛忙著做筆記。我們每天會帶一到兩支隊伍出發，參加者主要是多少擁有獨木舟划船經驗的人。有些隊伍會從基地出發，有些則從島的另一端出發，在火山口內航行。

至於出發時間，第一批遊客大概會在早上九點抵達。講解過後，帶他們著裝完畢，登上獨木舟，出海划向兩小時或三小時的航線，差不多行程中間會在小海灣停泊，讓他們吃簡單的午餐，這是第一個行程。第二個行程通常是接近傍晚出發，帶遊客欣賞聖托里尼吸引人遠道而來的著名日落，無疑是壯麗美景。這趟航行一樣會花幾小時，我們會在剛剛入夜時回到基地。

聽到他的說明，我的心直往下沉。這樣的安排對我造成一大問題，我不想讓娜拉從清晨到入夜獨留住處，完全不在她身邊。我什麼也沒跟東尼說，他雇我是為了每趟行程帶隊出海，我不能說自己有幾趟不參加。幸好我很快就想到了解決之道。

隔天要下去洞穴時，我悄悄把背包和一些露營用具放進後車廂。到了洞穴裡，我把吊床拉出來，好好抖一抖灰塵，接著在屋子角落掛上一些衣服，並在旁邊布置娜拉的東西。

「你在做什麼？」東尼見狀出聲詢問，「要躲狗仔隊？」

「我想這個地方可以住一隻看門貓。」我微笑回答。

我向他解釋自己不放心把娜拉留在住處，他完全能夠理解。他甚至保證，在我出海的時候，不管團隊裡誰留在基地，都要照顧娜拉。

「我們可以安排妥當，沒問題的。」他說。

這真的讓我放心不少。

我們的臨時小窩不需過多布置。我把吊床架好，到海灘上方路邊的店家匆匆買好咖啡、義大利麵，還有娜拉的食物，一切準備就緒。在洞穴共度的第一夜就好像搬進了我們自己的第一間公寓。我為我們一人一貓簡單料理了晚餐，坐下來看了一會星星，然後上床睡覺，準備明天一大早起床。經過強風不止的幾天，明天預料會是好天氣，我們即將迎接旅遊季的第一批遊客，我的工作也將正式開始。

娜拉在我的胸口打盹，我打開信箱看一看。我們現在有超過三十萬人追蹤，渡渡鳥影片的觀看次數超過五百萬。我之前發了一張娜拉在海灘玩的照片，不到二十四小時就獲得了十萬讚。

真是諷刺。現在彷彿一切後面都加了無數個零，對很多人來說應該是美夢成真，但我完全不知道該怎麼面對降臨在我身上的一切。這不在我的計畫之中。

我唯一做得到的是接受幾位先前聯絡我的記者訪問。第一位是人在英國的友善女士，她將為《每日郵報》撰寫報導。第二位是說話正經八百的先生，來自《華盛頓郵報》，真不敢相信他在訪問我。難道他手上沒有戰爭或重大政治議題要報導嗎？

聊自己的事感覺依舊奇怪，不過我還是把同樣的故事複述一次，每說一次就琢磨得更動聽。說我怎麼在波士尼亞的山上發現娜拉，怎麼夾帶她偷渡過邊境，我們怎麼凝聚成團隊，我是史考提，她是寇克艦長。兩位記者都沒辦法告訴我文章何時刊登，我很有把握根本不會登出來，一切不過是曇花一現。

不過IG上的熱度不容忽視。隨著追蹤人數持續攀升，冠在我身上的讚美之詞也從頁面的留言和訊息欄不停湧入，大家把我塑造成某種現代聖人。我邊讀他們的評論邊搖頭，實在太誇張了，我只是做了普通人都會做的事。我沒有什麼特別之處，完全不是那麼一回事。有時候我會因此茫然失措，覺得一切開始變得太沉重，自己一手開啟這個故事，如今根本不可能不辜負大家的期待。

幸好還有娜拉在身邊為我帶來慰藉。

娜拉躺在我的胸口沉沉入睡，像死掉的蒼蠅一樣把腳伸向空中。看到她在哪裡都能入睡總讓我佩服不已，不論是趴在我自行車的握把上或是在樹上，娜拉無處不能適應。我告訴自己，娜拉的心態才是對的，把手機放在一邊。我必須習慣這個新局面，摸索出該怎麼做，找出解決之道，泰然自若地邁向前方未知的道路，就像總是能適應一切的娜拉。我們會安然度過難關，只是需要一點時間。

屋外傳來海浪輕柔拍打岸邊的聲音，不久後便送我進入夢鄉。

第十一章　小護士娜拉

娜拉習慣天剛破曉就叫我起床，這倒也不完全是壞事。第二天一早，我睡眼惺忪地拖著步伐走向洞穴大門，開門讓她出去上廁所。望向屋外，映入眼簾的是最光彩奪目的日出，還有空無一人、專屬於我們的海灘。我心想：**也許我會習慣這種作息**。

娜拉忙著奔跑追逐浪花，嗅嗅前一晚海浪沖上岸的新鮮海草；我則跳下海灘，散步一小段路，呼吸帶著海水味道的空氣，享受這一刻近乎詭異的寧靜。這時大約六點半，四周唯一的聲音，是海浪拍在岸上的輕柔碎裂聲和遠方傳來的幾聲狗吠，讓我想起冬天在鄧巴從荒涼沙灘散步回家的時光。我一向喜歡在沙灘散步，當然，這裡溫暖多了，氣溫高了二十度。

前一天的強風已經平息，不過離岸邊一小段距離的地方仍然看得到暗藏玄機的點點白浪。再過幾小時我就要帶著第一隊遊客出海，那一帶或許會是需要小心通過的不平靜水域，不過我不怎麼擔心。我滿心期待著投入新工作。

到了八點左右，海灘漸漸熱鬧起來，有人來慢跑和晨泳，我也開始為接下來的一天做好準備。我開始整理潛水衣，這時手機「叮咚」了一聲，一讀到簡訊，我的心立刻沉了下來。

我把視線移向外頭，看著大門外的娜拉嘆了口氣。娜拉還在岩石堆那裡跳上跳下，開心玩耍，岩石堆儼然成了她最愛的遊樂場。可憐的小傢伙，看來我們兩個都有驚濤駭浪要面對。

簡訊是島上的獸醫傳來的。我到聖托里尼不久就聯絡了這位獸醫，他跟我預約明天幫娜拉結紮。

我簡直無法相信我們抵達聖托里尼的隔天娜拉就滿六個月大了。她的身體確實長大了不少，但她仍然是個輕盈好動的小傢伙，腰纖細到我可以一手握住，脾氣也還是小嬰兒的樣子——好吧，至少在我眼中是這樣。如果有人陪她玩，她可以整天追著綁在繩子上的玩具或牆上的反射光，玩都玩不膩。總而言之，她實在太稚氣又太天真，似乎還不到進行這嚇人手術的時候。

我知道手術勢在必行，還是想盡力拖延時間。除了聯絡獸醫，我也聯絡了浪貓結紮組織「斯特里拉」（Sterila）的負責人露西亞。斯特里拉是聖托里尼的慈善機構，致力幫助島上為數眾多的流浪貓。流浪貓顯然是當地的一大問題，我很樂意在我們停留阿克羅蒂里的這段時間出力幫忙。在詢問如何貢獻一己之力以前，我先向露西亞問起給娜拉的建議。我也寫電子信件給之前在阿爾巴尼亞幫過我的獸醫施敏。他向我說明巴羅的近況，巴羅現在已經離開地拉那，到英國過著幸福的日子。

我對他們三人提出的問題一模一樣：真的非幫娜拉結紮不可嗎？既然她跟著我一起旅行，不結紮也可以？他們三個人對此都直言不諱：不結紮更容易得癌症、長腫瘤、受感染，不幫她結紮等於是冒著縮短她壽命的危險。更重要的是，手術也可以降低她生出小娜拉的可能性，這點確實說服我下定決心。我沒辦法載著一窩小貓騎白行車。

經過之前的波折，我已經學到教訓，事關娜拉的健康時，不要逃避重大決定。因此儘管心情略感沉重，我還是咬著牙請獸醫師如果空得出時段就聯絡我，卻也暗自希望獸醫師行程滿滿。可惜今天早上他傳來的簡訊粉碎了這個想法，他要我明天一早就帶娜拉去動手術。

東尼和大衛快九點時來到基地，我很高興有別的事情分散注意力。我知道結紮只是例行手術，但還是忍不住擔心。畢竟我是娜拉的爸爸，她是我的寶貝女兒。

今天是旅遊季正式開張的第一天，我們歡迎第一批光臨的遊客。東尼認為天氣預報相當不錯。

因為今天是我以團隊正式成員身分上工的第一天，東尼希望我用遊客的角度參加行程，使用跟遊客一樣的雙人獨木舟出海，東尼會划單人獨木舟陪伴我們左右，這樣可以幫我了解遊客的經驗。東尼也想知道我對行程的看法，行程是不是物有所值？哪些部分最精彩，哪些部分最需要改進？他能加強什麼規畫，好讓遊客在海上度過最美好的一天？

顧客九點多現身，人數不多，只有三個美國人，他們住在島嶼西邊高級的伊亞（Oia）村。三個人裡面有一個非常高大，身高遠超過一百八十公分，體重至少一百二十公斤。

看他走下海灘，我和東尼交換了眼色。

「我想我們可能需要大一點的船。」我半開玩笑地說。

想不到他們三人都是獨木舟老手，唯一的問題是大個子的身材，他差點連我們最大件的救生衣都套不進去。我坐進他的雙人獨木舟後座，好在航程中照應他，不過因為他的體重太重，船從下水的那一刻就不太穩定。我本想提議換成單人獨木舟，儘管一般不會讓遊客划單人船，後來覺得還是別多嘴比較好。我是新人，不能上工第一天就惹麻煩。

我們啟程出海，緊貼著海岸，我盡力穩定船身，但獨木舟還是一直吃水太深。我心想這趟行程應該困難重重，果然如我所料。

東尼早就提醒過我，聖托里尼這一帶海域變化莫測。

「永遠準備好迎接未知數。」他說。

出海一個多小時後，我明白東尼的話到底是什麼意思了。

前一刻還是微風徐徐，下一秒忽然刮起大風，一不注意，我戴來遮陽的鴨舌帽差點被吹走。我們反應過來之前，海上已經湧現接近一公尺高的大浪。

東尼忙著關心另一艘獨木舟上的兩人。由於風勢漸強，東尼試著引導他們更靠近海岸一點，但忽然之間陣陣大浪襲來，把兩人捲進海裡。我們知道他們安全無虞，因為他們都穿著救生衣，但東尼不得不過去救援，在他們抱住船隻側面時幫他們穩定船身。

這一切在眼前發生的同時，我的船緩緩下沉。海浪直接淹過船頂，水灌進獨木舟。我沒有因此驚慌失措，我在海上長大，是游泳健將，也受過一些救生訓練，但我感覺得到前座的人愈來愈不安。他不喜歡愈發惡劣的天氣，要我帶他上岸。

我們划向一個小洞穴，這時忽然一陣浪打翻了船。我抓不住獨木舟，眼睜睜看著船愈漂愈遠，漂向大海。

我知道東尼是身經百戰的划船好手，但他的即時反應還是讓我嘆為觀止。他一手穩著另一艘獨木舟，另一隻手抓到我們的獨木舟，然後把小船推回我這裡，真不知道他是怎麼辦到的。我抓住獨木舟游上岸，確定大個子也跟在旁邊。他確實跟著。

只是，我們的問題並未就此告一段落。我探查洞穴四周，發現旁邊都是山崖，把我們團團圍住，無法步行離開。我們兩人別無選擇，只能重新登上獨木舟。我們現在比較靠近海岸，大個子也比較冷靜了。

不久之後，我們找到另一片寬闊一點的海灣，有小路通往懸崖山頂。幾分鐘後，東尼也帶著緊跟在後的另外兩人上岸了，大家似乎都安然無恙，回到陸地上實在鬆了一口氣。

這時風勢更加強勁，於是大家同意結束行程，從陸地上把獨木舟扛回去。回到基地時，大家全都累到動彈不得。

客人十分開心，似乎認為剛剛頗有冒險的感覺。

「讓我回想起以前在科羅拉多的激流泛舟。」大個子開玩笑說。

至於我，我當然深深記取了這次有用的經驗。這是獨木舟航海的一部分，我相信今年夏天一定會再面臨類似景況。

回到洞穴，看見娜拉在我的外套上酣然入夢，對我這天經歷的連番波折渾無所覺。大衛告訴我娜拉很乖，我不在的這段期間完全不想離開洞穴。我聽了放心一點，很高興知道可以把娜拉自己留在基地幾小時，讓待在基地的其他團隊成員陪她。

我和東尼、大衛合力沖洗獨木舟和裝備，明天早上才有乾淨的裝備可用。把每個地方的沙子清理乾淨真的很費時，感覺沙子有縫必卡，無孔不入。清完之後我把獨木舟搬上架子，架子上的船一艘艘排得井然有序。清理比我想像的花時間，但我必須習慣，往後幾個月天天都要像這樣忙進忙出。

今天接下來沒有其他獨木舟行程預約，因此我下午和晚上大部分時間都可以自由運用。這段時間我和娜拉沿著海灘散步，讓心情大致平復下來。娜拉當然對明天即將迎接的命運毫不知情，但這件事在我腦海揮之不去。我克制不了自己，不停在手機上搜尋結紮手術。過量資訊有害無益，因此我發現自己開始瀏覽照片細節時，立刻生氣地命令自己：**住手，不准再查**。

第二天早上，我讓娜拉在海灘上多玩十分鐘才把她放進外出籠，和東尼一起開車到大約五公里外，位於費拉（Fira）的手術室。

手術室的醫護人員非常專業，向我講解從頭到尾的流程，盡可能讓我放心。娜拉是在這天晚一點才會動手術，手術後還需要一些時間從麻醉中復甦，讓他們確認狀況。因此他們告訴我要過十二小時才會接到電話，大概晚上八點左右。而且如果娜拉到時候還是昏昏沉沉，我可能要等到更晚，讓我先有心理準備。

我磨蹭娜拉一下，然後把她交給護士。我知道娜拉會受到妥善照顧，但走出大門時還是覺得自己背叛了她，無法直視她的雙眼，帶著沉重的心情回到獨木舟基地。儘管知道結紮手術司空見慣，每天不計其數的結紮手術都順利完成，毋須擔心，但我和娜拉之間的羈絆日益深厚，實在無法忍住不擔心。但至少我有一整天的獨木舟行程分散注意力。

今天一切平順多了，不像昨天那麼波折。東尼要我划單人獨木舟擔任領隊，讓我輕鬆不少。隊員來自不同國家，有幾個英國人、美國人，也有德國人，加上工作人員一共八個。天氣稍微平靜了些，不過我們不敢掉以輕心，通過毫無遮蔽物的航段時更是格外小心。很高興船靠岸回到海灘時大家都玩得很盡興，我覺得經過前一天不順利的開頭之後，旅遊季總算上了軌道。

剩下的時間，我盡量讓自己有事情做。我花半小時淨灘，就像我現在有空也常動手淨灘。我完全無法預料這片小小海岸會發現什麼被沖來或丟掉的東西，有一天我找到一雙黑白不成對的「卡駱馳」（Crocs）的塑膠洞洞鞋。鞋子舒服好穿，於是我把鞋留下來，想著等我繼續騎車上路時，這雙鞋會很好用。

我一邊撿起垃圾丟進黑色垃圾袋，卻忍不住一邊看手機。時針分針好像在用慢動作移動，感覺過了老半天才終於傍晚六點，慢慢到了七點。然後總算到了晚間八點，但還是沒有電話打來。時鐘走到八點十五分，又走到三十分。我心裡混亂如麻，不停胡思亂想。

會不會發生了併發症？

手機終於在晚上八點四十五分響起。

「你現在可以來把貓帶回去了。」電話那頭的聲音不帶感情地說。東尼不在，沒辦法載我一程，因此我搭計程車到診所，請司機稍等。

診所大門一打開，我立刻衝進恢復室。娜拉還是昏昏沉沉的，幾乎認不得我。我向獸醫道謝，用小毯子裹住娜拉，坐車回去時把她放在膝蓋上。平安無事地接回娜拉讓我如釋重負，心情輕鬆得有點誇張。**你怎麼能擔心一隻小貓擔心成這樣？**

獸醫提醒我，娜拉一時之間可能還會有點想吐。因此回到洞穴後，我決定不睡吊床，躺在地上陪她，以免她醒來時不辨東西南北或是噁心想吐。這樣也能讓她睜開眼第一眼就會看到我，我不希望她擔心自己孤獨無依。

結果證明這是正確之舉。我躺在娜拉旁邊，她本能地蜷縮在我身上，似乎因此平靜下來，進入深沉的夢鄉。我當然一刻也睡不著。這樣也剛好，娜拉吐了兩次，吐在我們睡的地毯邊緣，兩次我都把馬上地板清乾淨，然後坐著看她再次入睡。我知道嘔吐對她是好事，藉此把麻醉藥清出體外。但即使知道也放不下心，我整個人神經兮兮，她抽動一下或弄出一點聲響，我就立刻起來查看。

我終於在凌晨時分入睡，但睡不了多久，醒來時便看到娜拉站在旁邊。她顯然已經完全從麻醉中清醒，因為她現在正想用牙齒把下腹部的縫線拆下來。

「娜拉，不行！」我跳起來制止她。

她向我發出威力十足的嘶嘶聲，彷彿說著：**這是我身上的縫線，我想拆就拆**。

我知道自己必須阻止她，於是拿了獨木舟小屋裡一頂尼龍材質的小漁夫帽，改造成臨時的術後防護頭套。我把帽頂割掉，然後反過來套進娜拉的脖子，這樣寬帽簷就能阻止她咬任何東西。帽子發揮作用，娜拉又鬧彆扭折騰了半小時左右，但很快就放棄了，再次入睡。我們聽到東尼的聲音才醒來，他來為這天即將抵達的遊客做行前準備。看到娜拉時，他的眼珠子幾乎要跳了出來。

「天哪，你對我們的帽子做了什麼？」他說。

「你可以從我的薪水扣款。」我說。

東尼聽了之後大笑。

娜拉花了好幾天時間慢慢復原。依照一天早晚不同時間，她在洞穴裡尋找覺得夠溫暖或夠涼爽的地方，到處趴著休息。我確保娜拉攝取了充足水分和營養食物，不過看著娜拉的同時，我想到以前讀過一些貓咪知識，提到貓是自我治療大師，擅長在不舒服時自我療癒。平常娜拉一天可以在海灘跑跑跳跳十小時，追逐海浪，在岩石間嬉戲，但現在她似乎直覺知道自己需要多休息才能好起來，於是專心靜養，努力讓自己恢復元氣。

幸運的是這天風變得太強，不適合獨木舟出航，因此我可以多陪在娜拉身邊照顧她。我也更新了IG，我和娜拉的酸甜苦辣，讓我有很多素材可以寫成貼文。追蹤的人似乎真心關心我和娜拉的近況，尤其關心娜拉過得好不好。因此我發了很多娜拉的照片，讓大家知道娜拉看起來健康又開心。

大家對我們的興趣似乎愈來愈濃厚。《每日郵報》和《華盛頓郵報》日前都已登出報導，拜此之賜，世界各地的其他刊物也紛紛報導我們的故事。因此我們開始收到身在希臘群島的觀光客傳來的訊息，詢問能不能來看我們。

娜拉手術後的幾天，一位瑞典小女孩和爸媽一起來拜訪我們。他們從阿克羅蒂里村下來，到獨木舟基地這裡找我們，嚇了我一跳。不過他們是可愛的訪客，我們閒聊了十分鐘，一起合照。娜拉這時已經差不多從手術中復原，狀態良好。小女孩看到娜拉，興奮得不得了，她爸爸甚至提議到海灘上的酒吧請我喝一杯。

「別跟我說又是湊巧而已。」東尼經過我們，看到一家人在和我跟娜拉合照，向我開玩笑地說。

不久之後，我們再度回到費拉看獸醫。

動結紮手術時，我也問起狂犬病血清抗體檢測的事。我知道娜拉的護照需要註記檢測結果，少了這項結果，我們的旅行將寸步難行。獸醫建議盡快進行，因為繁瑣的手續要花一些時間。檢測基本上是抽血檢查，不過可能需要從娜拉身上抽不少血。獸醫建議過幾週娜拉從結紮手術復原後再進行，尤其是考慮到可能需要再次施打麻醉藥物。

距離上次去診所大概過了兩星期多，我把娜拉放進外出籠，載她回到診所。

我感到娜拉明白自己正前往何方。在這麼短的時間內讓她經歷這麼多磨難，我心裡很難受。我一再告訴自己做得沒錯，現在必須把這些事情統統處理掉，之後娜拉就能享受一年或更長的自由時光，不會再動大手術。然而這樣想沒有讓我好過多少。

我們提早抵達診所，這次我決定留下來陪她。

我原本希望娜拉不需要再被麻醉，然而這不過是我一廂情願的想像。獸醫師剛拿出針筒，娜拉立刻變得像小獅子一樣凶悍，對他張牙舞爪，場面幾乎要見血。我協助獸醫師把娜拉舉起來，緊緊靠在我身上，一邊安撫她，一邊讓獸醫師麻醉她。娜拉很快就睡著了，但我為這可憐的小傢伙感到難過。

這次麻醉的劑量不像上次那麼強。約一小時後，雖然娜拉還是昏昏欲睡，但已經可以離開了。離開前，獸醫成功嚇壞我不只一次，嚇了我兩次。

首先他不太滿意娜拉護照的某個註記，他把護照拿給在一旁協助的護士看，表情嚴肅地搖搖頭。

「阿爾巴尼亞的獸醫沒有幫護照正確蓋章。」他說。

「這是什麼意思？」

「嗯，可能表示她的接種全部無效，必須重新接種。」

我的表情一定驚愕無比。

「不會吧。」我說。

不過我還來不及太沮喪，護士和獸醫師深入討論後，風波很快平息下來。

「別擔心。」護士微笑地對我說：「我們有這位獸醫的名字。我們可以聯絡他，請他確認接種正確執行，或許重新寄新文件過來就好。」

「他最好照辦。」我說，稍微沒那麼緊張了。

我還沒從剛剛的驚嚇中恢復過來，這時另一位醫護人員拿著娜拉的一管血液現身，對著光線和獸醫一起研究娜拉的血液。

「有什麼問題嗎？」我問。

「血很渾濁，不太正常。可能是因為她太激動了。」獸醫回答。「檢驗結果會顯示出任何其他需要擔心的問題。」

「那要多久才會知道結果？」

「大概一個月，要送到雅典。」

好極了，好像我要擔心的事還不夠多一樣。

手術室的醫護人員個個都很優秀，但我還是很高興可以離開這裡。回到獨木舟基地，我把娜拉放進小紙箱，蓋上毯子，讓她下半天好好睡一覺。

接下來好幾天，娜拉虛弱不堪，但她總是能在洞穴裡找到舒適的角落好好休養。即使在一般情況下，看到有人在醫院或手術室裡脆弱的姿態也會激起保護欲。因此我很自然想保護娜拉。也許是愧疚於不得不讓娜拉經歷重重磨難，我發現自己更加倍愛護她，為她購買我所找得到的最好食物，比平常花更多時間躺在她身邊，摸摸她的頭和脖子，讓她舒服趴著，發出呼嚕聲。

惡劣的天氣轉眼過去了，我又開始划獨木舟，但我一點也不想離開娜拉。不是因為我不信任東尼和基地的人，我信任他們，但我更擔心娜拉想念我。我不希望娜拉出事的時候我正被困在海上。

因此，娜拉動完手術後，我決定幫她買救生衣。她在陸地上是我的副駕駛，在海上也一樣能當我的副駕駛。等她復原，我便幫她試穿，身穿亮黃色救生衣的娜拉看起來真的很酷。娜拉新造型的照片立刻在IG上吸引娜拉粉絲熱烈點閱。

我一直等到真正風和日麗的日子，才帶娜拉第一次出海。她坐在獨木舟的座艙裡，就和坐在自行車的車前袋時一樣，身體窩在安全溫暖的船內，只把頭探出去欣賞四周一切。娜拉入迷地看著眼前風景，也被海灘沿岸小酒館傳出的音樂吸引。

貓咪不是天生愛玩水，因此為了保證娜拉能在海上自在放鬆，我先帶她出海划立槳，嚇了她好大一跳。立槳板一片平坦，因此娜拉無處可躲，剛開始看起來相當不安。她一度轉向我，好像在說：**現在到底是什麼狀況？**不過等我們穩定漂在海面上一陣子之後，娜拉開始在立槳板上四處走動，似乎喜歡這種感覺，嗯，就像貓喜歡水，這讓我安心多了。我不打算天天帶她出海，這樣太不切實際，但現在B計畫也準備妥當。

不幸的是，我忙著細心呵護娜拉健康的同時，卻忘了也該照顧好自己。

娜拉抽完血不久後，我遇到一點小災難，弄丟了 GoPro 攝影機。這個小小的方塊形攝影機功能強大，特別適合一邊騎自行車一邊錄影，是我離開鄧巴前買的，一直用到現在。我通常把它綁在帶子上，戴在額頭前面，有一次和東尼出海時也戴著它。我們出發時天候狀況不佳，到海上之後天氣變得更惡劣，在基地東邊遇到大浪。我以為自己應付得當，但一道浪掃過來打翻了船。

我重新爬回獨木舟，始料未及地，忽然又一道兩公尺高的大浪從背後襲來，再度把我捲下獨木舟。我起初沒有注意到，後來確認額頭前方，才發現綁著 GoPro 的帶子已經不見蹤影。

我雖然心煩，但不覺得無可挽救。攝影機非常堅固，包在密封的防水外殼裡，我想應該可以在海底找到它。我弄丟攝影機的地方水深不是太深，如果海象平靜，應該找得回來。我實在是自欺欺人，我花了兩天在海底地毯式搜索，結果一無所獲。

沒想到更慘的還在後頭。我帶著娜拉出海，準備最後再找一次攝影機。我全心顧著娜拉，確定她一切準備就緒，卻忘了盤點自己的例行注意事項。我的蘇格蘭膚色無法承受炙熱的希臘陽光，一定要仔細在手上、腳上塗滿超高係數的防曬用品。但這次我不夠小心，忘了在浮潛之前在背部和脖子都塗上防曬。我趴在水面浮潛了大概一小時，背部、頸部就這麼暴露在陽光下。

當天晚上問題就找上門了，我彷彿被公車輾過一樣，噁心感、暈眩感鋪天蓋地襲來，甚至吐了好幾次。我躺在吊床上，感覺全身的力氣都被抽乾。我知道這是什麼病症，以前在泰國度假時經歷過一次：我中暑了。

東尼發現我病得很嚴重，他幫我裝滿水，也帶了一些藥給我。

「休息幾天。」他說，引來我無力的抗議聲。

第二天早上，我爬起來開始整理裝備，東尼一把抓住我的手臂，把我拉回吊床。

「康復之前不准工作，連想都別想。」

我不甘不願地回到床上。我們的小窩成了病房，只不過這次娜拉是護士，我是病人，至少看來是這樣。娜拉是明星，我們的角色好像對調了。娜拉不再像平常那樣在洞穴四處找地方睡，反而黏著我，緊緊蜷縮在我身邊，偶爾發出呼嚕聲、舔舔我的臉，就好像她知道現在身體狀況低落的是我，不再是她，輪到她好好照顧我了。我很感謝她的陪伴，尤其是此刻還未脫離病情最重的時候。

我度過了發燒最嚴重的時刻，但不久後，左腳開始發炎，癢得不得了。一開始我以為是中暑或昆蟲叮咬感染引起的，吃了一些止痛藥和抗組織胺藥錠，但都不見起色。接著，皮膚變成暗紅色。大概過了一天左右，演變成皮膚硬化，我的腳伸都伸不直，更別說支撐重量了。我再度覺得自己像《金銀島》的西爾弗船長，這次是因為我開始像他單腳跳來跳去，只是少了拐杖。我搜刮了基地的急救箱，卻似乎沒有東西派得上用場。

隔天東尼來到基地，看了我的腳一眼，然後嚴正警告我。

「你不能拖著一條腿划獨木舟，」他說：「你必須去看醫生。」

當天晚上，他一收拾完基地就載我去醫院。

我覺得不必勞師動眾，而護理人員似乎持相反意見。我還沒反應過來，醫生就已經幫我看完診，把我送進一小間病房，吊點滴打抗生素。

他們告訴我，腳沒有感染，但我可能對什麼東西產生過敏反應，並且我也嚴重脫水。我在醫院無所事事地躺了幾小時後，他們終於讓我出院回家，又開了一些抗生素給我，囑咐我接下來幾天好好休息。

我一點也不打算聽醫生的話。我已經請了太多天假，我告訴自己，明天早上就要回去划獨木舟。

小護士娜拉另有主意。

據說貓可以聞出生病的氣息，有時候比儀器還精確，例如我讀過報導，說貓可以發現主人的癲癇即將發作。我一回到洞穴躺在吊床上，娜拉立刻冒出來，跳過來和我一起趴著，緊緊依偎在我旁邊，低聲發出呼嚕聲，彷彿她知道我不舒服，需要溫柔關愛、好好照顧。

我一向是個糟糕的病人，跟小時候在蘇格蘭一樣。

我向來對割傷和瘀青視而不見，從不在乎感冒或流感。打橄欖球的時候，一定要嚴重到斷了腿才能促使我離開球場。我承認這多半是無謂的男子氣概作祟，想撐場面，想看起來像個硬漢，彷彿自己堅不可摧。在波士尼亞的時候也是這樣，我從莫斯塔爾的橋上一躍而下，摔斷了腿，當時應該好好等腿傷癒合，我卻提早動身。幸好沒留下不良後遺症，否則我可能下半輩子都要跛著一條腿走路。

我躺在吊床上，娜拉在我身邊，我在腦海裡一直翻來覆去地想，最後終於想通了。我心裡的每一道直覺都想跳下床出去工作。我不喜歡逃避工作，更受不了無所事事地待著。但如果我必須拄拐杖蹣跚前行，對娜拉可是絲毫派不上用場。而且如果我跛著腳，東尼也絕對不會讓我接近獨木舟。那不遵守醫囑有什麼好處？可能只會讓情況更糟。

我想起娜拉如何照料自己，讓自己順利康復。她拋開其他事情，全心全意專注於重拾健康。感覺很傻，但我發現自己心想也許該以娜拉為榜樣，給自己時間好好療傷。也許，這一次我應該聽從身體的願望。

幾乎就在這一刻，東尼從角落探出頭來。

「病人還好嗎？」他問。

「我想可能需要再休息幾天。」我說。

東尼看起來驚訝無比。

「確定吧？真不像你。」

「嗯，獨木舟獨腳客對你也沒用。」

「好極了，」他還有點難以置信的說：「所以是誰說動了你，醫生嗎？」

我聳聳肩。

「不是。」我說話時避開他的眼神。「只是覺得這樣做才對。」

我還想保留一點自尊，不想承認是一隻六個月大的小貓終於教會我這麼簡單的道理。

第十二章　聖托里尼蜘蛛人

進入盛夏時分，我和娜拉已經完全在聖托里尼島上安居樂業。阿克羅蒂里海灘的生活簡單，我們過得如魚得水，我的日常工作和蘇格蘭朝六晚四的辛苦折磨相去千里。我努力工作，也盡情玩樂，這裡是派對之島，我不時讓蠟燭兩頭燒。娜拉似乎也對海邊的生活心滿意足，和我一樣，她唯一要擔心的問題是太熱。現在氣溫已經接近三十度了，午後甚至動輒超過三十度。

過度曝曬對人不好，對貓一樣有害。經過上次中暑的前車之鑑，我不會讓娜拉冒同樣的危險，因此我遵照網路上的建議，開始幫娜拉的耳朵和鼻子抹上特製的貓用防曬，耳朵和鼻子的裸露皮膚顯然最容易嚴重曬傷。我也決定不要太常帶她跟我一起出海，短程還可以，但不能和我一起參加三小時的航程，儘管我很喜歡她陪在身邊。

這樣的安排並不理想，把娜拉帶在身邊能讓我安心。如果她不在身邊，我在海上會煩躁不已，掛念基地那邊狀況如何，海灘今天熱鬧嗎？有誰在基地附近閒晃？娜拉安全待在基地裡嗎？IG上發生的一切讓情況雪上加霜。

我們現在有將近五十萬人追蹤，追蹤者來自世界各地，從加拿大、美國到波蘭、巴西等不同國家，也有許多追蹤者身在希臘群島，正在這裡度假。因此希望和我們見面的訊息累積如滾滾洪水，每天都有一兩則。我盡量安排和大家見面，但不可能次次盡如人意。有幾次有人突然來訪，沒有事先告知，我又正好要划獨木舟出海，只能讓他們失望而歸。還有一天我帶團出航，回到基地時才知道稍早有訪客想見我們，他們見不到娜拉，垂頭喪氣地離開了。

沒辦法讓大家都見到娜拉，我覺得有點難過。大家不辭辛苦來找我們，往往專程從島的另一邊來到阿克羅蒂里。但我也必須對東尼盡責，他跟哈里斯雇我帶領獨木舟行程，而我之前已經因為中暑和腳過敏不得不請假幾天了。

順利見到娜拉的人真的都很可愛，他們會花一些時間和我們聊天、拍照，離去時臉上帶著燦爛笑容，有些人還邀我一起喝一杯。一群來自英國和澳洲的女生甚至拉著我到鎮上，我們最後一起到刺青店，在腳踝刺上一樣的鳳梨。真是難忘的一夜。

更讓人難以置信的是我們的小故事竟然感動了這麼多人。除了有更多信件和私訊從出版社、經紀人、記者那裡如雪片般飛來，還有寄到島上郵局的包裹。包裹來自世界各地，不過絕大多數來自美國，寄給「聖托里尼的迪恩和娜拉」。裡頭是各式各樣的禮物，從高級食品、玩具鼠到鈴鐺、胸背帶、貓草，囊括人類所知的各種寵貓好物。問題是包裹寄到希臘時還有關稅要付清，因此我每次都必須先掏錢付稅金，包裹才能放行。這也相當於在賭運氣，我永遠不知道包裹是否值得這筆稅金。有次我為一個小包裹付了五十歐元，裡頭是一根尾端黏著羽毛的逗貓棒。

我沒有資格抱怨，大家慷慨無比，一切都出於善意，但我知道不得不阻止這種行為。因此我在IG上發文，請大家把禮物改捐給當地的動物收容機構。我不可能把全部的東西都留下來，尤其之後要再次騎車上路。如果帶著所有東西，會像是騎著行動寵物店環遊世界。

大家這麼喜歡我們，真的讓我受寵若驚，但我不想忘記初衷，希望利用我們的新形象——我們的「聲量」——做點有用的事，做點好事。值得慶幸的是，五月時出現了一些契機。

聖托里尼如詩如畫的完美風景下暗藏黑暗面。我某天休假去費拉的時候，第一次注意到島上有不少驢子和騾子。我正在欣賞火山口的風景，旅遊船在費拉高聳懸崖的腳下來來去去，這時我注意到有幾個人騎著驢子爬上費拉村，看得出來這些可憐的動物被逼著賣力工作，其中一隻背上坐著塊頭非常大的傢伙。驢子氣喘吁吁，汗流浹背，感覺遲早會被身上的重量壓垮。

我不懂那個傢伙為什麼要逼可憐的驢子吃這種苦，明明有纜車可以載他上來，而且他也好手好腳，至少我看來是這樣。

在這之後，我注意到島上其他地方也有騾子，有些在為農夫拉車，但有一兩隻比較老的騾子孤伶伶地站在田裡，或是在路邊徘徊。我上網查了之後，發現這些「計程」驢子在觀光季天天工作，從清晨一直載客到日落，因此關節、四肢、背部都會發生病變，身體狀況在工作季結束後變得慘不忍睹。不幸的是，主人不太關心牠們的福祉，很多人會直接棄養驢子。浪貓結紮組織的露西亞提議帶我認識島上另一個慈善機構，致力於照顧年邁的驢子和騾子，我二話不說欣然同意。

聖托里尼動物福利協會（Santorini Animal Welfare Association）據點位在費拉附近，他們不只照顧年老的驢子，也收容了許多流浪狗和被棄養的狗，包括一整欄的波音達獵犬（pointer）。以前小時候在蘇格蘭，家裡養過一隻波音達獵犬，叫做提爾，從此我就非常愛這種狗。我忍不住和六隻波音達獵犬一起玩了好幾小時，一邊和露西亞跟幾位志工聊天。

其中一位志工是來自雅典的希臘年輕女性，她告訴我，協會成立於一九九〇年代初，創辦人是她的上司克莉絲汀。他們的主要關懷對象是貓、狗、驢子，但最近也收容了幾隻豬，甚至收容了被棄養的農場動物。他們的目標是幫所有流浪動物結紮、接種疫苗、治療疾病傷殘，再把動物送養到希臘各地或海外。協會最大的難題在於希臘政府不太重視動物福利，不提供協會絲毫資源。協會的主要收容所在冬季惡劣的天氣中嚴重受損，迫切需要資金。

我佩服他們的決心，認為協會的付出很了不起，因此當天晚上回到基地後就在ＩＧ上發文，說明島上驢子的艱困處境，請大家幫忙修復收容所。我不抱太大期待，晚上發完文之後就去陪娜拉，一起散步、淨灘。直到隔天早上收到克莉絲汀傳來的訊息，我才看到網路上的迴響，大家立刻響應，而且規模驚人。我的呼籲募得數千歐元，有了這筆充裕資金就能立刻動工修繕克莉絲汀的收容所。

克莉絲汀一開始簡直反應不過來。

大家的踴躍響應也讓我震驚不已。我幫巴羅募款時見識過較小規模的類似情況，但這次的規模完全不可同日而語。非常振奮人心，但也有點嚇人，讓我體會到自己現在可以發揮多少影響力，也讓我明白運用影響力之際務必審慎小心。

已經有人向我提案，只要我願意幫他們代言，就可以幫我出船票、提供免費食宿。大部分的邀約來自希臘，但也有邀約來自更遠的地方。有一個人聯絡我，奉上大把鈔票為我和娜拉規畫一趟喬治亞之旅。他說只要我們在ＩＧ上宣傳和他一起去的各個景點跟旅館，就能獲得數千英鎊的報酬。

喬治亞毋庸置疑是我想造訪的國度。這個國家位於通往裏海的道路上，也是前往中亞絲路的必經之地，是我想走的路線，但是接受邀約感覺不太對勁。萬一邀約安排的地方不盡理想，或是漫天開價怎麼辦？我會被迫宣傳自己不認同的東西，而且我也不想一直推銷產品或企業。我希望能掌握自己代言的事物，也希望不管推薦什麼都是出於真心。

東尼現在已經成了我的好朋友，可以說是知己，幾乎什麼事都可以和他討論。有天晚上我們一起喝啤酒，我提到自己的困境，東尼同情地聽我訴苦。東尼的幾個朋友也在場，包括一個雅典人尼克，尼克專心聽我說話，面帶微笑，顯然有話不吐不快。

「你知道那個人嗎，什麼蜘蛛的。你們怎麼叫他，蜘蛛人嗎？」他邊說邊笑。

我困惑地看著他。

「你在說什麼？」

「蜘蛛人，那個漫畫啊，主角彼得．帕克他有一句名言是怎麼說的？能力愈強，責任愈大。」

我大笑。「不要胡扯。」

「不是，我說真的。你現在就是聖托里尼的蜘蛛人。」

我後來終於理解他的意思，不過他的說法顯然有點誇張。我不是必須決定該打倒哪些壞人、拯救哪些好人的超級英雄，不過我的處境確實可以歸結成類似狀況。我必須選擇要支持哪些使命、把握哪些機會，也必須對自己的決定負責。我未必每次都能做出正確決定，但我希望忠於自我。

那天晚上我回覆了那個喬治亞人，婉拒他的邀請。

有些使命當然可以不假思索地支持，尤其是動物福利或環保主義的相關團體。我已經開始動腦想怎麼幫耕耘這些領域的慈悲機構募款。

距離阿克羅蒂里幾公里的地方有個叫梅加洛丘里（Megalochori）的小鎮，我有幾天休假在小鎮外一間陶作坊度過，店名叫做「加拉蒂亞的店」。我一直很想學做花瓶和其他陶器，在店主人加拉蒂亞的認真指導下學得非常開心。我做了四個碗，用娜拉的掌印裝飾，我很滿意這幾件作品。

在加拉蒂亞的鼓勵下，我決定舉辦抽獎，我的ＩＧ追蹤者有機會贏得這四只陶碗。大家可以花一英鎊參加，我之後會抽籤選出得獎者，收入則捐給慈善機構。

我也想做一些有意義的事情來回報浪貓結紮組織的露西亞，我初來乍到聖托里尼時，露西亞真的在娜拉的事情上幫了很多忙，我也很感謝她介紹我和聖托里尼動物福利協會的克莉絲汀認識。

人生當中，你在尋找的事物有時候冥冥之中自有辦法找上你。

五月中旬的一天早上，我划獨木舟出海時注意到有個女人在對著岩石拍照，在海灘上面一點的地方。我看不出來是什麼東西吸引她的注意力，但她似乎全神貫注，好像是很不尋常的東西。

我四小時後回到沙灘，看到另一個人站在幾乎一樣的位置，不過這次不是在拍照，而是熱絡講著電話。我走了過去。

兩隻小貓緊緊縮在牆邊，一隻黑色，一隻橘色。

「牠們在那裡一整天了。」那個人說。

我四處張望了一下。小貓非常年幼，說不定牠們的媽媽在附近照顧其他小貓。不過看來機會不大，何況兩隻貓一黑一橘，可能根本不是同一個媽媽生的。我在附近什麼也沒發現，因此我把這一對小貓撿起來。牠們真的是小不點，甚至比娜拉剛被我撿到的時候還小，我可以把兩隻小貓放在一隻手的手掌上。我把小貓帶回洞穴。

娜拉的反應妙極了。她非常鄙夷地看著我，彷彿我再次背叛了她。我試著摸摸她，只換來她的嘶嘶聲。娜拉的行為當然是出於領域意識，但我愛莫能助，她這陣子得習慣兩隻小貓作陪。

我只能照顧小貓幾天，因此我聯絡露西亞，她仰賴島上的中途養父母為流浪貓提供暫時的棲身處，同時在這段期間設法找到長期領養人。只是目前所有幫忙中途的人都沒有收養空間。儘管如此，露西亞還是想幫忙，她說如果我可以再照顧小貓幾天，她一定能找到領養人，島上的一位中途也可能騰出空間，是一位名叫瑪麗安娜的女士。

我盡力讓事情快點動起來，貼了幾張照片，呼籲大家給小貓一個家，附上慈善機構的詳細資訊。與此同時，我們也把小貓帶去費拉看獸醫，獸醫師替牠們驅蟲、除蚤。

這讓我想起之前在蒙特內哥羅第一次去看獸醫的情景，獸醫師也是這樣幫娜拉治療。獸醫師說兩隻小貓健康狀況良好，大約四、五週大，黑貓是公貓，橘貓是母貓。他必須登記貓的名字，因此我又從《獅子王》汲取靈感，想了兩個名字，黑貓叫高孚，橘貓叫琪拉雅。

牠們回到洞穴後掀起一陣騷動。高孚精力充沛，什麼都想參一腳，很多方面都讓我聯想到娜拉。他天不怕地不怕，有時候喜歡趴在基地非正式「辦公」區的黑色皮椅上，他的毛色和皮椅簡直是融為一體，有天晚上東尼差點坐在他身上。相較之下，琪拉雅是害羞的小傢伙，可以的話會睡個整天。

經過幾天，娜拉一改先前的態度，現在一有機會就和兩隻小貓玩在一起。三隻貓會在洞穴裡四處飛奔，互相追逐，鑽到大家腳下。

不久之後，浪貓結紮組織打電話給我，說我的貼文奏效了，有人直接從德國聯絡他們。他們正準備處理一切繁瑣的醫療和行政程序，橫跨半個歐洲把貓送過去。

「好消息是他們願意兩隻一起領養。」露西亞說。我可以感覺出她語氣中的猶豫。

「壞消息呢？」

「幫忙中途的瑪麗安娜可以在貓咪去德國前照顧牠們，但是在那之前要先把新貓舍蓋好。也許機率不大，但你會不會剛好認識可以幫她蓋貓舍的人？」

於是事情就變成這樣了。這天或許是我到聖托里尼島以來最熱的一天，我把高孚和琪拉雅裝進娜拉的外出籠，前往費拉邊緣一棟白色粉刷的別墅。屋主瑪麗安娜是希臘中年婦女，會說的英語有限，但無疑擁有最善良的靈魂。屋子和小花園裡到處都是大貓小貓，有老有少。有的貓骨瘦如柴，顯然之前健康狀況極差，但至少牠們如今身在充滿愛心的家庭。

瑪麗安娜帶我到房子後面的一小塊地，新貓舍的零件已經放在草地上。我快速掃視，是金屬建築物，會用鐵絲網圍成牆。瑪麗安娜還有一些攀爬架、貓抓板和玩具，等貓舍蓋好可以布置在裡面。看起來不像是可怕的大工程，不過還是要花點力氣才能把貓舍組好。

幸好浪貓結紮組織也呼籲大家來幫忙，幾天前一對來自倫敦的夫妻聯絡了他們，這對夫妻年紀比我大一點。他們幫我組裝金屬骨架，然後我們用鐵絲網把四面圍起來。他們黃昏時不得不告辭，但我還是設法在裡面裝好了籠子。一切才剛大功告成，貓舍馬上迎來了第一批房客。高孚和琪拉雅立刻愛上新家，很快就在傍晚的陽光下快意奔跑起來。

瑪麗安娜由衷感謝我的幫忙，請我坐在樹蔭下喝啤酒。我們一起坐在那裡欣賞新屋落成，彼此毋須多言，我不會希臘語，她的英語又不好，但我們都知道對方的感受。

很高興能幫助瑪麗安娜，更高興的是知道這間貓舍或許可以為許多被棄養或受虐的貓咪提供一個家。這是運用我影響力的正確方式，我覺得自己好像找到了平衡，也找到了可行的方法。

「蜘蛛人會以我為榮的。」我的話讓瑪麗安娜露出困惑的表情。謝天謝地，她完全聽不懂我在說什麼。

第十三章　分道揚鑣

第一道朝陽從窗戶灑落的同時，我聽見有人敲門走進洞穴的聲音。

「起床迎接活力的一天吧。」

我立刻認出是東尼語帶嘲諷的聲音。我們在附近的酒吧喝到很晚，他知道我們兩個今天都不可能充滿活力，嗯，至少要等一陣子。我發出呻吟聲回答他，然後把自己拖下床，花了一點時間適應光線。眼睛適應後，我看到娜拉朝半掩的門走出去，這是她一早的習慣。我通常會跟她一起出門，每天早上吸進第一口新鮮海風的習慣從來不會讓我厭倦。

但我今天只想賴回床上，所以我讓東尼看著娜拉小跑步出去，自己則走到另一個角落的小爐子。我需要咖啡，濃濃的咖啡。

我大概過了十五分鐘才終於打起精神，然後才慢慢、慢慢走到海灘。太陽已經高掛在東方的天空，氣溫一定已經升到超過二十度了。

我以為會在娜拉常去的地方看到她，也許她會在海邊的岩石堆裡。我在洞穴前的階梯上放了一些食物，但食物沒被動過。我走回洞穴，洞穴深處她最愛的角落也找不著她的蹤影，真是奇怪。一般來說，娜拉不會跳過早餐不吃。

我再次走出洞穴，娜拉有時候會爬到附近的懸崖腳下，趴在陰影中，因此我迅速沿著海灘爬上爬下，邊走邊喊她的名字。附近還有一些小角落、小縫隙，我以前也看過娜拉在裡面玩，但現在娜拉不在裡頭。我摸不著頭緒，娜拉像這樣消失不是太奇怪，但她從來不會消失這麼久，尤其不會一大早就不見蹤影。也許是餐廳的人在餵她，餐廳有幾個服務生非常喜歡她，常常在我去喝酒或吃點東西時拿小點心餵娜拉吃。有一個服務生偶爾會端出烤魚招待娜拉。

我努力安慰自己不要自尋煩惱，她一定發現了什麼好玩的東西，很快就會回來了。

這時其他團隊成員陸續抵達，他們必須把車停在海灘另一端，走過整個海灘才能到達洞穴。我問他們有沒有在哪間餐廳看到娜拉，他們全都聳聳肩，露出不解的表情。

剛起床時迷迷糊糊的感覺早已消失無蹤，我現在完全清醒，盡力保持鎮定，告訴自己沒事的，不用擔心。娜拉最近確實變得比較獨立，也許等她覺得餓了很快就會跑回來。

我開始工作，到了九點，我真的非常擔心，娜拉已經失蹤一小時了，這不太尋常。海灘這時已經愈來愈熱鬧，大家早上來散步，幾個泳客已經在海裡，有個人正在遛拉布拉多犬。

我緊張得坐立難安，事情不太對勁。東尼出去辦了幾件事，回來時立刻察覺我的不安，願意幫我一起找娜拉。我們重新搜索海灘，再次確認我剛剛找過的地方，但一無所獲。海灘另一端有個大洞穴，我們一起爬進去，用手電筒往裡面照，看看娜拉是不是在裡頭玩，但同樣毫無斬獲。

我看過娜拉爬到海灘上方的懸崖上好幾次，有一次因為被狗追而跌了下來。我擔心她會受傷，幸好她的翻正本領救了她，讓她順利用腳著地。我把這次算成她又用掉一條命。一共用了兩條命，還剩七條。

我們爬上懸崖四處查看，在茂密草叢展開地毯式搜索，看看娜拉會不會在哪裡趴著曬太陽，但只成功找到空瓶和垃圾。平常我會把垃圾清理掉，但現在完全沒有心情。

我擔心娜拉一路遊蕩到公路上，公路離懸崖邊緣大概三十公尺遠，交通可能非常繁忙，尤其早上有不少觀光客要搭渡輪去機場趕當天第一班飛機。我心裡又開始胡思亂想，在腦海裡想像她跑到巴士前。我告誡自己停止幻想，娜拉是機智又勇敢的小貓咪，也許自己熬過許多我不知道的難關，尤其是在波士尼亞山區被我找到以前。

娜拉沒事的，不論身在何方都會照顧好自己。

我們搜索附近的酒吧和餐廳，先探頭看看餐廳裡面，再到後頭跟廁所找一找，但娜拉還是不見蹤影。我們又搜索了更深入山上的一排漂亮別墅，問了幾個居民有沒有看到娜拉，我甚至拿出手機讓他們看ＩＧ上的照片。大部分人只是禮貌地搖搖頭，不過也有一兩個人問我們住在哪裡，說會幫忙留意有沒有看到娜拉。

這時已經是早上九點半左右，距離娜拉走出小屋過了一個半小時，自從我們相遇以來，她從來沒有單獨在戶外待這麼久。我的胃湧現一股不舒服的感覺，心裡開始做好最壞的打算。我心裡有一部分一直知道這天或許會來臨，歸根結柢，娜拉不是我的囚犯，她自由自在、不受拘束，只要安全無虞，當然可以離開我。只是想到娜拉真的決定離開還是讓我大感震驚，我知道自己會學著接受事實，但我不能接受娜拉因為我的疏忽而受傷，那會讓我心碎。

這天的第一個獨木舟行程預計在十五分鐘內出發，大約十點左右，比平常晚了一點。但是在知道娜拉是否平安無事之前，我不可能就這樣出海。

東尼完全能夠理解，他要我繼續找娜拉，他會派其他人代替我出發。東尼幾乎和我一樣擔心，我看得出他因為放娜拉出門而自責，儘管讓娜拉出門其實是稀鬆平常的事。

我又在附近找了五分鐘左右，心裡的絕望多過希望。我已經找遍想得到的地方，娜拉不可能還有其他地方可去。人類心理運作的方式真奇怪，心裡很容易冒出妄想。我發現自己一路沿酒吧和餐廳的後門走，翻看店家的垃圾桶。這麼做很荒謬，但萬一有人發現娜拉死掉或受傷，把她丟在垃圾桶怎麼辦？幸好我什麼也沒找到。

我正打算前往下一排餐廳，這時有東西吸引了我的目光，僅僅是某樣東西在開闊土地的一片茂盛草地裡一閃而過，我和東尼剛剛也來過這裡，但什麼也沒看到。我朝草地走去，又看到有東西閃現，這次看得比較清楚。我看見黑色和幾抹棕色、灰色，接著聽到聲音，真相大白：是貓的尖叫聲，確切地來說，是貓咪打架的聲音。

我立刻大步跑過去。

「娜拉！」

跑到草地的時候，我的心臟狂跳不已、氣喘吁吁。島上有成群流浪貓，不能保證那就是娜拉。

看到眼前迎來的景象，我深深鬆了一大口氣，我想我的身體應該不可能嘆出比這更大更深或更真心的一口氣。娜拉在和另一隻小貓玩耍，一隻年紀和她相仿的瘦小黑貓。兩隻貓打打鬧鬧，到處跑跳，顯然正在興頭上，對世上其他事物絲毫不感興趣。誰知道這兩隻貓怎麼會玩在一起？何時何地相遇？不過牠們很可能整個早上都像這樣玩耍著。

我欣喜若狂，捨不得罵娜拉，而且我又能說什麼？是我自己偷懶賴床。除此之外，娜拉一見到我就轉身離開新玩伴飛奔過來，好像我們只分開了一分鐘而已。我緊緊抱住娜拉，我想自己這輩子應該不曾這麼緊緊抱過其他人事物。

往下回到海灘的路上，我一定親了她不下一百次。看見我們朝小屋走來，東尼高舉雙手，好像得了奧運金牌一樣，他看起來簡直比我更如釋重負。可憐的傢伙，這可不是他的錯。

「要是娜拉出了什麼事，我一定沒辦法原諒自己。」他向我坦承。

這時今天的第一支隊伍已經準備就緒，出海在即。我開始整理裝備，但東尼要我把東西放下。

「早上休假吧，陪陪娜拉。」東尼微笑地說。

感謝他的體貼。

我餵娜拉吃了點東西，看她窩在最愛的地方，在台階上眺望大海。我坐在旁邊陪她，看東尼帶獨木舟隊伍出海，心中思緒翻騰。

今天早上這場虛驚激起我內心已經蘊釀好一陣子的想法。從我到聖托里尼以來，已經過了三個多月，在聖托里尼的田園牧歌時光漸漸黯淡下來，我開始思考是否該是時候動身了。

我的想法來自幾個原因，今天的事為其中一個原因做下總結。

我在島上過得很開心，這裡是派對之島，夏季特別熱鬧。我一向喜歡派對，樂於享受派對時光，但今天早上讓我反省是不是享受得太過頭了。我宿醉得太嚴重，沒辦法好好照顧娜拉，萬一娜拉出事怎麼辦？一定會讓我久久無法釋懷。

獨木舟學校的氣氛也是另一個因素，氣氛變了——變糟了。首先，員工的流動率一直居高不下，有些人來來去去，不是每個人都討人喜歡，尤其有一個人特別懶散又自以為是。

接著旅遊季開始大概一個月後，團隊裡有幾個成員抱怨一下掉了錢，一下又不見了東西，我們歸咎於職業風險。這個地方向公眾開放，很多人在海灘來來去去，掉錢掉東西無法避免，這裡不是戒備森嚴的美軍基地諾克斯堡（Fort Knox）。

但是有一天我回到洞穴角落的小窩，發現無人機不翼而飛，真的很沮喪。

我和東尼說了這件事，他報警處理，但毫無下文。這起竊案加重了我心中的躁動感。

當然也有更正面的理由支持我重新踏上旅途。第一是我們的ＩＧ追蹤人數依然爆炸性地成長中，現在有將近五十五萬追蹤者。有個追蹤者是非常聰明的美國人，他來獨木舟基地拜訪我，我們一起喝啤酒時，他問我為什麼不開個 YouTube 頻道。

「一個人帶著小貓環遊世界，」他說：「有誰不愛看呢？」

他的話引我思考。我有很多很棒的影片素材，但還遠不足以撐起一個頻道。我需要新內容，要有新內容就必須繼續前進。我必須彌補損失的時間，認真照表操課，好好騎車累積里程，見識更多國家、更多文化。在我思考的同時也漸漸撥開了迷霧，我看見能讓自身好運轉而造福他人的道路。

聖托里尼動物福利協會的克莉絲汀知道我有一天會再次踏上旅途，她在網路上發表的一段文字深深打動我，「我們祝福迪恩和娜拉旅途平安，他們現在正式成為動物福利的最佳大使，為世界上動物遭到遺忘的地方帶來啟發，能夠為世界各地其他辛苦掙扎的小型收容所帶來真正的改變。」

讀到這段文字時，我知道自己必須好好善用這個機會。

最後一點，我覺得自己繼續待在獨木舟學校對東尼不公平，現在已經到了我不能百分之百投入獨木舟學校的地步，我的第一優先是娜拉和ＩＧ。我出海的時候，東尼和其他同事必須應付上門來到洞穴想見娜拉的陌生訪客。要東尼承擔這些實在太過分，我現在把他當成朋友，不希望破壞我們的友誼。

因此有一天晚上，收拾好獨木舟，我從冰箱抓了幾瓶啤酒，要東尼坐下來聊聊。

我想東尼已經知道這天會來臨，但還是很難過。

原本說好我要工作到九月，可是我告訴他，我希望能盡快離開。我知道他找人不容易，不會讓他陷入難題，我說我會待到他找到新人為止。在這同時，我開始安排回雅典的渡輪，準備再從雅典前往土耳其，重拾騎自行車環遊小亞細亞的計畫，然後一路騎向遠東。

我聯絡獸醫，著手取得必需文件。狂犬病血清抗體檢測的結果也已經從雅典傳回來了，一切合格。娜拉血液不尋常的渾濁確定毫無問題，阿爾巴尼亞獸醫的失誤也澄清完畢了。如今，娜拉之前的接種紀錄全都有正確戳章，娜拉只需要在出發前再做一次全面健康檢查。檢查結果顯示娜拉生龍活虎，可以安心出發。

收拾完洞穴的東西向海灘告別前，我又跟東尼出去聚了幾晚。我們說好要保持聯絡，和他道別時，我幾乎可以肯定來日一定會再相見。

在聖托里尼的最後一晚，我和娜拉受邀到火山口邊緣的一棟小別墅度過這最後一夜，我們來到伊亞附近，島嶼豪華的那一邊。

我想我們可以好好享受這一晚的招待。

我在島上住了三個月，但從來不曾以觀光客身分欣賞名聞遐邇的日落。阿克羅蒂里位於島嶼南側，東邊被山擋住。即使是帶獨木舟隊伍出海時，我也總是忙著幫客人拍照，或是擔心會不會有人掉到海裡，沒心情欣賞日落。隨著太陽漸漸沒入地平線，火山口和周邊島嶼在夕陽緋紅的光線下形成剪影，每寸景緻都如同大家盛讚的令人驚豔，無怪乎聖托里尼被譽為世界上數一數二的浪漫地點，啟發了來自世界各地的作家和詩人。

一邊喝著啤酒，我發現就連我也裝模作樣地成了希臘哲學家。娜拉全身躺平窩在我旁邊，完全心滿意足，沐浴在夕陽最後的餘暉下，拋開世上一切憂慮。我看著娜拉搖了搖頭，娜拉在某些方面著實令我羨慕，她不用背負工作職責、不用付帳單、沒有財產，也沒有壓力，真是幸運的傢伙。我向來覺得人擁有的東西愈多，要擔心的也愈多。生命應該專注在單純的喜悅，應該充滿像這樣的時刻。荒涼海灘上的日出日落，和朋友喝幾杯啤酒。人生不必過得太複雜。

過去三個月來，我的生活變得曲折、複雜無比，複雜過頭了。我希望再次動身上路可以理清這一切紛亂，讓我重新享受生命中單純的喜悅。說出來好像很蠢，但這是真心話——我希望過回更像娜拉的生活。

第十四章　烏龜

我和娜拉站在渡輪甲板上，強勁的海風迎面吹來，土耳其西岸的切什梅（Cesme）港映入眼簾，我心裡奇妙得百感交集。

我一方面興高采烈，我和娜拉一起達成了重大里程碑，這是我們的第五個國家、第一個新洲陸，離開了歐洲，進入亞洲。另一方面我也戰戰兢兢，我們即將踏入不一樣的文化，人文風俗都異於西方。但我其實不用擔心，嗯，至少不用替娜拉擔心。

我們才剛下船，還在騎車前往切什梅舊城區的路上，兩個騎機車的年輕人停車靠近我們，一邊熱烈揮手一邊高聲喊叫。我唯一聽得懂的字是「凱迪」（kedi），我猜是貓的意思。我心想，「小貓」（kitty）這個字該不會就是從「凱迪」演變過來的吧？幾分鐘後，我在龜速前進的車陣中停下來，一位包著淺藍色頭巾的女士從水果攤後面跑向我們。發現娜拉願意讓她摸的時候，感覺她興奮得快跳起來了，好像遇到搖滾明星一樣。

「看起來難民營那個人說得對。」我沿著海岸線悠哉騎車時向娜拉這麼說：「這裡的人對妳的愛將會有增無減。」

騎上舊城區的石板路，我漸漸感到自己踏進了嶄新的陌生世界。狹窄的巷弄兩邊沿路都是裝飾華美的木陽台，陽台上滿是亮紫色的大片九重葛。市場攤位沿街林立，空氣中飄揚濃濃的肉桂味、新鮮出爐的麵包香，還有在火上燒烤的旋轉烤肉「沙威瑪」。日落時分，宣禮員（muezzin）在清真寺召集穆斯林做禮拜的獨特聲音瀰漫在空中。一切都令人沉醉，我內心深處知道自己會愛上土耳其的旅行。

我唯一擔心的是氣溫。

我查到七、八月的氣溫可能高達攝氏三十五度以上，儘管愛琴海的強風不停吹進切什梅的海灣，但今天感覺已經逼近三十七度。這裡的熱是乾熱，跟我在希臘或其他地方遇過的熱天都不一樣，就好像置身在烤箱裡，就今天的情況而言，或許可以說是旋風烤箱。下午和晚間時分，有時候空氣熱到我可以在喉嚨深處感覺到那股溫度，幾乎不敢把氣吸進去。才走幾步路就汗如雨下。

東尼警告過我，盛夏在土耳其騎自行車要格外小心，尤其是正中午的時候，他見識過太陽在我身上造成的威力。他的說法是，「你不可能活著離開那裡。」我知道這是忠告，我也不想再次中暑。

但重點是我的選擇不多。我在聖托里尼逗留了好幾個月，如果想在亞洲和其他地區有所進展，就必須開始努力累積里程。考慮到這點，我計畫從切什梅一路騎到伊茲密爾（Izmir），沿著所謂的土耳其蔚藍海岸（Turkish Riviera）前往馬爾馬里斯（Marmaris），再到費特希耶（Fethiye）和卡什（Kas）。我打算從卡什北上，經卡帕多奇亞（Cappadocia）到黑海，接著準備將路線切向東方，進入通往絲路和中亞的門戶：喬治亞和亞塞拜然。

這個計畫雄心勃勃，我打算騎的路線至少長達一千兩百英里，也就是兩千公里，才能抵達喬治亞國境。這將會是漫長又艱辛的旅程，但我決心一試。在土耳其安頓的第一夜，我知道必須設法應付炎熱的天氣，一定得想個辦法。

距離我們離開聖托里尼已經過了幾週，回雅典時我和伊蓮娜、尼克、莉迪亞打了招呼，接著就接受邀約參加為期四天的遊艇航行，繞行薩羅尼克灣（Saronic Gulf），是雅典沿岸列島所在的海灣。公司老闆是個很有魅力的希臘好人，叫做喬治船長，他是我們爆紅時頭幾個和我聯絡的人。我欣賞喬治輕鬆隨和的態度，不會強力推銷，因此我覺得這或許會是個充電的好機會，為前往土耳其和下一段旅程做好準備。沒想到喬治的遊艇之旅也讓我和娜拉都有機會從雅典遇到的驚嚇中平復。

事情發生時，我和娜拉坐在咖啡廳外，娜拉忽然坐直身體，跳到我的肩膀上，激動不安。幾秒後，我聽見玻璃杯鏗鏘作響、桌椅在地板拖行，牆壁不久就像果凍一樣搖晃不已，一如上次在阿爾巴尼亞見識的景象。又發生地震了，這次持續時間不超過十到十五秒，但感覺遠比上次阿爾巴尼亞的地震更強烈，嚇得娜拉更驚魂不定。一週之後，我們結束喬治的遊艇之旅回到雅典，城市還在清理善後。

我們再度從比雷埃夫斯出航，不過這次搭乘的是前往東方的渡輪，目的地是希臘的希俄斯（Chios）島，大家告訴我，可以在希俄斯島轉船前往土耳其切什梅。旅程不如預期的順利，我沒注意到希俄斯島有兩個港口，分別位在島的兩端。因此我必須從西側往返希臘的港口騎將近五十公里路到東側往返土耳其的港口。雪上加霜的是，我們抵達希俄斯島的時間是晚上，我只能在一片漆黑中，騎在沒有路燈的道路上。我自行車的燈也不亮，因此這趟路騎起來一點也不輕鬆。

幸好路上車流不多，我們平安抵達，但要等八小時才能搭上一艘外表老舊的小渡輪，然後再搭半小時的船到土耳其。經過上次阿爾巴尼亞邊境管制的洗禮，我暗自擔心到土耳其能否順利通關。我們即將離開歐洲進入西亞，料想現在檢查會更嚴格。我也記得跟難民營的人聊天時，他告訴我從敘利亞進入土耳其的困難重重。

我們的狀況當然無法和他相提並論，我們從土耳其的觀光區入境，往完全相反的方向前進。因此或許我不用覺得意外，其實這裡的海關官員只關心怎麼互踢皮球。

所有人似乎都對怎麼處置娜拉的護照毫無頭緒。我把娜拉的護照拿給窗口看，對方又叫我去別的窗口，我們就這樣被踢來踢去大概半小時，最後一位官員終於舉起手來，揮手示意我們通過。我不禁猜想自己是史上第一個帶貓通過這個海關檢查站的人，從他們的表現來看，無疑是這樣。

我希望有一晚的時間適應，因此訂了切什梅的青年旅館入住。剛進旅館的頭一小時，娜拉在床舖間到處跳上跳下，和我玩躲貓貓，但不久就沉沉入睡。我沒有那麼幸運，氣溫直到凌晨依舊熱得令人窒息，不管我怎麼翻來覆去，一次都只能小睡個幾分鐘。娜拉一如往常在六點左右開始喵喵叫要吃早餐，我起床時不覺得可惜，我希望早點上路。

大概半小時後，我沿著切什梅的石板路顛簸搖晃前行。在早晨相對涼爽的時間騎車感覺真好，在聖托里尼窩了三個月後，很高興重拾旅行生活的節奏，儘管騎車當然有騎車必須面對的挑戰。

我已經習慣用自行車載著全副行李旅行，不過自從踏上新階段的旅程，我覺得自己比較像烏龜，揹著家四處跑，家變得比以前更大、更笨重。我似乎用不著感到驚訝，根據原廠的資訊，自行車後面可以載重二十五公斤，前面可以再載將近十二公斤。我推算目前已經逼近上限，因此加上自行車原本空車的重量十三公斤，我現在拖著五十公斤前進，這還沒算進後面拖車裡幾公斤重的衣服和其他打包進馬鞍包的物品。

我已經盡可能減輕負荷，丟掉一切不需要的雜物，但現在的問題是我有很多東西不得不帶。

自從上次上路以來，最重要的新物品是娜拉在自行車前面的新窩。我改造寵物店賣的普通寵物推車，裝在支撐舊馬鞍包的支架上，成為更寬敞舒適的提籃，同時也能提供娜拉需要的遮蔽。娜拉立刻愛上新窩。

我也用在獨木舟學校工作存下來的錢為自己添購了一些新裝備：更好的筆電、新的GoPro攝影機、替補失竊無人機的新無人機。如果要展開創立YouTube頻道的計畫，就需要一些像樣的設備。

把所有裝備打包變得像當兵操練一樣，裝備必須收納整齊，其他還有露營用具、音響系統、電池、充電器、帳篷、爐子、食物等等都要一一收好，接著是我的衣服和娜拉不停增加的各種用品。把行李放到自行車上也是一門學問，每個袋子都很重，必須確保重量平均分配，否則我會一直失去平衡。剛起步的那段路真的很辛苦，出發時很不容易累積動能，如果遇到上坡又更累。

種種辛苦絲毫不減我騎車上路的興奮心情，我一如以往地熱愛騎車，尤其有娜拉在車上讓我更開心。我們展開約八十公里的路程，從切什梅往東到古城伊茲密爾，娜拉跟平常一樣活潑好動，好奇探索周遭的一切，時不時撲向蝴蝶或嗡嗡嗡飛過我們的黃蜂。

前往伊茲密爾的道路沿著海岸延伸，也伸進內陸。離海愈遠，氣溫就愈炙熱，到中午時根本不可能待在太陽底下，下午要等到五點左右才能再度上路。即使如此，再壞的事情也有好的一面，就算是烏雲——或者該說無雲——也透著一絲光亮，殘酷的高溫讓我有機會經常露天而眠。

我向來喜歡在星空下露營，格外喜歡在怪地方露營。我從小就會溜到屋外過夜，在花園的野餐椅下鋪床睡覺，長大以後還是保有這個習慣。朋友都覺得難以理解，一個朋友說我哪裡「短路」了，在廢棄建築物或荒涼海灘睡覺實在有毛病。我把朋友的話當成讚美，如果大家對我親近自然不以為然，不樂見我去觸摸、去觀看、去嗅聞周遭的真實世界，去聽任瞬息萬變的天氣擺佈，那是他們的損失。對我而言，沒有比這更棒的事情了。

所以在離開切什梅的第一夜，我很高興能找到一座廢棄泳池，離幹道一百公尺左右，靠近一片小海灘。我把自行車和所有裝備往下放進空空無水的泳池裡，把睡袋和枕頭在池底鋪好，對我而言簡直堪比五星級飯店，我一覺到天亮。

土耳其的道路狀況良好，路通常都很寬敞，騎起自行車非常輕鬆，只要好好騎在內側專用道，就不覺得時常呼嘯而過的大卡車會造成威脅。到第二天結束時，我的進展十分理想，抵達了伊茲密爾。

我訂了一晚舒適的青年旅館，讓我有時間探索這座古城的風光。娜拉對這個地方比我還入迷，我們走過老市集和廣場，她一下往東一下往西，到處跑個不停。城市狹小封閉的街道上沒有絲毫微風吹拂，高溫完全榨乾了我們的精力。這天結束的時候，娜拉跟我一樣筋疲力盡。

我們兩個隔天早上都睡過頭了，真是不尋常，一定是因為太熱了。我瘋狂趕著收拾好所有東西，匆匆退房離開青年旅館，大概九點多終於上路出發，為錯過了一天中最適合騎車的時間而深感沮喪。

我原本希望今天可以前進九十公里以上，晚上訂了艾登（Aydin）鎮的青年旅館。但早上太晚出發，於是到中午只騎了大約三十公里，加上今天又比之前更熱，中午過後不久，我們就在道路橋下休息，一直等到下午四、五點才能再次上路。天黑前趕到青年旅館的計畫看來不太樂觀，我努力加速向前，但黃昏時體認到今晚又必須露宿了。這不是世界末日，我取消青年旅館的訂房，開始尋找過夜的地點。

太陽剛剛下山不久，我們經過一個算是廢棄建築工地的區域，看起來很理想。我把吊床架好，幫我和娜拉都準備好晚餐，我跟平常一樣吃義大利麵，娜拉吃雞肉塊。娜拉睡著之後，我和蘇格蘭的家人講電話聊天，也更新ＩＧ動態。

很多追蹤者對於我和娜拉在外露宿的做法有意見，不過我決定忽視他們。要是我聽從頁面上讀到的每一則意見，絕對一事無成。我必須盡可能忠於自己，聽從自己的直覺。

我在手機上裝了可以記錄總里程數的應用程式，這天晚上躺在土耳其的星空下，我發現自從離開鄧巴以來，已經騎了將近六千五百公里，感覺是個真正的里程碑，就任何一層意義而言都是。不過我也知道自己還處在旅程的初步階段而已，就連離開土耳其也還是遙遠的目標，還有大約兩千公里要騎。前方還有漫漫長路等著我，我必須繼續前進。

隔天早上我煮了一點麥片粥當早餐，動手進行把行李裝上自行車的費力工作。我把載在車後方的兩大袋裝備捆綁固定時，發現後輪看起來軟軟的，我不太驚訝，畢竟後輪現在承受的重量很重。我壓了壓後輪，判斷最好再多打點氣。真煩人，我必須再把行李卸下來，這會再耽擱出發時間，但這件事不得不做。

我在接近八點時出發，奮力前傾踩著踏板在路上前進。即使還這麼早，天氣已經熱得令人窒息。娜拉明智地決定躲在提籃的陰影裡。我的背心很快被汗水浸透，才騎了十幾公里就必須停下來喝第一次水。

好像嫌自行車還不夠重一樣，我現在又多帶了幾公升水。我不確定能不能安心喝河水，或是放心喝加油站、咖啡廳廁所的自來水，無水可喝是想都不敢想的可怕遭遇。我一口氣喝掉半瓶水，再倒點水在弓起的掌心中，讓娜拉舔著喝。娜拉喝掉我手掌裡的最後一滴水，我看看後輪，心想最好檢查一下，確定後輪撐得住。

我正準備檢查，忽然間整個人僵住了。簡直無法相信，其中一個袋子不見了，而且不是無關緊要的一個袋子，是裝著全部電子設備的那個袋子，新的無人機和電腦都在裡面。

我痛苦地呻吟，東西一定掉在工地了。

我不是會陷入過度恐慌的人，但我盡力全速往回騎，腦海中倒帶回想稍早的經過。我可以清楚看到自己做了什麼，我拿下行李幫輪胎打氣時，把行李放在矮牆的另一端，後來一定是因為娜拉而分心，只拿了其中一袋回來。我想不通怎麼會漏了行李，但更讓我莫名其妙的是，怎麼會完全沒有察覺？上路的時候一定感覺自行車變輕了，而且沒有另一個袋子平衡重量，車子也會微微傾向一邊才對。

我為什麼沒有注意到？心裡在想什麼更重要的事？是不是太過匆忙了？

我一面責怪自己的同時，在回頭路程大約三分之二的地方又惹上了更多麻煩，輪胎中釘了。我之前就注意到土耳其的道路兩邊處處是金屬小碎片，我在一個車庫問了人，他們告訴我，大家都把輪胎磨到極限，因此老是到處爆胎，路上四散的金屬來自輪胎內的線圈。我擔心這會造成輪胎中釘，果然如我所料。

我靠邊停下來，然後大罵髒話。補胎的工具也在我沒有帶上的袋子裡。現在修不了輪胎，我別無選擇，只能繼續前進，推車走完最後大約十公里路。我不能冒險騎車把自己的重量壓上去，萬一輪胎全毀就更糟了。

等建築工地終於出現在眼前時，我已經流汗流得一塌糊塗，心臟狂跳不已，感覺像要跳出胸口一樣。萬一建築工人已經回來了怎麼辦？或是會不會已經有小孩跑來工地玩？看到袋子原封不動躺在我剛剛放置的地方，我大大鬆了一口氣。

我花了一點時間讓自己冷靜下來，然後把所有東西都卸下車，開始補胎。行李全都一一攤開，輪胎也終於補好了，我決定從頭盤點所有東西。有什麼事情讓我心煩意亂，但我一時說不上來。

把東西全部攤開之後，我想到了。我們的護照。

我在一陣恐慌中抓起放重要文件的小馬鞍包，幾乎是一打開包包時我就知道了。護照不在裡面。

我的心臟再次狂跳，這個心跳速度應該要送進心血管病房插管了。我跪倒在地，不敢相信，難道我完全當機了嗎？怎麼會再次把事情這麼精彩地搞砸？

娜拉在一旁的牆邊玩耍，但她也注意到我情緒激動。她過來對著我喵喵叫，好像在安慰我。

「抱歉。」我一邊說一邊揉揉她的後腦杓。「爸比今天很悽慘。」

我深呼吸一口氣，試著保持冷靜，回想最後一次見到護照以來的旅程，一定有個合乎邏輯的脈絡。但是我太沮喪了，什麼也想不起來，大腦彷彿運轉過度的汽車引擎，卡油發不動，再怎麼努力，記憶都是一片空白。也許護照掉在路邊？也許被偷了？我在昨晚過夜處的附近找了一找，但一無所獲。

之後的這一小時，是我踏上旅程至今最憂心焦慮的時刻。

這種時候，你的心魔會開始作祟，冒出各種大難臨頭的情景。我甚至一度懷疑內政部願不願意在一年內發給我第二本新護照，他們可能會覺得我是個白痴，不能把這麼重要的證件交給我。我開始擔心娜拉要怎麼辦，如果我要暫時回英國一趟，她要待在哪裡？萬一我回不來土耳其又要怎麼辦？

我第一次覺得自己幾乎被打敗了，開始想：這會不會是冒險的終點？搞不好就此結束比較好。過去幾個月來進展這麼緩慢，仔細想想，怎麼可能真的環遊世界？等我拖著超載的自行車回到鄂巴，都要六十歲了。

我慢慢平復下來，把自己拉出低潮。弄丟護照是問題沒錯，但不是世界末日，總能想辦法解決。我處理過一次，再處理一次也沒問題。我上網找了一間最近的旅館，從旅館官網訂了房間，不在意是什麼樣的旅館或者房價多少。我需要好好評估狀況，思考下一步怎麼做。

這天早上，我的守護天使一定又在身邊照顧我。大約半小時後，而且沒有再次中釘，我順利把車牽進一間小旅館的庭院，離幹道大約一公里遠。旅館裝潢風格一派鄉村風光，坐落在橄欖樹林的山坡上，木造房屋簡單大方，但有游泳池和戶外用餐區。

旅館裡似乎沒有其他客人，接待我們的女士看起來是土耳其人，但用英語熱情地招呼我們，介紹自己名字是席林。她筆直朝娜拉走去，開始摸摸娜拉，用溫柔的聲音逗娜拉玩。很快地，又有一位膚色健康、留著長髮的中年男子加入席林的行列。他也會說英語，但有口音，原來是澳洲人。「我叫傑森。」他說。

提供護照是入住旅館的標準流程，因此我解釋了目前的狀況。我看起來一定很激動，席林立刻請我坐著，給我一杯土耳其茶。

「沒問題的，你今晚可以住這裡，別擔心。」她說。

「你昨晚住哪裡？」傑森問。

「廢棄的建築工地。」我的回答引來他奇怪的表情。

「再前一晚呢？」

我挖出從伊茲密爾的青年旅館退房時那位女士給我的帳單。

「住在這裡。」我邊說邊把帳單拿給席林。

「他們會知道你的護照號碼。我打個電話給他們，別擔心。」席林再次要我放心，然後走進了辦公室。

我和傑森聊天，他告訴我，旅館剛開幕不久。他們從零開始，用幾年時間蓋好旅館，使用永續建材——樑柱用木頭，牆壁是草捆塗上灰泥。

他們自己種蔬菜和橄欖，自己做麵包，希望盡可能讓這個地方自給自足。讓人佩服的還不只這些，傑森和席林也是愛護動物的人，旅館到處都是貓的照片。傑森說他們領養了幾隻流浪貓，也養好幾隻狗。

我已經覺得好多了。如果不得不衝回英國辦新護照，我找不到比這裡更適合娜拉的地方了。傑森和席林的態度誠懇溫暖，立刻使我感到是值得信任的對象。

我把行李放到房間，和娜拉玩了一下。娜拉總是在身邊為我消憂解愁，我繞床追著娜拉跑，和她玩躲貓貓，一邊開著攝影機錄影。我躲到床架底下，再探出頭來拍拍她的鼻子或後腦杓。只要我一出現，娜拉就會瘋狂揮舞腳掌，試著咬我的手，尾巴拚命搖個不停，逗得我開懷大笑。

我正在傳訊息給人在蘇格蘭的姊姊，向她解釋我目前的狀況。這時席林出現了，她的臉上掛著燦爛的笑容。

「我有好消息要告訴你。」她說：「你的護照掉在之前住的青年旅館，在伊茲密爾那裡。看來你退房離開時把護照掉在櫃檯了，護照現在由他們幫你保管。」

我覺得自己像個笨蛋，怎麼沒想到青年旅館？

「櫃檯，當然是這樣。」我說。

一切宛如電影場景在眼前播放。前天早上退房時的場面有點混亂。我因為睡過頭而心煩意亂、情緒低落。我把娜拉和載滿行李的自行車放在外面，再回到旅館結帳，櫃檯人員都在忙，我必須等他們處理完其他客人的事情。

後來一小群人開始聚在娜拉身邊，讓我有點擔心，我只好在旅館大廳內外不停來回穿梭，看好娜拉和載著我全副行李的自行車。終於結完帳之後，我匆匆忙忙離開，只拿了帳單卻忘了拿護照。櫃檯的人在我們離開後才發現我忘了帶走護照。

我如釋重負，現在的問題只剩回伊茲密爾而已。從這裡騎到伊茲密爾要花一天，我不認為今天能夠騎回去，在午後的高溫中騎車是不可能的。如果搭計程車，來回大概要花三、四小時左右，天曉得要付多少車資，但現在顧不了這麼多。

傑森再次現身，我問他和席林有沒有計程車行的電話，但他搖搖頭。

我大吃一驚。

「這裡完全沒有計程車？」

「喔，計程車很多。」他說：「可是你不需要計程車，我會開車載你過去。」

我驚訝得說不出話來，不敢相信有人這麼好心。我聽過日行一善、舉手之勞，但是這太誇張了。

「至少讓我補貼油錢。」

「不需要。」他說：「我可以順道辦點事。」

我還沒反應過來，我們的車子已經開上幹道，朝伊茲密爾駛去。娜拉坐在我旁邊，我們呼嘯穿越土耳其的鄉村，穿過我前一天才剛騎車經過的地方，包括我們過夜的建築工地。

抵達青年旅館時，那位女士已經將護照準備好等我來拿，我再三感謝她幫我保管護照。接著我們很快再度上路，朝南方前進。

傑森和席林彷彿覺得這麼做還不夠熱心似的，晚上回到旅館時，席林為我們煮了美味的傳統土耳其料理。他們也提議讓我免費再住幾晚，我接受了。我已經決定要在ＩＧ上為他們留下讚譽有加的評論，即使不論他們的熱心，旅館本身也值得這樣的好評。

我們坐在旅館的花園中小酌談天，交換故事，一直聊到很晚。我忍不住一再道歉，儘管傑森和席林一直要我別抱歉。

「我害怕自己有一天會上演《小鬼當家》，忘了帶走娜拉。」我中間一度開玩笑地說。

「我看很難。」席林邊說邊對娜拉點點頭，娜拉正蜷縮在我們兩個身邊。「你忘了娜拉之前，會先忘記自行車吧。」

我無疑又打起了精神，心裡已經開始盤算前方的道路了。傑森和席林兩人都遊歷廣闊，對土耳其瞭若指掌。我們面前攤著一張大地圖，他們向我推薦卡帕多奇亞地區和附近的幾個地方，還有往上沿黑海海岸前往喬治亞的路線。他們也同樣提醒我不要誤入土耳其東南方和敘利亞交界的地區，如同我已經從好幾個人口中聽過的警告一樣。

「你到裏海之後有什麼計畫？」傑森問我。

「騎帕米爾公路（Pamir Highway），再往下到印度、泰國。希望明年夏天結束前能抵達。」

傑森往後靠著椅背吹了聲口哨。

「真是雄心萬丈啊。」

「對，或許吧。況且我最近又像隻烏龜，把全副家當扛在背上。」

席林安靜地坐著跟娜拉玩，她和娜拉一見如故。

「你知道那個寓言故事嗎？」她微笑地說：「龜兔賽跑？」

以前在學校時讀過，依稀還記得。

「我知道，穩健紮實必致勝。」

「完全正確。」席林說：「重點是你甚至不是在賽跑，為什麼要趕路？為什麼不好好享受旅程就好？一步一步來，看看命運引領你走到哪裡。」

她朝美麗的日落和我們下方連綿起伏的山谷點了點頭。

「就看看今天命運帶你來的地方吧，我敢說，有時候當烏龜也不錯。」

這是我近來從別人口中聽到最睿智的話語，也正是我需要記取的金玉良言。

第十五章　走進荒野

這幾天來，我第一次覺得自己做了正確的決定。我接受席林和傑森的好意，在旅館多住了幾天，這讓我有時間幫自行車裝上新裝備。席林帶我到距離旅館最近的蓋爾門哲克鎮（Germencik），我在鎮上一間嬰兒用品店找到一把抗ＵＶ可調式迷你傘，裝在娜拉的籃子上剛剛好，讓她可以自由移動，欣賞外面的風景，同時保持涼爽。

迷你傘很快就派上用場。

我們告別席林和傑森，往南穿越山區，那天溫度計一度量到攝氏約三十八度，有時候我覺得自己好像在熔爐裡騎車，擔心會不會融化，但我知道娜拉現在有新陽傘為她遮蔭，安全無虞。

我把席林的智慧箴言銘記在心，告訴自己要穩健紮實，不要一心想著衝完里程。抱持這個想法，我接受透過ＩＧ發來的邀約，在前往馬爾馬里斯的路上到一家度假飯店小住幾天，放鬆一下也無傷大雅吧。從傑森和席林那裡離開幾天後，我們悠哉抵達這一站。

度假飯店的老闆鋪紅毯迎接我們，安排我們入住繽紛花園中間的小木屋豪華雙人房。走進房間，床上擺了點心招待我們，有給娜拉的零食，還有給我的好幾罐蘇格蘭無酒精國民飲料「鐵釀」（IrnBru）。房裡甚至擺了氣球，上面畫著地球和我們的IG名稱：一單車一世界（1bike1world）。

四處探索度假飯店的花園、水療中心和海灘時，我和娜拉開玩笑說：「我們肯定是大人物。」

很難說我跟娜拉是誰玩得更開心。在泳池游泳和水療池放鬆的空檔，我犒賞自己享受非常需要的按摩。艱辛路途讓我的雙腿付出不少代價，躺在按摩平台上，小腿跟大腿感覺都硬得像水泥，按摩師必須加倍用力才能讓肌肉重現一絲生機。娜拉玩得非常盡興，在花園走走逛逛，爬上鬱鬱蔥蔥的樹木。一小群貓三三兩兩在度假飯店裡漫步，娜拉和一隻灰白色小貓一拍即合，整天在我們房外的草地上打打鬧鬧，互相追逐。

到了要離開的時候，我覺得自己已經恢復活力，準備好邁向下一段路程。我精神飽滿地把行李裝上自行車，幫娜拉做好出發的準備，但不久就受挫洩了氣。

現在我已經知道要隨時注意娜拉的健康，她之前經歷諸多磨難，實在看夠獸醫、打夠預防針了。抵達土耳其以來，我也格外注意她的身體，高溫很可能危及貓的健康，脫水會導致腎臟病和各種問題。所以我揉揉她或摸摸她時，常常會順便迅速檢查她的皮膚，看看有沒有割傷、腫塊、瘀青、禿斑。我偶爾會趁她睡覺時檢視她的牙齒、牙齦，注意是否有感染的跡象。這樣至少能基本掌握她的身體狀況。

今天早上把娜拉放進籃子時，我注意到她的上唇有個可怕的腫塊，看起來像是割傷後結痂，而且好像很痛。我靠近傷口時，娜拉往後退開，對我發出嘶嘶聲，顯然不太妙。

「迪恩，最好帶娜拉去檢查一下。」我對自己說。

我並沒有受到太大打擊。在命運眷顧下，我想現在要去見的人應該正好可以幫這個忙。度假飯店的一位經理推薦我去附近的戈科瓦（Gokova）鎮拜訪動物保護區，經理告訴我保護區的主人是一位名叫珍妮的蘇格蘭女性，可以說是動物福利界的巾幗英雄。

前往保護區的四十公里路花了我好幾個小時，幾乎全程都是上坡，頂著灼熱豔陽，我以為自己永遠到不了。

終於抵達的時候，珍妮歡迎我們的方式再親切也不過，就像迎接家人一樣。珍妮毫無疑問是個有趣又特別的人，她在鄧弗里斯（Dumfries）出生，不過已經在土耳其這裡長住超過三十年，三十年間從無到有建立了這個保護區。我喝了飲料讓身體降溫之後，珍妮帶我四處參觀，娜拉坐在肩膀上跟我一起去，和平常一樣對眼前一切滿心好奇。

保護區佔地三十坪以上，俯瞰遠處的馬爾馬里斯海灣。珍妮告訴我，剛開始只有一隻流浪貓，現在流浪貓有一百三十隻，加上十幾隻狗、一對驢子、一匹馬。

她特別偏愛其中一匹驢子，是名叫奈德的老邁公驢。奈德正在山坡上的小草地靜靜吃草。

「我在一塊田中央看到牠被丟在那裡，離這裡大概十公里遠。」我一邊聽珍妮說話，一邊摸摸奈德。「奈德被丟著自生自滅，綁在樹上，一隻腳上扎進金屬碎片。可憐的傢伙。」

不過珍妮關注的主要是流浪貓，我從來沒有在一個地方看過這麼多流浪貓。珍妮這裡什麼貓都有，各種品種、各種顏色、各種脾氣，從毛絨絨的波斯貓、街頭常見的虎斑貓，到幾乎光禿禿的瘦弱小貓，小貓甚至怕生到不敢理會珍妮。娜拉顯然不確定該對這一大群貓作何反應，她依舊坐在我肩上，爪子掐得更緊，在我耳邊發出近乎懇求的微弱喵喵聲。**爸比，拜託不要把我丟在這裡，連想都不准想。**

這時中午的太陽高掛空中，熱力四射，於是珍妮帶我們到屋裡吃午餐。午餐過後我請她看一下娜拉的嘴唇。

娜拉乖乖任由珍妮擺佈，毫不反抗地讓珍妮看她的嘴巴。

「嗯，看起來不太好。」珍妮說：「可能是所謂的肉芽腫（rodent's mouth），這裡很常見。我要出門辦點事情，大概一小時後回來，不過我有朋友等一下可以載你下去鎮上找獸醫。我打個電話給她。」

我不久就後悔了，真希望自己剛剛沒有開口問她。

珍妮出門了，把我留在這裡等她的朋友帶我們去看獸醫。

那句諺語怎麼說？「人閒生是非。」我上網瀏覽獸醫網站，看到肉芽腫的正式名稱是「貓嗜酸性球性肉芽腫綜合症候群」（feline eosinophilic granuloma complex），難怪需要簡稱。這種病通常不嚴重，不治療也會自己復康，不過有時候腫塊會演變成癌症，尤其如果腫塊的病因來自壓力。

我的腦海裡又開始自己胡思亂想，直接跳到最糟的情況。我絞盡腦汁想了一下可能造成娜拉壓力的事件，一點也不難，充滿各式各樣的可能性：地震、之前在聖托里尼摔下來、我們騎車穿越的無數大雷雨……清單愈列愈長。聽到車子在外面碎石地停靠的聲音之前，我心裡早已七上八下了。

珍妮的朋友是當地人，只會說一點英語，不過很友善，她直接載我們下山到鎮上看獸醫。

獸醫是和善的年輕女性，年紀不比我大，英語流利。她立刻消除了我心中的擔憂。

「大概只是割傷，」她說：「傷口應該會自行痊癒，不過要留意觀察。如果兩週後傷口還在，再帶她去看一次獸醫。」

這是好消息，但我還是繼續自責。娜拉怎麼會割傷？是不是因為在切什梅的石板路騎車時讓她太顛簸？還是因為天氣熱，她太常咬嘴唇、舔嘴唇？不過我後來想起另一件事。住在度假飯店的時候，娜拉整天和朋友打打鬧鬧，那隻灰白色小貓。有一天我聽見娜拉大叫一聲，然後立刻跑進房裡，好像受了傷一樣。這似乎是最可能的解釋。

知道我帶娜拉看了獸醫，珍妮很高興，更高興診斷結果沒什麼大礙。晚上她煮了美味的晚餐，我們在陽台聊天，她暢談年輕時候的故事，對我說明她怎麼建立這個保護區。我對她的成就滿心佩服。

牆上某隻貓的照片似乎佔據了鎂光燈焦點。

「好像是個特別的傢伙。」我邊說邊向照片點頭。

珍妮露出微笑。

「她的名字是科爾基茲，意思是盲眼的女孩。一位年輕的荷蘭觀光客艾莉絲在附近飯店的地基發現科爾基茲。那天是艾莉絲的假期最後一天，她不知道該怎麼辦，因此飯店那邊的人打電話給我，我就收留了科爾基茲。科爾基茲狀況很差，雙眼已經全盲，所以幫她取了這個名字。」

娜拉剛剛在屋子的另一個角落吃晚餐，現在過來跳上了我們旁邊的椅子。

「我後來沒有把這件事放在心上，但是大概一年後竟然收到了支票，金額很可觀，是來自荷蘭。」珍妮繼續說：「原來艾莉絲這一年來都在幫我的保護區募款。這對我是個轉捩點，我剛從原本的地方搬到這裡，資金極度短缺。要不是因為科爾基茲，嗯，天曉得會怎樣？」

收拾完晚餐之後，珍妮讓我看她獲頒各種獎項的照片，不只在土耳其這裡，也有英國的獎項。其中一張照片裡，她和艾莉絲並肩而立，旁邊是當地市長。還有一張照片，是她在倫敦的國會上議院參加頒獎典禮。

她又朝著科爾基茲的照片點了點頭。

「有時候，一隻動物就能改變一切。」她微笑著說。

她彎下身摸摸娜拉的後腦杓。「這也是為什麼得到娜拉是這麼珍貴的寶物。」

「嗯，我很愛她，沒錯。」我微笑著說。

她輕輕搖搖頭。

「不，你可能還不知道她有多特別。近來要為保護動物募款難上加難，有數不清的慈善機構請求大家幫忙，大家乾脆關起耳朵。不過偶爾會再度出現能引起大眾共鳴的故事，像你和娜拉的故事就是。」她說：「我看到你在聖托里尼做的事，我覺得你還有更多潛力。」

珍妮接著露出我媽看我拿到新制服時可能會露出的表情。

「所以絕對要好好照顧她。」

第二天早上我向珍妮告辭，答應和她保持聯絡。我已經默默對自己發誓只要有能力就要幫珍妮募款，她一定會珍惜每一筆捐款。像這樣的組織收入總是捉襟見肘，世界上有太多流浪和被棄養的動物，救援永無止境。

不過我目前的優先事項是好好累積里程。接下來的幾天，我從馬爾馬里斯往南然後往東前進，沿著土耳其的海岸，經過卡什鎮來到安塔利亞（Antalya）。我想在這週結束之前進入卡帕多奇亞，因此我繼續往前，離開海岸往山區內陸騎去。地形幾乎立刻為之一變，眼前景色是崎嶇山脈和茂密森林，可以連騎十公里卻看不到一棟房子，感覺像是踏進了荒野。

進展相當緩慢，不過我一再複誦新的箴言：我是烏龜，不是兔子。

旅程過了幾天幾夜，一晚我決定在距離幹道幾百公尺的森林裡搭帳篷。這裡風景優美，我欣賞了日落以及下方山谷的壯麗風景，然後和娜拉一起鑽進帳篷。鑽進帳篷後聽到了奇怪的聲音，但不是太令人擔心，聽起來像某種小動物，我知道森林生機盎然，到處是兔子和狐狸。我拉起帳篷拉鍊，安頓下來準備過夜。

即使在森林裡頭還是很熱，我實在難以入睡，因此戴上耳機開始看 YouTube 上的影片。我已經準備好在明天或後天建立自己的頻道，想看看 YouTube 上有些什麼內容。凌晨一點左右，娜拉忽然跳到我身上，爬上我的肩膀。她之前在我腳邊沉沉入睡，好一陣子一動也不動，因而此舉真的嚇了我一大跳。娜拉被什麼嚇得驚惶不安，耳朵直豎，眼睛瞪得像銅鈴一樣大。

不用多久我就發現是什麼嚇到了娜拉。拿下耳機後，我可以聽到低沉有力的吐氣聲，似乎有龐然大物在附近慢慢移動。四周一片漆黑，幾乎沒有一絲月光，但我幾乎感覺得到牠正緊盯我們，絕對是某種大型動物。

我的腦筋飛快運轉，是什麼動物？胡狼或野狼？不是狼，太小了。某種鹿或牛？也不是，我認得牠們的聲音。現實像一記悶棍重重打在身上，唯一的可能是熊。我平常不太容易被嚇到，但現在我完全嚇壞了。

我抓起娜拉，打開帳篷側邊。雖然我裸睡，但完全無暇想到衣服，穿上卡駱馳鞋拔腿就跑，等跑到幹道上才發現剛剛跑出森林時腳踩到釘子了。傷口血流不止，我也還有點驚魂未定。娜拉一樣情緒激動，緊緊抓住我，好像到了世界末日。

我過了一陣子才冷靜下來，然後意識到自己一絲不掛地站在馬路正中央。我必須回去拿行李，也許只剩行李的殘骸。如果這一帶真的有熊，不敢想像牠會對我的自行車做什麼。幾分鐘後，我鼓起勇氣往回走進森林。樹葉沙沙作響，樹枝啪嚓一聲，任何風吹草動都能嚇我一跳。

影子彷彿活生生的動物。我承認自己嚇得魂飛魄散。回到帳篷，我套上T恤、穿上短褲，開始火速收拾裝備。電池又沒電了，所以自行車沒有燈。我抓起小手電筒，往黑暗裡四處照一照，迅速移動。我把娜拉放在自行車車頭，收拾好帳篷，整個人處於自動駕駛模式。不過幾秒鐘時間，我已經開始推著自行車和所有行李穿越森林，走向安全區域。

平安無事地回到路上，我如釋重負地歡呼。

我可以肯定自己一定掉了東西。如果我大白天冷靜從容時都會忘記重要的東西，半夜被熊嚇得驚魂不定時誰知道會忘掉什麼？但這就是人生。現在沒有空擔心這些。我知道熊擅長追蹤獵物，如果牠掌握了我們的氣味，可能會追上來。仔細地想，熊在幹道上攻擊我們的機率不高，但這不能阻止我做如是想。

我全力衝刺騎上前方的山丘，腳上的傷口傳來陣陣劇痛。我的心臟還在猛跳不已，我頻頻回頭，半是期待會看到一隻大灰熊在路上笨重前進，追在我們後面。

爬到山頂，微弱的光芒在眼前閃爍，看到偌大的建築工地矗立眼前時，我幾乎要喜極而泣。這是一個土木工程計畫，正在建造大型管線。一根根至少兩公尺高的巨大金屬管子層層堆疊，疊了五層。

如果可以爬到最上面一層，就能離地十公尺以上。

熊絕對不可能爬上去。

我帶著睡墊、睡袋和坐在肩上的娜拉爬上去，很快就在最上面的管子裡躺了下來。我唯一做得到的就是躺下聽著自己的心跳聲，讓心情慢慢平復。手機訊號不錯，所以我和遠在家鄉的家人快速講了一下幸運逃生的經過。他們的反應完全出乎我意料之外，媽媽聽了大笑起來，她說我爸幾天前做了夢，夢到我被熊追。

「他一定是通靈成功了。」她咯咯直笑。

我也不得不看到好笑的一面。儘管我知道土耳其某些地區有熊，但沒有明確證據指出剛剛在我們帳篷附近徘徊的是一頭熊，不過我很高興自己沒有在原地逗留看那究竟是什麼。

我順利睡了幾小時，這樣也好，因為第二天一早可以趁天氣涼爽時再度上路。我強迫自己將前一晚的離奇遭遇拋諸腦後，眼前又是辛苦的一天。

要到卡帕多奇亞必須繼續穿越這一帶的土耳其山區。就騎行的觀點而言，接下來這段路或許是我目前為止面臨的最大考驗。我選擇的路線將帶我穿過科普魯魯峽谷（Koprulu Canyon）國家公園，登上一千五百公尺的山峰，再翻到山的另一側，目標是一天內完成。

出發時相當順利，腳上的傷沒有我以為的那麼嚴重，已經開始癒合了。我隨心所欲地騎車，停在湍急河段旁邊的風景優美處吃午餐，把娜拉的水瓶裝滿，然後幫我們兩個都塗上一整瓶防曬。我們會在一天中最熱的時候翻山越嶺。

山峰進入視野時，地形隨之一變，平緩的柏油路變成陡峭到不可思議的碎石頁岩路。我能夠騎上艱困的陡坡，最陡到八度，但這裡的坡度有十度。實在太陡了，我不得不下來推車。我一樣多帶了飲用水，因此自行車好像比之前更重、更難操控。在鬆軟的頁岩碎石路面上，我時不時向後滑，我算是強壯的人，即使如此，仍有幾度必須辛苦穩住自行車，以免車子從山坡上滑下去。

有一兩輛車子從身邊開過，我看得出來他們也在苦苦掙扎。車子的輪胎高速旋轉，轉過髮夾彎時更是賣力。天氣熱到幾乎無法忍受，世界上沒有防曬乳能夠在這種豔陽下保護你，我感覺得到肩膀和脖子在燃燒。

火上加油的是，我在山澗邊停下來休息時被一群蜜蜂追殺。我順利擺脫蜂群，沒有被叮，但再往山上走了不遠，又被一對外表凶悍的野狗騷擾。我不知道牠們是什麼品種，看起來可能是鬣狗的親戚，幸好牠們一發現路邊死掉的野兔就對我失去興趣了。值得慶幸的是，這一連串事件發生時，娜拉都安穩酣睡。

之前在瑞士、波士尼亞、阿爾巴尼亞、希臘的旅途中也遇過不少好漢坡，但完全無法跟這裡相提並論。到下午三點左右，我已經準備舉雙手投降。

幾個年輕人開車經過，經過我時向我揮手。我伸出大拇指，但他們繼續往前開走。他們的車子沒有空間，而且我的自行車和全套裝備體積實在可觀。不過接下來出現了開著破舊平板卡車的一家人，他們也在為爬坡苦苦掙扎，卡車引擎發出嗚嗚聲，好像非常痛苦。我再次伸出大拇指。

車頭坐著媽媽、爸爸，還有兩個青少年，看起來像是他們的兒子和女兒。媽媽看見我，但抱歉地搖搖頭。我也許可以坐在車斗，車斗上有防水布屋頂蓋著，但我想他們不敢停車，唯恐一停就再也爬不上去。卡車後輪在鬆軟的頁岩路面上飛快旋轉。

我不停查看手機上的地圖，看是不是離山頂近了一點，但我好像在原地踏步，手機上的小圓點似乎完全靜止。

下午四、五點時情況更糟了。首先我中釘了。碰到野狗時我發覺前輪漸漸沒氣，當時不可能換胎，但現在不能再拖了，輪胎已經完全扁平洩氣。

我在路邊停下來，把自行車上的東西一一卸下。又一輛車經過，有一瞬間，車裡的夫妻好像很同情我，打算停車，但他們打消了主意，往前繼續開走。

才剛換好輪胎，我感覺到一陣微弱的風吹來，氣溫驟然下降，不如原本預期的那麼令人開心。前方山谷有一團殘酷的烏雲向我們飄來，我看到雲層已開始吐出陣陣閃電：雷雨即將來襲。我知道自己麻煩大了，山坡上除了零星幾棵樹外，一片荒蕪，很多樹形狀怪異、外表焦黑，好像以前曾經遭受雷擊。我們徹底曝露在曠野之中。

今天還有什麼可以慘上加慘嗎？

我又犯了老毛病，上網查詢雷擊的影響。我查到一些資訊，但沒有因此覺得更安心或感到更安全。雷擊的威力可以擴及雷擊點方圓十公尺。

惡夢在眼前上演，唯一的好消息是娜拉睡得正香。我定期確認她的狀況，她在籃子裡蜷縮著身子，逍遙似神仙。

「我要是妳，就會整天待在裡頭。」我向她說。

總之我又擠出幾分力氣，成功走完最後一段路抵達山頂，暴風雨正好從頭頂掠過。走到山頂的停車場時，我已經渾身濕透。有一點讓我感到安慰，從這裡往前只有一條路，就是翻到另一邊下山。不過到下一個城鎮還要好幾個小時。

山峰是熱門的旅遊景點，當地人和像我這樣的遊客都喜歡。我認出了停在觀景處旁邊小停車場的幾輛車，平板卡車也停在那裡。我想既然都辛苦爬上來了，不如好好欣賞一下風景吧。景色壯觀無比，這時暴風雨雲已經飄出山谷退到一旁。另一個方向可以看到往回約一百多公里的路，直達海岸。我追索過去幾天走的路線，佩服自己取得的進展。

旁邊有個略懂英語的人和我攀談。我告訴他，我要去科尼亞（Konya）市，之後繼續前往卡帕多奇亞。他說很抱歉沒辦法載我下山，大部分的人都走原路回去。很令人失望，不過這時我早已不抱搭便車的希望。

動身下山以前，我餵娜拉吃點東西，這時卡車上的那位女士朝我們走來。不幸的是我完全聽不懂她在對我說什麼，不過這時我看到卡車駕駛（年紀大一點，我猜是她的丈夫）放下了尾門，忙著清出一些空間，兒子在一旁幫忙，父子兩人都招手要我過去。我簡直不敢相信自己這麼好運。他們這麼好心，要載我一程。

卡車車斗裝滿了某種砂石，不過他們幫我清走一些砂石，在前面騰出空間給我、娜拉和自行車，我們坐在車頭座艙旁邊、防水布屋頂下面。娜拉看起來不太高興，她本來睡得香甜，不過我們很快就把自己安頓好，舒適搭著車。卡車一家人的爸爸換好檔位，我們出發往另一邊下山。

有時候我會佩服他竟然有辦法這樣開車，不禁嘖嘖稱奇。山路陡得嚇人，布滿胎痕，到處是之字形的轉折。雖然剛剛短暫下過暴雨，但路上還是塵土飛揚。卡車一下滑行一下急轉，不過我們還是繼續前進。如果碰到坑洞或底盤磨到岩石，他會轉頭對我露出牙齒已經掉光的笑容，同時比出大拇指：**沒問題，老兄，在我的掌控之中**。感覺就像他以前開過這些路，我能做的只有相信他。

我們大約一小時後抵達山腳，這時暴風雨已經了無痕跡，我們再次行駛在陽光底下，大概又開了三、四十公里後到了一個小鎮。爸爸停下車子，放下尾門，我猜分道揚鑣的時候到了。我盡力用土耳其語向他們道別，他忽然不知道從哪裡變出一瓶茴香酒（raki）和幾個杯子，想敬一敬我們的小旅行。

我不能拒絕他，他們解救了我，讓我不必騎這段艱困的下山路。我舉杯敬他們一家人，然後一口氣乾杯。

天色還夠亮，我可以騎到下一座規模大一點的城鎮。他們一家人重新上車出發，我和娜拉也動身上路。

我身上的每塊骨頭、每寸肌肉都在尖叫，小腿疼痛不已，大腿痠痛得抽筋，三頭肌也因為推車上山而向我索命。不過現在騎車可以騎得比較自在一點：我們再度回到平地了。

我大約半小時後抵達下個城鎮，夕陽正西下。我本來也許期待可能會來到有點與世隔絕的安靜小鎮，結果完全相反。鎮上正在舉行婚禮，街道熱鬧哄哄，人人宴飲作樂、載歌載舞，派對正進行到最高潮。

我找到地方停自行車，去溪邊取點水給娜拉。娜拉朝婚禮信步走去，幾個整整齊齊身穿白襯衫、白洋裝的小孩已經開始興奮地聚在娜拉身邊。

有幾個人站在小咖啡廳外，他們招手要我過去。他們會說一點點英語，我設法簡單告訴他們我從哪裡來，要往哪裡去。還沒反應過來以前，手上已經又多了一杯酒，這次是百加得蘭姆酒（Bacardi）。我和他們坐下來聊了一下天，一邊看娜拉和小孩子玩，但是我不能留下來。我通常不會錯過派對，可是今天完全累垮了。

我牽著車離開鎮中心，可是找不到適合搭帳篷的地方，說起來我也懷疑自己哪還有搭帳篷的力氣。因此我走到安靜的樹林區，在一張看起來很舒服的長椅旁停了車，躺在上面用背包當枕頭。娜拉一如往常趴在我的胸口，換好姿勢前動來動去好一陣子。

這一次我遠遠比她更快進入夢鄉。

第十六章　娜拉隊

距離第一次注意到娜拉嘴脣上的腫塊已經過了三週，但傷口的狀況還是令我擔心。情況令人灰心，前一天傷口好像正在癒合縮小，後一天看起來又比之前更青紫紅腫，而且更痛。

我懷疑娜拉會在傷口癢的時候去抓傷口，我看到她把腳掌放到嘴邊時罵了她好幾次，覺得自己就像父母在罵小孩不要咬指甲。娜拉看我的眼神好像在說我不可理喻。

我再次做出不明智的決定，又查了更多肉芽腫的資料。

有獸醫說肉芽腫是透過塑膠等物質傳染的，因此經過安塔利亞市時，我把娜拉的碗丟進資源回收桶，換成金屬碗。我不知道會不會有幫助，但值得一試。

我也和施敏以及另外兩個在ＩＧ上追蹤我的獸醫透過網路聊了幾次，陪審團意見不一。一位說腫塊應該不是什麼需要擔心的問題，另外兩位明白的說如果傷口遲遲不好，我應該再帶娜拉去看獸醫。

三人達成的一點共識，是我應該盡量讓娜拉多休息，休息是最好的良藥。這讓我再次感到愧疚，最近幾天穿越山區的日子讓生活遠遠稱不上平靜的綠洲。

因此八月底騎到卡帕多奇亞的哥樂美（Goreme）鎮讓我稍微鬆了口氣，我準備在這裡停留一星期左右，娜拉想睡的話可以全天候二十四小時盡情睡覺。我有很多事情可以忙。

首先，我終於建立了 YouTube 頻道，老實說第一支影片不是太引人入勝，我把聖托里尼的一些照片和幾段影片拼在一起，再加上背景音樂。音樂太大聲了，剪輯也有點混亂，我知道自己還有進步空間。之後我又把在土耳其旅行的影片剪成兩支不到十分鐘的短片，每一支都比上一支進步。我現在計畫每週日上傳一支新影片，週間旅行、拍攝，週末在旅館安頓下來，把影片剪好上傳。我肯定自己會隨著經驗累積逐漸進步。

我最大的資產當然是我的工作夥伴是貨真價實的電視明星。娜拉不只外表迷人，而且天生就是上鏡頭的料，有時候我以為她根本就在表演。像是上星期我們在路邊咖啡廳休息躲太陽，我把新的 GoPro 攝影機架在地上，娜拉在陰影下的乾燥樹葉和石堆裡打滾，中間一度好像故意似的把石頭朝攝影機滾過去，以製造戲劇張力，在影片上效果絕佳。有時候她會把臉貼近鏡頭，看起來非常討人喜歡。要不是知道娜拉是貓，我會以為娜拉其實在說：**給你看看我有多可愛**。

如果這是娜拉的想法，那她無疑大獲成功，已經有數萬人訂閱我們的頻道。從底下的留言來看，觀眾最喜歡的似乎是「娜拉特派員」（Nalacam）的影片：我們騎車穿越鄉間小路，節目明星坐在自行車握把上。YouTube 觀眾加上現在ＩＧ上六十多萬的追蹤者，人數真是可觀得驚人。我常常對這些人感到好奇，他們是什麼樣的人？喜歡看哪些內容？

我很確定對絕大多數人而言，我們只是他們忙碌生活的小小調劑，他們喜歡看娜拉最新的可愛照片，留個「愛心眼」表情符號，然後繼續過日子。不過確實有不少人更加投入，他們似乎更密切關注我們的冒險，會傳訊息給我，提供建議和幫助。我開始把他們想成娜拉自己的團隊，也就是娜拉隊。

大家當然有各種意見，有很多善意的建議，建議範圍從娜拉的飲食到我該不該幫娜拉剪指甲。有些人強烈建議我下一站應該去哪裡，更常聽到的是勸我不該去哪裡。世界錯綜複雜，大家的意見也千差萬別，甚至南轅北轍。如果遵從追蹤者之中最謹慎的意見，我早就該把娜拉用棉絨打包好，送上飛機飛回蘇格蘭了。

最讓我感動的是大家提供的實際幫助，非常真誠窩心，儘管偶爾讓人有點招架不住。幸好還在聖托里尼的時候就謝絕了源源不絕送來的禮物，不過仍時常有人想送我腳踏車裝備或娜拉的衣服。我同意收下一些載娜拉用的裝備，還有一間德國公司世博（Schwalbe）送的超耐用輪胎，心想進入中亞和印度之後用得上。不過基本上我禮貌辭謝一切禮物，或乾脆不回覆訊息。我真的不可能帶走所有東西。

在我看來，最奇妙的是不少人說，如果我「經過他們家附近」，歡迎來作客過夜。我聽了很開心，但似乎不太可能發生。我騎車經過某個在ＩＧ上看到我的人的家門口，這種機率有多少？肯定微乎其微。

種種好意裡最鼓舞人心的是大家也樂於掏腰包幫助我宣傳的使命。最早當然是從阿爾巴尼亞的巴羅開始，然後大家也幫了聖托里尼的克莉絲汀，這讓我大開眼界，看見我們為值得重視的使命募款的潛力。一如珍妮所言，娜拉在身邊給了我難得的機會，可以幫許多平常苦於經費的人募款。

謹記這點，我趁這週「放假」花很多時間尋找可以有效利用這個機會的方法。

首先，我終於回頭把之前五月在聖托里尼發起的抽獎活動辦完，沒有早點處理讓我過意不去，但我真的一直到現在才有空安排抽獎。

結果總共有一萬三千人買了一英鎊的抽獎券，讓我受寵若驚。

我抽出得獎人，聯絡陶作坊的加拉蒂亞請她寄出那四個碗，接下來的工作是分配善款。

我打算各捐一千英鎊給十三個不同慈善機構，我已經開始列出可能捐款對象的清單。

在這次活動的鼓勵下，我也開始規畫志向更遠大的募款活動：用娜拉的照片做月曆，收入將全數捐給慈善機構。我一度擔心自己是否不自量力，挑起太困難的挑戰了。我懂一點電腦技巧，但是無法勝任設計月曆的工作。幸好娜拉隊人才濟濟，我很快就找到有能力讓月曆成真的人，是來自紐約的美國設計師凱特・麥克唐納（Kat McDonald）。

總而言之，我覺得自己現在正投入一件件值得的事情，我正在帶來改變。

在我收到的數千則訊息裡，我覺得只有一兩則算得上負面。我知道大家在幫我們加油，追蹤我們很開心。我覺得自己把歡樂帶進大家的生活，或許同時也為世界照進一絲光亮。但我有自知之明，我的小小 YouTube 頻道不是《國家地理》雜誌或英國廣播公司，不過的確是我的世界之窗，因此規畫下一段旅程要去哪裡又顯得更重要了。

畢竟我的頁面叫做「一單車一世界」。

帶著娜拉，表示我必須研究很多貓咪跨國旅行的功課，我現在知道每次進入新國家之前都需要先帶她看獸醫，保證她身體完全健康，這是國際寵物護照體系的要求。所以即使娜拉的嘴脣完全痊癒了，我也必須先在上耳其看過獸醫才能前往喬治亞，從喬治亞跨越國境進入亞塞拜然之前一樣要再看一次獸醫。

這是往後的固定模式，我不覺得麻煩，娜拉的健康檢查將會簡單扼要：獸醫會確認文件，快速看看娜拉確定她沒問題，然後簽字放行說她可以進入下一個國家。娜拉可能面臨的最糟狀況就是在不太愉快的地方塞體溫計。

相較之下，更艱鉅的任務是規畫後續路線，情形變複雜了。

幾天以前，我在通往阿克薩賴（Aksaray）幹道的加油站停下來喝水吃點東西的時候，遇見了另一對自行車手，德國夫妻大衛和琳達。他們也有ＩＧ頁面，名稱是@zwei_radler，兩個騎士。我們一起喝咖啡，決定共騎一段路。路上有伴很不錯，雖然娜拉可愛又有趣，我偶爾還是會想念和人聊天的感覺。

我們一起騎了一天的路，在美麗的蘇丹哈尼（Sultanhani）紮營，到鎮上四處巡禮，參觀古老的清真寺建築，晚上共進晚餐，也帶娜拉一起來。和他們聊天很盡興，我們有很多共同點。

大衛、琳達和我年齡相仿，他們幾個月前在德國巴伐利亞（Bavaria）結婚，沒有選擇參加一般的套裝假期度蜜月，反而決定騎自行車到亞洲。

「我們想發現世界，不想摧毀世界。」琳達說。

我完全同意，心有戚戚焉。

他們從巴伐利亞出發，往下穿越奧地利、匈牙利，經過保加利亞來到土耳其。

「我們沒有最終目的地，」大衛說：「我們讓選項保持開放。」

「只要明年三月前能回到工作崗位就行。」琳達說。

不久之前，大衛和琳達計畫騎行的路線還跟我的規畫類似，他們原本打算穿越喬治亞和亞塞拜然，經由北伊朗進入土庫曼，接著再到烏茲別克，騎上帕米爾公路。路線沿古絲路前進，是馬可孛羅等人過去從歐洲經陸路到中國所走的路線。

他們本想騎過布哈拉（Bukhara）、撒馬爾罕（Samarkand）、希瓦（Khiva）等美麗城市，接著往下穿越喜馬拉雅山脈進入印度。他們和我一樣非常嚮往這段路線，認為是這趟冒險的高潮之一。但是晚餐聊天的時候，他們說已經放棄了原本的計畫。

「現在是八月下旬，但天氣已經開始變了，我認為我們趕不上。」大衛向我解釋。他告訴我帕米爾公路某些最困難、最危險的路段位於高海拔，不久就將因為降雪而無法通行。

「那裡可不是世界上最適合受困度過整個冬天的地方。」他又補充。

我聽到的時候有點震驚，我知道時程緊迫，但沒想到時間這麼有限，我一直誤以為路線直到十一月都還能通行。大衛和琳達說他們現在計畫前往亞塞拜然，再往南穿過伊朗。他們打算從伊朗進入巴基斯坦，然後繼續騎往印度、緬甸、泰國。

「總之計畫是這樣，」琳達微笑著說：「你也知道，騎車的時候計畫隨時都會生變。」

「那還用說。試試看帶著貓騎車，計畫永遠趕不上變化。」我說。

第二天早上我們分頭上路，說好要保持聯絡。我們猜彼此的路線或許會再交會。這次相遇引我好好思考很多事情，稍微研究之後，我開始擔心起來。

我聽過騎自行車環遊伊朗的美妙之處。伊朗的地形非常壯麗，因為是伊斯蘭國家，我知道他們會很歡迎娜拉。但是我也知道伊朗有政治問題，我瀏覽了外交部官網，網站上說我必須參加團體旅遊才能進入伊朗，有些公司可以幫我處理這個部分，只是似乎非常麻煩，也讓我覺得好像會被限制只能騎去哪些地方。最後而且也非常重要的一點是，我聽說官方行程的飯店不太可能接受娜拉入住，娜拉必須睡在戶外或附近的貓舍。

這是破局的關鍵。因此我在ＩＧ釋出訊息，尋求下一步的建議。新的追蹤者大軍裡或許有旅遊顧問，有些人或許會提供有趣的解決方案。

我收到一些很有用的回答。一個在土耳其航空工作的人聯絡我，建議我直飛印度。我一向不希望帶娜拉搭飛機，因為我不能接受讓她進貨艙。對方一再向我保證只要娜拉待在外出籠就可以和我一起坐客艙搭機。但這會牽涉許多繁文縟節，我對此向來避之唯恐不及。

因此我決定繼續往喬治亞和亞塞拜然前進。我知道屆時會有可行的選項，不管是騎自行車、坐火車、坐飛機，還是坐船。距離亞塞拜然瀕臨裏海的首都巴庫（Baku）還有一千八百公里，總會想出辦法的。

卡帕多奇亞的一大特色是令人驚嘆的地貌，簡直是從《星際大戰》搬出來的場景。山谷裡無數錐狀岩星羅棋布，像是用糖雕刻而成。

欣賞這片奇景的最佳方法是坐熱氣球。每天天剛破曉，數十個熱氣球冉冉升空，飄過這片大地。我知道自己一定要親身體驗，於是聯絡了一家熱氣球公司。令我驚訝的是，他們知道我和娜拉的ＩＧ，非常熱切希望娜拉和我一起搭熱氣球。

我不太喜歡這個主意。我知道娜拉不喜歡可怕的巨大聲響，我永遠不會忘記遊輪在聖托里尼靠岸時娜拉害怕的反應。我看過熱氣球上使用的大型燃燒器，聲音震耳欲聾，肯定會嚇壞娜拉。因此我婉拒他們的提議，決定一個人搭熱氣球。熱氣球公司很失望，再三試圖說服我，但我心意已決。我不會為了免費搭熱氣球而讓娜拉受驚嚇，我會和大家一樣自掏腰包。

抵達卡帕多奇亞幾天後，我一早四點三十分起床前往集合地點。我不能說自己完全不懼高，和另外十幾個人一起站在大籃子裡有點緊張，不過從空中飛過這片奇妙地景真是難忘的體驗。清晨淡粉淡藍的天空滿是五彩繽紛的熱氣球，一定多達上百個，景象壯觀無比，讓我回想起自己踏上旅程見識世界的初衷。

一週之後，我離開卡帕多奇亞繼續上路，決心在合理時間內抵達黑海海岸，進入喬治亞。我樂於偶爾四處當隻烏龜，但現在我多少開始認為自己需要更像兔子一點。大衛和琳達嚇了我一跳。

好消息是休息一週似乎為娜拉注入復原的力量。我必須在跨越國境前帶她去看獸醫，因此決定提早行動，在土耳其中部這裡帶她去診所。我請獸醫看看她的嘴脣，聽到他的回答大感訝異。獸醫師熟練地翻開娜拉的上嘴脣，然後聳了聳肩。

「什麼也沒有。」他說。

「什麼？」我邊說邊把身子湊過去，不太相信他。

如他所言，嘴脣真的毫無傷疤。

獸醫繼續替娜拉進行完整健康檢查，檢查結果顯示娜拉生龍活虎。

「她是隻很健康的小貓，顯然你把她照顧得很好。」他說。

健康檢查的結果大大鼓舞了我，但我不想冒險讓嘴脣的問題再次浮現。我們和黑海之間還有一段漫長的鄉間山路，我決定搭上跑這條路線的當地巴士，這會為娜拉——還有我——免去在炎熱天氣中爬坡的壓力。

我要到錫瓦斯（Sivas）市搭巴士，因此前一天晚上先騎車到離錫瓦斯十公里遠的地方，第二天早上提早抵達長途客運站，距離巴士十點的發車時刻還綽綽有餘。我坐在巴士站自己打發等車的時間，娜拉在一旁睡覺。十點鐘到了又過了，十點三十、十一點也過了，巴士依然不見蹤影。

客運站的辦公室看起來沒開，不過有個小票亭早上九點左右開了，我過去詢問，原來我看錯時刻表了。我的巴士是晚上十點發車，不是早上十點。還有十一個小時要打發。

我遇過比這更糟的挫折，我決定利用這天好好逛逛這個城鎮、拍拍照片、在小公園午睡。我們在夜幕初垂時回到客運站，在站外一張熟悉的長椅上安頓下來。

一輛老舊巴士在將近十點時慢慢停靠進站，這時我早已迫不及待要坐上舒適的座位好好睡一覺。幸運的話，醒來時我們就抵達黑海海岸了。

司機下車打開巴士下面封閉的大行李艙，準備裝進大家的行李。除了我之外還有幾位乘客，其中一位帶著行李箱。我有充分時間可以拆卸自行車，所以我開始把拖車和馬鞍包放進行李艙。

司機不太高興，用土耳其語對我大喊。

他想自己裝行李，沒問題。這是他的巴士，我把行李留給他處理。

我走回車門，正準備爬上樓梯，這時我注意到他又在對我大喊。

「Kedi! Kedi!」

娜拉在背包外出籠裡熟睡，我甚至沒發現司機看到她了。

我向司機走回去，他指著巴士底下網子罩住的箱子。

「Kedi。」

我不用翻譯也知道他的意思，他說娜拉搭車時必須待在行李艙。我不可能同意。

我盡我所能和他爭論。

「她睡著了。」我邊說邊把籠子裡面給他看。「睡、著、了。」

但他完全不理會。另一個會說一點英語的乘客走了過來，他向司機說明。

「司機說貓會整路吵得大家睡不著。」他邊說邊聳聳肩。

我揮揮手投降，抓起自行車和其他裝備。娜拉不在旁邊我不上車。

司機看我的表情就像在說：**老兄，這是你自己選的**。

真惱人。我幾天前買車票時特地在售票處確認過，那天下午在小票亭又確認過一次，他們都信誓旦旦地說，只要娜拉待在外出籠就可以和我一起坐車。

現在時間太晚不能騎車，道路缺乏照明，交通又還太繁忙。這裡也沒地方可以搭帳篷，所以我在剛剛坐的長椅上躺下，決定明天早上再想想下一步該怎麼辦。我在那裡坐了一會，更新IG，和幾個在英國的人聊聊天。入夜有點冷，所以我把睡袋拿出來躺在長椅上，大概午夜過後昏昏入睡。

我一定才剛睡著幾分鐘就驚覺有什麼在戳我的肋骨。

我心想：**噢，好運終於用光了，我遇到搶劫了。**

我猛然坐起身，眼前卻只看到兩張微笑的臉，女性的臉龐。

「哈囉。」其中一位用不太流利的英語說：「我在ＩＧ上看到你。你不用睡這裡，你來我家。」

我的第一個反應是震驚。我身在土耳其中部的一個小鎮，不到半小時前，我發文說自己要睡在這裡的一張長椅上，現在竟然有人來帶我到他們家。真是太瘋狂了，我低估了娜拉隊，也低估了「經過」娜拉隊成員家門的機率，真是錯得離譜。

我告訴她，自己曾經在更惡劣的地方過夜，但是她不接受這個回答。

我們牽車沿著後街前進，不久就到了鎮上一間小房子。女士自我介紹說她叫艾莉亞，她的朋友擁有非常道地的土耳其名字，很丟臉的是我不會唸。艾莉亞甚至為我準備了一頓大餐，完全是招待國王的盛宴，嗯，在習慣吃小吃和路邊摘水果的我眼中確實如此。我對她感激不盡。

我也睡得跟國王一樣香甜。

第二天，艾莉亞帶我在錫瓦斯四處走走。她以錫瓦斯為榮，這座城市也完全值得她的肯定。她帶我參觀幾個知名景點，包括伊斯蘭學校（medrese）和有名的土耳其浴場。我也順利聯絡上可以開車載我到黑海海岸的人，這次我必須付車資，但我不介意。我希望盡快穿過山區，抵達通往喬治亞的濱海公路。

接近傍晚時分，我們把所有裝備裝上一輛時髦的白色廂型車，車上有舒適的座位和冷氣。艾莉亞為我們送行，目送我們上路時頻頻向娜拉送上飛吻。感覺真奇怪，我們認識不到二十四小時，卻好像在跟一輩子的朋友道別，也像在跟土耳其道別。

歷經曲折山路終於爬上群山制高點時，黑海的海岸線映入眼簾，一路向東朝喬治亞的邊界蜿蜒而去。我希望再過幾天就能抵達喬治亞。在土耳其的時光即將畫下句點，但我不會匆匆忘記這段旅程。

我一直想要親眼看看世界，不願意太過相信報章媒體上讀到看到的東西，這段旅程證明我是對的。報章媒體總是把一切太過簡化，塑造成非黑即白的樣貌，太急著把大家推向對立，把來自其他宗教、種族、文化的人描繪成非我族類。我並不天真，世界當然是個複雜的地方，充斥複雜難解的社會和政治局勢，世界上也有壞人。

但我內心深處一直想要相信大家都是一樣的，人心本欲為善而非作惡。土耳其證明我是對的——毫無保留的強力證明。這麼多人向我們伸出友誼之手，我現在把他們也當成娜拉隊的延伸成員。傑森、艾莉亞、開卡車的一家人，還有許許多多的人，他們之所以伸出援手是出於本能直覺幫助需要幫助的人。

我想，即使再環遊世界兩圈，也不會獲得比這更振奮人心的閱歷。

第十七章　不一樣的世界

我剛急轉彎閃過路上一隻迷途山羊，立刻看到娜拉坐直身子，腳掌緊緊抓住自行車握把。娜拉豎起耳朵，快速轉頭左顧右盼，每次有東西吸引她注意時就會這樣。我很快發現吸引她的不是那隻山羊。

在我們前方不遠處，一位身穿黑罩袍、頭戴黑帽的老婦人一面高聲喊叫，一面對兩頭白色大乳牛揮舞棍子，試圖把牠們趕進樹林邊緣的小屋。牛隻不怎麼合作，牠們在離門口幾公尺之遙的地方固執停下腳步，大聲哞哞叫，好像在向她抗議。婦人不予理會，喊得比剛剛更大聲，用棍子打其中一頭牛的屁股要牠聽話，結果奏效了。片刻之後，兩頭牛低頭走到樑下，把身體擠進小小的門口走進屋裡。婦人跟在後面，進屋後把門關上。

我忍不住放聲大笑。

「也許她邀請了牛進屋喝茶。」我邊說邊揉揉娜拉的脖子，繼續騎車向前。

來到喬治亞已經過了幾天，像這樣的景象，讓我更加覺得自己不只進入了另一個國家，更踏進了不一樣的世界，也許甚至是踏進了不一樣的時代。

第一個跡象出現在通過邊境時，等著通過邊境的卡車大排長龍，綿延數公里。我騎車越過大部分的卡車，但還是不得不經歷漫長的等待。終於排到隊伍前端時，我看見戒備森嚴的軍事管制和列隊守備的邊境警衛隊，他們逐一仔細檢查每個人的文件。娜拉一度從自行車爬到我的手臂上，試圖吸引其中一位年輕軍官的目光。但這次她的魅力失效了，軍官轉身離開，他的同袍花了少說十五分鐘傳閱我們的護照，熱烈討論一番，最後，其中一人終於咕噥一聲示意我們通過。

我慢慢騎車前進，第一眼看見的喬治亞風景讓我想起阿爾巴尼亞。喬治亞不久之前還是前蘇聯的一部分，我每隔一段路就會經過看起來像是政府蓋的樸素水泥建築，無人聞問，聽憑其腐朽傾圮。我們經過的村莊房舍看起來一樣破舊不堪、飽經風霜，很多房子搖搖欲墜。道路也一樣，到處坑坑洞洞，騎車起來相當困難。

讓騎車更困難的是路上的駕駛，他們完全無意開在固定的車道上。廂型車、汽車、卡車一輛輛從身邊呼嘯而過，我和娜拉沒被撞翻真是幸運，車子近到就連娜拉都憤憤不平地瞪了駕駛。我立刻決定要盡量騎在比較安全的鄉間小路上。喬治亞的鄉村風光十分優美，景色綠意盎然，前景是連綿起伏的山丘和如詩如畫的河谷，遠方襯著雄偉的山脈。但愈是深入喬治亞，我就愈覺得自己踏進了倒流的時光，或者是踏上了一片陌生土地。放眼望去，活脫脫是民間故事的風景。

老婦人和牛隻是經典景象。這裡到處是動物，似乎和主人比鄰而居。路中央常常走來羊群、牛隻和看起來營養不良的瘦弱馬匹，也有貓、狗、雞、豬、鵝，叫得出來的種類應有盡有，就像動物園，彷彿道路是大家大小農場的一部分。只不過似乎沒有人關心身邊的動物，大部分的動物狀況都很糟糕。

不難想像有些人會主張這些人太窮，沒有餘力擔心動物福利。我永遠不可能明白他們的處境，但是善待動物不需要有錢。動物的狀況令人沮喪，也讓這個地方的美景黯然失色。

我向路上第一個規模較大的城鎮前進，前往黑海度假勝地巴統（Batumi），抵達時已經接近傍晚，正好趕上一場滂沱暴雨。喬治亞也許是貧窮的國度，但正如我早已發現的，最好客的人往往是最貧苦匱乏的人。我住進一間小型青年旅館，房客晚上一同享用晚餐。他們就像迎接失散多年的兄弟一樣接待我，不出片刻，他們就請我喝了第一杯伏特加。

這是噩夢的開始。一杯接著一杯，一杯再一杯接連不停，第二天早上我醉到幾乎動彈不得。我原本計畫用一週左右騎到首都提比里斯（Tbilisi），還要拿世博公司寄給我的新輪胎，但是宿醉立刻拖住了我的腳步。我花了一天才恢復過來。

我終於重新騎上自行車，騎車穿越的喬治亞鄉村風光繼續令人大開眼界。

在一個小村莊，有一輛小汽車拚命催引擎，試圖拖動大它五、六倍的貨車。我從來沒看過這種情景，完全不能理解駕駛怎麼會認為這行得通。附近有一群孩子在打籃球，他們把破舊的籃球投進掛在樹上的舊水桶，大家開懷大笑，互相喝采，讓我想起好幾個月前在難民營看到的孩子。就跟那些孩子一樣，他們也不需要最貴重、最新奇的設備就能玩得開心。

我們再度被動物包圍，好像家家戶戶都有一座小型動物園，圈養山羊、雞、驢。到處都是狗，各種品種、各種體型、各種大小都有。大部分一定是流浪狗，牠們在巷弄和田野間自由漫步，彷彿在尋找下一頓食物或一夜安眠之地，目睹這些真是令人不忍心。我們騎了幾個小時，其中一隻狗緊跟在後，一隻長腿、垂耳、有棕白斑點的狗。

牠讓我想起以前鄧巴家裡養的那隻波音達獵犬提爾，只不過眼前這隻狗模樣糟透了，只剩皮包骨而已。牠跟在我們後面，落後我們大約二、三十公尺，低垂著頭，眼神緊盯我們。我一度停下來和牠打招呼，給牠一小塊零食，牠一口就吞了下去。這個可憐的傢伙大概好幾天沒吃東西了。我以為牠會回頭走向牠心裡當成家的地方，但牠又繼續跟著我們好幾公里，我一直到重回前往提比里斯的主要公路才終於甩掉牠。

重新加入車流之後，我忍不住回頭，只見那隻狗還孤伶伶地站在道路邊緣。只能這樣了。我在接下來的幾十公里路上一直掛念著牠。回頭救那隻狗的念頭數日縈繞不去。

看到這些可憐的動物讓我更深深珍惜娜拉。她本來也和這些動物面臨同樣困境，被丟著自生自滅、孤苦無依。幸好我找到了她，能讓她過更健康、更安全的生活。

最初我常常擔心娜拉的健康，後來在土耳其又擔心她的傷口，但這些都是過去的事了。娜拉嘴唇上的腫塊消失得無影無蹤，土耳其的獸醫也宣告她身強體壯。多希望我自己和我的自行車也一樣能擺脫病痛煩惱。

我不知道是在路上感染到什麼，還是在廉價青年旅館裡滿是灰塵的房間感染到什麼，總之我的眼睛開始怪異地發癢。我沒辦法忍住不去揉眼睛，結果愈揉愈嚴重。大概在前往提比里斯的半路上，症狀嚴重到我幾乎睜不開眼睛。閉眼騎自行車不是明智之舉，在喬治亞的路上更是如此，因此我才騎了三十公里左右就不得不放棄這天的騎車計畫。

我的輪胎也一再中釘。鑑於道路狀況不佳，中釘不讓人意外，但這也表示舊輪胎的壽命已經到盡頭了。除此之外，我注意到碟剎來令片上有裂痕，而且來令片嚴重彎曲。幸好提比里斯有自行車行，我想自行車會需要徹底檢修一番。

距離提比里斯還有幾天路程，這時天氣急轉直下，因此我做了一個決定。我看到我們離鐵路不遠，車站有前往首都的固定車次。前往車站的路上，天空幾乎變得一片烏黑，我聽到這輩子聽過最震撼的雷聲。我們在下午三點左右跳上火車，恰好趕上。

滂沱大雨讓我幾乎看不見喬治亞的鄉間風景。不過娜拉覺得很好玩，火車慢慢前進，娜拉不停去抓沿車窗流下來的雨滴。

我們在剛入夜時抵達提比里斯，前往我租的一間小公寓，位於可以俯瞰市區的山坡高處。公寓有空間讓娜拉到處跑跑跳跳，她非常喜歡。我們可以在屋裡連續玩好幾個小時，不會有人打擾我們。反之亦然，我們也不會打擾到別人。如果我需要自己出門，把她留在公寓裡也夠安全、夠安心。

在提比里斯的頭幾天，我帶自行車去保養，也拿回了新輪胎。新輪胎有額外的保護層，因此理論上我可以碾過玻璃、釘子或任何尖銳物品，額外的外層會保護內胎，感覺幾乎像是換了一輛新車。

公寓是個好基地，讓我能夠跟上網路活動的進度。現在我已經開始運用樂捐陶碗抽獎募來的錢。這件事並不容易，值得捐助的慈善機構數不勝數，讓我暈頭轉向。因此選擇第一個受贈單位時，我讓情感和理智共同做出決定。

大概六歲大的時候，我和外公一起在他的花園種下一棵小冬青樹，離我們鄧巴的家不遠。外公的話我永遠銘記在心，他告訴我，樹對地球有多重要，樹木製造氧氣、固碳、抓住土壤，更是世界上許多野生動物的家。外公過世後，我和爸爸把冬青樹挖起來移植到我們的花園，冬青樹今天依然屹立在那裡。

因此為了紀念外公，我把第一筆一千英鎊的捐款捐給「種下一顆樹」（One Tree Planted）這個慈善機構，他們是致力於全球造林計畫的非營利組織，每收到一美元捐款就種下一顆新的樹。想到世界上即將新種下一千多棵樹，每一棵樹都是獻給已故的外公，讓我非常欣慰。

第一個選擇最艱難，之後第二個、第三個慈善機構自然而然浮現，尤其是那些一路上幫助過我的機構負責人，像是珍妮、露西亞、克莉絲汀，我知道一千英鎊在他們手裡可以成就很多事情。我也捐款給自己大力支持的環境議題，像是澳洲的珊瑚保育基金。

我當然有自知之明，如果沒有娜拉，我知道自己一毛錢都募不到，因此我在十月第一週為娜拉送上喬治亞買得到的最上等鮪魚罐頭。這頓大餐娜拉當之無愧，不只為了感謝她賜給我這麼美好的機會，也為了幫她慶生。根據蒙特內哥羅的獸醫在娜拉護照上登記的日期，娜拉足足滿一歲了。

這天是秋高氣爽的秋末時節，提比里斯的氣溫接近二十度。我們的慶生方式是在市區好好散步，娜拉坐在我肩膀上，或是在牽繩前面東奔西竄，引來當地人欣羨的目光。

我們在提比里斯其中一個美麗公園玩了一小時，娜拉在花圃玩球，在樹上爬上爬下。一面看她開心玩耍，我不禁一面回想，自從我們相遇以來她長大了多少。她已經長成當初路邊撿到那隻小貓的四、五倍大，但成熟變化更多的是個性。我在哪裡看過，貓生命的第一年相當於人生的前十五年，我覺得有道理。娜拉也許不像我十五歲的時候那麼狂野，不過的確有很多地方很像青少年。

在公園的時候，她一度想跑去攻擊兩位老夫婦在餵的一群鴿子。她繫著伸縮式牽繩，所以我可以制止她，帶她離開現場，不過她拚命想掙脫頸圈，直到我們離開公園才放棄，她抗議的喵喵聲響徹雲霄，即使人在前往莫斯科的半路都聽得見。

到公園散步把娜拉累壞了，我們走到舊城區一間舒適餐廳吃午餐，娜拉決定在幾張餐桌中間的花盆小憩，在餐廳吃飯的當地人和觀光客都看得津津有味。我心裡笑了出來，即使不在清醒時刻，娜拉一樣能逗大家開心，能夠成為目光焦點。下午四、五點，我帶娜拉走回我們山上暫時的家，到家時她完全累癱了。我獨自為這天的慶生畫下句點，喝杯啤酒，看看ＩＧ上的新動態，ＩＧ湧入了數百則生日祝福。

讀這些留言讓我心情激動，排山倒海的訊息讓我深深體認娜拉帶來的巨大影響，影響的不只是我。同時也引我思考，如果我們的道路沒有交會，現在會是什麼樣子？我將身在何方？懶洋洋地躺在泰國或澳洲的海灘上？或者已經返回鄧巴，旅程告終，改變人生的希望也一同破滅？幸好這些都是假設性問題。我就在這裡，身邊有娜拉，一同享受充滿意外驚喜的每一刻冒險，為我們之前的豐碩成果感到無比自豪，也殷切期待未來能共同完成的更多事情。

我也更認真思考往後的計畫。橫跨伊朗依然令人心動，但是我找不到繞過難關的方法。伊朗的政治局勢變得更加嚴峻，如果我由於任何原因觸怒當局，可能會落入伊朗的大牢，屆時只能怪自己不好。我也不能想像娜拉面臨這種命運。

想到不能騎帕米爾公路讓我非常失望，考慮是不是要等冬去春來再出發，等到春天，山路會再度開放通行。但是我要在哪裡蟄伏五個月？

我喜歡提比里斯，但是這裡能做的事不夠多，如果回到伊斯坦堡和土耳其會有更多選擇。我可以停留一陣子，然後往上騎到黑海海岸，進入保加利亞和羅馬尼亞，或許再往更北進入東歐。也可以選擇飛到印度或是其他地方。我發現要思考消化的實在太多了，於是決定活在當下，專注在眼前最優先的事：好好照顧娜拉，以及動手處理新工作。

我的娜拉月曆計畫一波三折，原本答應處理經銷的公司決定退出，他們實在無法依照我預想的全球規模，把月曆寄送到世界各地，因此我再次向ＩＧ上的娜拉隊求救，忙著尋找替代方案，其中一個方法是拜託家鄉蘇格蘭的親朋好友。我很篤定能夠找到解答。我想幫助的慈善機構清單似乎一天比一天長。

我的 YouTube 頻道也穩健成長，甚至開始為我賺進一點收入，收入多多益善。研究大家最喜歡哪些影片很有意思，大家似乎特別喜歡我剪的短片特輯，錄我和娜拉一邊騎車一邊打打鬧鬧的樣子，另一支我和娜拉一起窩在吊床上的影片也很受歡迎，是在聖托里尼休養腿傷的時候拍的，這支影片有數萬觀看次數。不過大家也喜歡看自行車悠閒馳騁於鄉村風光之中，這是遊覽世界這些角落的好方法，就像虛擬旅行，他們也許除此之外不會有機會走訪這些地方。穿越喬治亞的自行車之旅看到了美不勝收的風景，我即將離開提比里斯，希望亞塞拜然的景色也可與之媲美。

我在十月底某天的清早動身，到亞塞拜然大概要騎五、六十公里，不過這段路程都是養護品質良好的道路，我有一大段路騎在高速公路上，公路內側有一道類似自行車道。裝上新輪胎後，我的騎車進度非常理想，下午三點左右離邊界只剩半公里。

我讚美自己的成就，停下來準備好文件，這時注意到路邊有什麼東西。一開始很難看得清楚，只看到一抹白色閃過，不過現在我的直覺已經飽經訓練，我立刻知道那是什麼：一隻狗。即使還隔著一段距離，我也能從牠抽動的樣子看出牠的健康岌岌可危。我跳下車，上前仔細察看。

我在跨越喬治亞的旅途中看到不少可憐的東西，但眼前所見真的慘不忍睹。這隻米白色小狗不過幾週大，可憐的小傢伙瘦弱又脫水，連睜開眼睛都有困難。小狗幾乎連搖尾巴的力氣都沒有，我感到牠已經放棄求生意志。

我不假思索地做出反應，我不能留牠在這裡等死，必須做點什麼。但我立刻湧上一股似曾相識的感覺，和十個月前在蒙特內哥羅邊境的感覺如出一轍。我的心裡天人交戰：我該怎麼安置牠？應該帶牠到哪裡去？而且要怎麼帶牠？

重施波士尼亞的故計不在考慮之列。別的不提，我已經在邊界關卡舉目可及之處，這一刻也許已經有人在監視我。我手上也沒有任何文件。根據喬治亞邊境的通關經驗，這個區域幾國的邊境管制非常嚴格，幾乎可以肯定他們會沒收這隻狗。

我不久就想到該怎麼辦。

我彎下腰，盡可能小心地撿起狗狗。狗狗發出痛苦的哀鳴，掙扎了一下，好像想逃走。我一邊安撫牠，一邊把牠放進背包式外出籠。

娜拉生氣地瞪著我。

這次又撿了誰？

我摸摸她的後腦杓。

「抱歉，娜拉，我們要迴轉一下。」我邊說邊掉頭，開始朝提比里斯騎回去。現在是下午，時間還早，我希望盡快回到市區才來得及看獸醫。小狗如果不接受一點治療，看起來可能撐不過今晚，但路程好像永遠騎不到盡頭。早上出發時沒碰過的丘陵現在忽然出現在路上。

傍晚抵達提比里斯郊區時，我全身汗流浹背。

我找到一間二十四小時動物醫院，先打電話通知他們我要過去看診。醫護人員看了小狗一眼，立刻開始動作。

不到幾分鐘，小狗已經吊上點滴，幫牠把水分、養分補充進身體。獸醫和護士接著帶小狗去照X光，我和他們兩人一起看著螢幕上的黑白照片。

「他的骨骼狀況不佳，看起來可能有關節乏力的問題。」護士能夠用英語向我解釋。

獸醫接著用喬治亞語說了幾句話。

「醫師不能百分之百肯定，不過她認為小狗也許吃了什麼不該吃的東西。」護士告訴我。

護士向我說，獸醫師想讓小狗留院觀察幾天，再多做一些檢查。

「之後呢？」我問。

「要看他是否有家可歸。」護士相當沉重地說。

她們為我下定了決心。

「我會為他找到家的，這點不用擔心，」我說：「不過我要騎自行車去亞塞拜然巴庫，你們可以在我回來以前照顧他嗎？」

「你要離開多久？」護士露出有點懷疑的表情問。

「大概十天？」

「好吧，十天。但是十天後我們就要另外找地方安置他，提比里斯這裡沒有多少動物收容所。」

「別把他送走，」我說：「我保證一定會回來。」

我們交換了電話號碼，約好定期保持聯絡。

「我們很快會再見面。」離開之前我向小狗道別。

第二天早上我再次動身上路，心中有了新目標。

第十八章　品茶時光

地圖顯示從喬治亞邊界到瀕臨裏海的巴庫距離大約接近五百公里，我必須盡快在一週內騎完這趟路，最長只能花九天，這樣才來得及搭火車回提比里斯接小狗出院。我不敢更晚離開，拜託獸醫繼續照顧小狗太不切實際了。時間很緊湊，我只能希望路況和天氣都能仁慈相待，娜拉跟我都能健健康康。

一開始一切都按計畫進行。經過阿爾巴尼亞和喬治亞的洗禮之後，我開始擔心通關進入另一個前蘇聯國家會不會順利，不過亞塞拜然的邊境衛兵只想和我們聊天，摸摸娜拉，拍拍娜拉的照片。他們和我們揮別，好像我們是出門旅行的親戚一樣。這是好兆頭。頭上是蔚藍的天空，就十月而言，氣溫和煦得不可思議，可惜風景不是地球上最令人讚嘆的景色。我看得到遠方有雄偉的群山，不過幹道帶我穿越的是平坦貧瘠的鄉間。

有很長一段路感覺也像是騎在巨大的建築工地中，到處都是重工廠和機具。我知道亞塞拜然富含石油和天然氣資源，全國上下似乎都在運用這項新資產進行重建。不過這趟旅程最常見的景物是另一樣更平凡的東西，亞塞拜然或許蘊藏豐富的石油和天然氣，但亞塞拜然的人民似乎仰賴另一種東西當燃料：茶。

我在世界這一隅開始喝他們泡的深色紅茶，一開始在土耳其喝到，之後喬治亞也有。茶大多裝在梨形的小玻璃杯，略帶苦味，我喝的時候通常會加點糖。我很快發現亞塞拜然這裡喝這種茶喝得上癮。

不論我在哪裡佇足，大家都堅持要我坐下來一起喝點茶。他們會匆匆忙忙跑進廚房，拿出放在托盤上的茶——他們叫「chay」——旁邊配著甜糕餅或麵包和果醬。這是當地的重要習俗，展現他們的文化願意向陌生人伸出友誼之手。唯一的問題是時間，旅程的前兩天我喝了四次茶，之後我只能婉拒。如果我接受每一次的邀請，到巴庫得花十週而非十天。

到了第三天晚上，正好是週日，我的進度良好，有餘裕在甘賈（Ganja）鎮上的旅館放鬆一天，剪輯最新的 YouTube 影片發表到網路上。我現在開始剪比較長的影片，長達二十分鐘或甚至三十分鐘。我有很多我覺得大家會喜歡的影片素材，所以何樂不為？長一點的影片似乎也很受追隨者歡迎。

我也繼續每週捐出一千英鎊給慈善機構。我和提比里斯的獸醫保持聯絡，於是想要再捐款給動物慈善機構，這週選擇一間叫做「阿曼街貓」（Street Cats of Oman）的慈善機構，負責人是萊斯利．勒溫斯，她原本是英格蘭人，丈夫到阿曼工作後跟著一起搬過去。她做的事和露西亞跟珍妮在希臘、土耳其做的事類似。我也捐了一千英鎊給印度的動物救援組織，這間慈善機構教育當地的孩子和社區多關心動物福利。真希望可以在喬治亞找到類似機構，如果說有哪個國家需要更好的動物關懷教育資源，非喬治亞莫屬。

我覺得捐款現在漸漸開始發揮影響了。我也順利完成一些月曆的籌備工作，挑選照片和插圖，插圖出自加拿大天才藝術家凱莉．烏爾里希（Kelly Ulrich）之手，她根據我們的冒險，開始畫一些每日漫畫。要是能賣出一、兩萬份月曆的話，想到我們能造就多少改變就讓我激動不已。

週一早上我再次上路，很快離巴庫只剩一半路程，預定的十天也過一半了。我停在路邊的加油站裝水，這時認出了停在外面的兩輛自行車。

果不其然，我走進小小的商店就看見了大衛和琳達。我們在土耳其分開之後，他們騎上和我迥然不同的路線。他們跨越國境進入喬治亞後，從巴統繼續北上進入高加索山區，接近對面俄國邊界的歐洲第一高峰厄爾布魯斯峰（Mount Elbrus）。接著再從高加索山區一路沿喬治亞的脊梁騎下來，現在切進亞塞拜然，朝伊朗前進。我很高興知道接下來我們的路線會重疊一百六十公里左右，到離巴庫約八十公里時再次分開，他們將轉向南方，而我繼續往東。

娜拉也很高興再次見到他們，見到琳達特別開心，她和琳達非常要好。晚上我們一起紮營，娜拉和琳達立刻玩在一起。

就時程來看，我的進展相當順利，希望抵達巴庫時還有多餘的時間，這樣能在回提比里斯以前好好參觀巴庫。我很期待未來幾天和琳達跟大衛一起騎車，這樣我的日子可以更享受社交，尤其我們幾乎到哪裡都被招待茶和糕點。

距離分別在即的路口不遠處，我們在路邊一間咖啡廳停下來，我們決定分道揚鑣之前最後一起吃一次飯。

咖啡廳看起來不是很高級。我點了歐姆蛋，餐點一上桌就覺得不太放心，歐姆蛋灰灰水水的，吃起來沒什麼味道，不過總歸是食物，所以我配著麵包吃，喝點茶吞下去——餐點裡當然有茶，吃完我們繼續上路。

到了準備道別的時刻，我已經湧現噁心感。我肯定吃到或喝到什麼讓身體不舒服的東西，歐姆蛋是頭號嫌疑犯。我真應該聽從直覺，別把歐姆蛋吃下去的。

我的臉色一定非常蒼白，大衛和琳達一再問我還好嗎，需不需要他們留下來陪我。

我又回到那個愛逞強充硬漢的老樣子。

「我會沒事的，沒什麼。」我說完就和他們揮別，但心裡知道完全不是這麼一回事。我很快開始覺得更不舒服，騎不到十公里路就撞上一堵磚牆，雙腳就像綁了鉛塊一樣沉重，頭昏腦脹，汗如雨下。我又騎了一小段路，然後不得不再次停下來。鄉間小路忽然變得崎嶇不平，道路旁邊荒煙蔓草的山丘看起來杳無人煙。我只能頻頻停車，大口灌水，試著催吐。娜拉已經注意到我不舒服，她趴在籃子邊緣，每次我彎腰試著對水溝或小溪催吐就緊緊盯著我。我虛弱到幾乎無力踩下自行車踏板繼續前進，好幾次搖搖晃晃到差點跌倒。

我心想：**到此為止了嗎？是不是會被誰發現我倒在亞塞拜然中部的水溝裡，魂斷異鄉？**

這條路帶我穿越亞塞拜然空無人居之處，現在騎經的更是最荒蕪貧瘠的路段，舉目所及連個人影都沒有。我看看手機上的地圖，試著找到最近的旅館，但距離這裡也還有六十多公里遠，令人萬念俱灰，我不知道自己怎麼有辦法繼續前進。我往下再騎幾公里路，倒在一棟廢棄建築外的地上。

謝天謝地我還有娜拉。雖然她繫著伸縮式長牽繩，可以閒晃到二、三十公尺外，但她絲毫無意四處探索。她趴在我的頸邊發出呼嚕聲，偶爾舔舔我的額頭。

我睡了一小時左右，接著設法擠出力氣繼續騎完這段路程，這是我人生中最艱難的六十公里路。等到終於入住旅館，我立刻沖了澡，沒脫衣服，卡駱馳鞋等等全部穿著。我整個人一團糟，不舒服到了極點。

我沖完澡之後倒在床上，房間瘋狂天旋地轉，身心都發燒過熱。這晚是旅程至今最漫長、最難熬的一夜。我神智不清，做了怪異至極的夢，夢到小白狗被丟回路邊，夢到娜拉在後面追著我的自行車跑，好像落難的貓咪。夢到家鄉的爸爸媽媽，夢到我東閃西躲地騎在沒有盡頭的路上，路上到處是不停威脅要撞到我的大卡車。夢到我從莫斯塔爾的橋上跌下來，再也沒有落地。

有時候是更可怕的噩夢，還好我有娜拉在身邊安慰我，讓我冷靜下來。她整晚都趴在我身邊，用鼻子磨蹭我，低聲發出呼嚕聲，好像要我放心。每次我從一個又一個瘋狂的夢中醒來就看見她的臉，她是讓我抓住現實的錨泊。在聖托里尼的時候我說服自己那只是自己的想像而已，但這次毋庸置疑，娜拉知道我生病了。因此她必須再次化身小護士娜拉照顧我，化身我毛茸茸的小天使。我從未如此感激有娜拉在身邊。

夜晚似乎永無止境，我爬上床又爬下床，跑到廁所沖頭。非常不舒服，但確實有幫助。第二天早上我開始復原了，喝得下一點水，吃得下幾片麵包。我無疑熬過了最艱難的時刻。

娜拉似乎也注意到我好多了，現在她離開我身邊，開始在房間跳上跳下，好像在叫我和她玩躲貓貓。

「現在不行。」我沒和她玩，邊說幫她準備早餐。「我們要重新上路了。」

下午一兩點，雖然還有點搖晃，但我們重新騎上前往巴庫的公路。雙腳依舊沉重，呼吸也不太順暢，不過我再次動身了。經過旅程至今最黑暗的一夜，能重新上路讓我滿心感激。

生病似乎抽乾了我的力氣，隔天騎進巴庫的時候，我覺得莫名無精打采。一部分是因為生病不適，另外也是因為時間緊迫的挫折感，我知道自己只能在巴庫停留二十四小時，接著就必須動身回提比里斯。這趟旅程的最大目標正是到有趣的新地方探索、體驗，但我在巴庫只能說是走馬看花，非常可惜。巴庫是令人印象深刻的地方，華麗的現代建築和歷史悠久的老建築雜陳並立，俯瞰裏海。

我訂的房間在一座現代高塔上，景色令人嘆為觀止。夜幕降臨後，市區裡壯觀的摩天大樓搖身一變成為五彩繽紛的燈光秀，整座城市就像從《銀翼殺手》或類似的科幻片裡搬出來的場景。我和娜拉站在房間陽台上欣賞這片夜景。

我心底湧出奇妙的感覺，一時五味雜陳。

我如今離鄧巴好幾千公里遠，來到通往中亞的門戶，也是通往印度次大陸和遠東的大門。只不過當然並非如此，這裡不是我通往任何地方的門戶，我不會繼續沿這條路線前進了。

感覺很奇怪，世界嶄新精彩的一角近在眼前，如此誘人。如果我偷渡搭上今晚離開港口的其中一艘船，明天晚上就可以抵達裏海彼岸的土庫曼。只是我可能不久就會被關進監牢，我沒有簽證，更不敢想像娜拉會面臨什麼樣的命運。

望向西南方的伊朗，情況也相去不遠。運載石油和天然氣的巨型油輪在碼頭排隊，其中幾艘或許將航向伊朗北岸。但是就算有簽證還是會面臨各式各樣的危險。我讀到兩個自行車手的故事，一位來自英國，另一位來自澳洲，他們在 YouTube 上記錄從倫敦到雪梨的自行車之旅，但到了伊朗卻被關進德黑蘭惡名昭彰的黑牢，因為他們放出無人機升空。他們完全沒有不良意圖，不過他們沒有注意到自己在軍事基地附近。無法得到公平審判，沒有人知道他們要困在牢裡多久。

現在不是拚命思考接下來何去何從的時候，十天差不多快到了，我要回提比里斯接小狗狗，在這之前必須充分利用在巴庫停留的短暫時光。這天深夜，我旋風式參觀了市區景點，第二天早上繼續瘋狂衝刺，第一站先去看獸醫，證明娜拉健健康康，可以回喬治亞。娜拉現在是應付檢查的老手了，她讓年輕貌美的獸醫為她檢查，連一點抗議的喵喵聲都沒有。

「娜拉，真是好女孩。」獸醫頻頻向娜拉說。

獸醫不到半小時就在娜拉的護照蓋好章、簽好名，於是我還有足夠時間再四處觀光一下，欣賞這座美麗古城和裏海風光。

傍晚時分，我們抵達巴庫光鮮亮麗的嶄新火車站，火車已經在車站等我們了。我們的火車是富麗堂皇的高級臥鋪列車，活脫脫是從《東方快車謀殺案》搬出來的，身穿紫紅色制服、表情嚴肅的女士也是。

她的表情看起來就像絕不通融任何情況的人。

我本來擔心要把所有裝備都搬上火車會遇到麻煩，行李實在非常多。不過檢查完我們的車票之後，她似乎更在意娜拉。她激動地揮手，不停對娜拉指指點點。

我心想：**別又來了。要是錯過這班車，我不可能來得及回去接小狗。**

幸好另一對查票員出現了，其中一位是不超過十八歲的年輕小夥子，英語相當流利。

他和那位女查票員熱烈對話過後，跟我說：「沒問題的。她以前從沒在巴庫看過貓搭火車，不過你有車票，請直接上車。」

「謝謝。」說話時我拍了拍他的背。

他湊近我，臉上帶著共犯密謀的神情。

「不過小心點，」他低聲說：「她也會在火車上，所以最好待在房間裡別亂跑，以免她抓到你們在走廊亂晃。貓不准到走廊。」

片刻之後，我們在舒適的小小雙床艙安頓下來，這是我們接下來十二小時旅程的家。夕陽正在西沉，火車緩緩駛離車站，慢慢離開城市。車廂富節奏感的喀達喀達聲很快送娜拉進入深沉夢鄉。

就著夕陽餘暉，我多少認得出通往巴庫的幹道。感覺真奇怪，我在那條路上騎車不過是昨天的事。換成其他時間、其他狀況，我可能會對於走回頭路感到失望或挫敗，但我現在完全沒有這種感覺。首先，如果過去幾個月證明了什麼，那就是我的環遊世界之旅不會像其他人一樣，我不會走最短路線或是盲從踏上熱門路線。畢竟我是在娜拉的世界旅行，只要有娜拉在身邊，夫復何求。我們會彼此照顧。

我也知道自己回提比里斯是為了重要的理由，我有任務在身。小狗的命運握在我手裡，我不能讓牠失望。火車漸漸加速，我向窗外看著亞塞拜然一片漆黑的鄉間，心中了無疑慮。我不是在走回頭路，而是在朝正確的方向前進。

第三部 前方的道路

喬治亞——土耳其——保加利亞——塞爾維亞——匈牙利

如果所有邊界都封閉了，也許我可以在哪座城市附近的荒野露營，遠離人煙。我會像是末日電影裡的角色，地球上只剩一小撮人活下來，不過這次還有隻貓。真不敢相信我差一點就回不來了，所幸總算在千鈞一髮之際趕回娜拉身邊。

HUNGARY
ROMANIA
THE BLACK SEA
GEORGIA
SERBIA
BULGARIA
GREECE
TURKEY

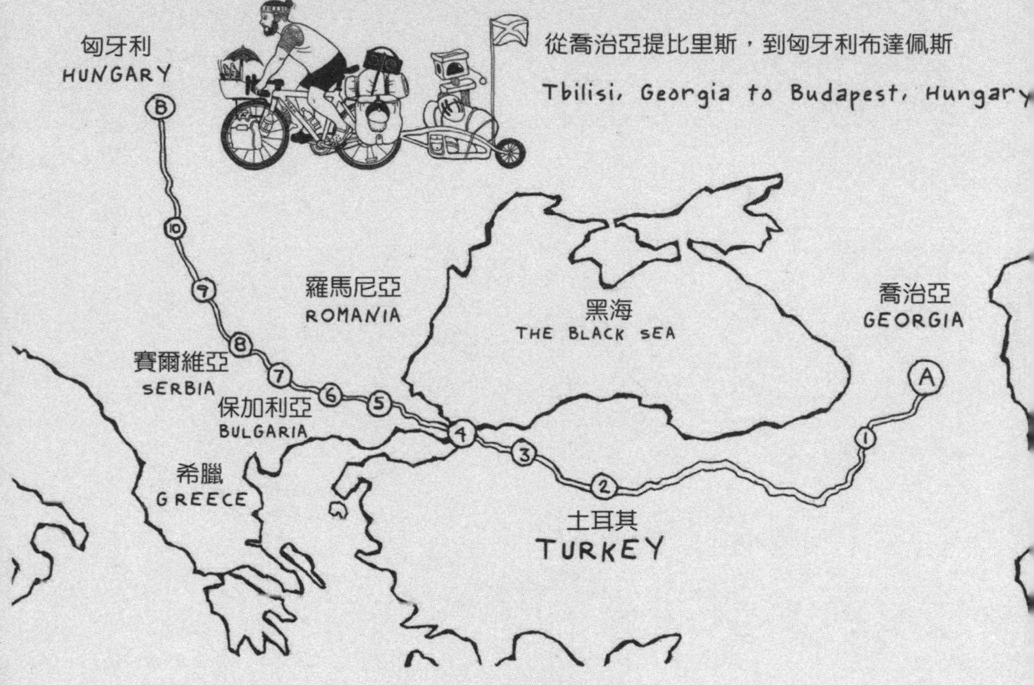

地圖三

Ⓐ 喬治亞提比里斯

① 土耳其卡爾斯（Kars）

② 土耳其安卡拉（Ankara）

③ 土耳其薩卡里亞（Sakarya）

④ 土耳其伊斯坦堡（Istanbul）

⑤ 保加利亞斯維倫格勒（Svilengrad）

⑥ 保加利亞普羅夫迪夫（Plovdiv）

⑦ 保加利亞索菲亞（Sofia）

⑧ 塞爾維亞尼什（Niš）

⑨ 塞爾維亞大普拉納（Velika Plana）

⑩ 塞爾維亞貝爾格勒（Belgrade）

Ⓑ 匈牙利布達佩斯（Budapest）

第十九章　白靈

前一天晚上我剛坐上火車不久就收到獸醫提醒我來接小狗的訊息，因此隔天一大早火車停靠提比里斯車站後，我一秒鐘也不浪費地直奔在舊城區租的公寓。

我丟下行李，把娜拉留在屋裡，幫她準備好充分食物，然後向動物醫院狂奔而去。動物醫院的人用會心的微笑迎接我。

「我們在等你。」那位懂英語的護士一邊舉起手機一邊向我說。她給我看我在ＩＧ上發的照片，照片上娜拉望向車廂窗外，是幾小時前我們在曙光下抵達提比里斯時拍的。

她接著示意我走過櫃檯來到動物醫院的深處。

「我們把他放在樓上的犬舍，在這裡稍等，我帶他下來。」

幾分鐘後她回來了，小狗窩在她的懷裡，看起來遠比十天前健康有活力。他的毛髮不再那麼髒亂糾結，就連眼睛似乎也更清澈有神。

「簡直認不出他了。」我說。

「他接受治療的狀況不錯，但前掌還是拖著，後腿的關節也還是沒什麼力氣。」護士點頭向我說。

她把小狗放在地上，有片刻時間我們看著小狗玩耍。小狗搖搖尾巴跳了一點舞，好像想搏取我們更多的注意。

「所以你有什麼計畫？」護士問我。

我已經和人在鄧巴的姊姊荷莉討論過了，她和伴侶史都華一直想為他們的狗狗麥克斯找個同伴。如果我們能把小狗帶回英國，他們很樂意領養。

「打算把他送到蘇格蘭的一個家庭，」我說。「因此必須幫他辦護照。」

「沒問題。嗯，等他身體更好一點，可能再過十天左右，我們就能幫他打第一波預防針。」她說。「我們也可以幫他植入晶片。」

我再次覺得似曾相識。

「對，然後等他三個月大再幫他打狂犬病預防針。」

她點頭微笑。

「你顯然因為照顧娜拉有經驗了，不過狗狗要等到四個月大。」她說：「所以大概等新年年初就可以幫他接種。」

她拿出一些文件讓我開始填寫，我必須填妥這些表格才能帶小狗回家，這次我已經想好名字了。找到小狗的時候，我正在聽饒舌歌手亞拉狼（Yelawolf）的音樂，亞拉狼這個名字不知怎的喚起我《權力遊戲》（*Game of Thrones*）的記憶，讓我想到瓊恩・雪諾（Jon Snow）的白色冰原狼白靈（Ghost）。

「哈囉，白靈，帶你回家囉。」我邊說邊把他抱起來，放進娜拉的背包外出籠。回公寓的路上經過一間寵物店，我買了一些吱吱作響的玩具、一張床、一些食物、一對吃飯喝水的碗。

我到家的時候，娜拉通常會跑來磨蹭我的腳，要我把她抱起來，不過今天回到公寓時她對另一位來客更感興趣。娜拉聞白靈聞個不停，好像想確定他是不是一星期半之前她在路上遇見的同一隻狗。

白靈恰恰相反，只想開心玩耍，我一把他放下來，他就發出高亢的嗚嗚聲，邀請娜拉和他一起玩。娜拉起初還有戒心，隨著午後時光流逝，一貓一狗之間的隔閡愈來愈小，傍晚時分他們已經一起趴在地上，互相又輕咬又磨蹭，就像在公園沙坑裡打滾的兩個孩子。這週忙得馬不停蹄，不過看他們開心玩在一起，一切都值得了。

我的目標是利用接下來大概一週的時間，盡量讓白靈適應動物醫院外的生活，再幫他找一個可以暫住三、四個月的家，等待前往蘇格蘭。我必須重新上路騎回伊斯坦堡，從伊斯坦堡飛往印度。現在這條路線看起來是所有選項中的最佳方案，或許也是唯一可行的方案。

這段期間我希望盡可能給予白靈滿滿的關注和愛護，他值得更多關愛，我至少應該為他做到這些。

我看得出來他的前掌仍在作痛。他試著把重量放在前掌時，總會皺眉露出痛苦的表情，發出嗚嗚哭聲。後腳的動作也不太靈活，他拖著腳在公寓光滑的地板上移動時，腳不停在他身體底下滑開，好像走在溜冰場上一樣。我相信多多運動可以讓他更有力氣，所以常常在屋裡到處丟玩具讓他追。娜拉也加入遊戲，像跳迴旋舞一樣追著撕咬所有的東西。

看得出來白靈是善良的狗狗，不過就像娜拉剛開始跟我在蒙特內哥羅旅行的時候一樣，白靈顯然經歷過一些創傷。他偶爾會忽然焦慮起來，僵住不動，左顧右盼，好像在害怕什麼。我買給他的玩具發出的吱吱聲嚇得他目瞪口僵，白靈咬咬玩具，玩具一嘎吱作響他就嚇得往後跳開。

我常跟狗狗相處，知道放飯時間會是一大考驗，牠們會因為食物展現攻擊性和領域意識。因此到了餵食時間，我特別把他們兩個分開，在樓下窗台放娜拉的碗，在大房間彼端的地板上餵白靈。我不想冒險讓他們打起來。

白靈看著我放在碗裡的食物，幾乎一臉不敢相信，一發現食物是給他的，立刻向我咆哮示威，意思很清楚：**這是我的食物，閃遠一點**。他兩秒鐘就吃得清潔溜溜。

高興的同時我也鬆了一口氣。要是白靈在娜拉的放飯時間去打擾她，他們剛剛萌芽的友誼恐怕還來不及茁壯就要枯萎了。幸好他們感情愈來愈好，愈來愈甜蜜。

晚上我坐在沙發看電影，他們兩個在另一頭緊緊相依，白靈懶洋洋地左右搖著尾巴，娜拉專心盯著白靈的尾巴不放。

雖然他們已經愈來愈親密，但到了就寢時間我決定再次把他們分開，我在壁龕為白靈布置出小小的睡覺空間，用幾張椅子和室內曬衣架圍住他。我不希望他夜裡在公寓到處亂晃，把東西咬得破破爛爛。另一方面我把娜拉帶上閣樓和我一起睡。

娜拉顯然不贊同我的安排。娜拉通常窩在我的胸口睡覺，但我半夜醒來發現她不在胸口上。我看看樓下，娜拉跑去窩在白靈旁邊的椅子上，心滿意足地香甜入睡。我幾乎要覺得嫉妒了。

現在下一階段的旅程已經規畫完畢，下一片拼圖就是為白靈找到棲身處，等待文件備齊。

等到新年，牠就能前往蘇格蘭了。

一如我聽到的警告，喬治亞確實非常缺乏收容所，不過有個人透過ＩＧ和我聯絡，一切聽起來簡直好到讓人不敢相信。聯絡我的人叫帕布羅，西班牙人，ＩＧ名稱是@bikecanine。帕布羅和兩個朋友結伴同行，他們跟我一樣騎自行車從西方到東方環遊世界，帶的則是一隻叫嬉皮的狗。他的朋友在喬治亞鄉下救了兩隻小狗，三人在冬天一起經營迷你收容所，同時等待通往中亞的路線再次開放。

他們住的公寓有漂亮的露天庭院，我覺得白靈一定會適應得很好。休息幾天恢復從巴庫趕路回來的疲憊後，我前往他們的公寓。

帕布羅和他的夥伴都是好人，我們一見如故。兩隻小狗跟白靈長得很像，都是白色的，體型也差不多，真是神祕的巧合，不知情的人很容易誤以為三隻狗是兄弟姊妹，這讓我更覺得能放心把白靈留在這裡。帕布羅和我說好可以照顧白靈到新年，我為巴羅發起的募款還有餘錢，可以幫白靈支付要準備的文件，讓荷莉和史都華領養他。不過帕布羅不願意接受任何資助，他告訴我，他自己也有慈善網頁。

我愈是了解帕布羅他們，就愈深信這個安排對每一方都完美無缺。帕布羅的朋友救的兩隻狗在被發現時狀況不像白靈那麼糟，不過其中一隻側面有大片皮膚受到感染。他們也到了打第一波預防針的時間，因此我們決定隔天把三隻狗都帶去獸醫那裡打疫苗，這樣三隻狗的接種時間就會一致。

隔天我們在獸醫那裡碰面，不過情況不如我們希望的單純。皮膚受感染的小狗需要經過許多治療才能痊癒，白靈則需要抽血檢查，獸醫不太滿意白靈皮膚的樣子，想要進一步檢查。到家時我們已經知道接下來幾週該做些什麼。我覺得自己帶白靈走上了康復之路，其他人將從這裡接手繼續走下去。

我告別帕布羅他們，回到公寓，說好明天要帶白靈和他的東西一起過去。白靈將在公寓和我跟娜拉再共度一晚，之後我們就要互道珍重再見了。這晚並不好過，我真的一眼就喜歡上這個小傢伙，他的個性溫柔可愛，正要開始和大家打成一片。我買了幾個新的繩索玩具給他，他樂得在屋裡到處追著玩具咬，我要把玩具拿回來時跟我玩拔河。娜拉變得跟白靈更親近，依然睡在樓下白靈的床邊。

我們兩個都會想念他的。

幸好之前和巴羅告別時經歷過這種離別。以前離別會讓我心情非常低落，不過一切都走向最好的結局。到時候誰也想不到，他們眼前在倫敦大小公園裡奔跑的這隻健康普通小狗，年初曾經一派可憐兮兮的樣子。

「下次看到你的時候，你就在鄧巴的海灘上散步了。」我向白靈說，白靈趴在我和娜拉旁邊的沙發上。

隔天早上我帶白靈去帕布羅那裡，因為知道白靈的未來已經安排妥當，我的心情大不相同。即使知道這點，還是無法阻止我流下幾行眼淚，但確實讓我不至於嚎啕大哭到難為情的地步。

騎車穿越喬治亞再橫跨土耳其到伊斯坦堡把我逼到極限，各方面都是。首先，離開喬治亞的邊境檢查是我目前為止最糟的經驗，在這之前我遇到的邊境官員從來沒有人想大費周章逐一檢查娜拉護照上的戳章，但是土耳其邊境的這個人一個章一個章核對，問我各式各樣的問題。我知道一切紀錄正確無誤，但他質疑個沒完。

他還要我打開馬鞍包讓他檢查裡頭的東西。這裡是非常安靜的邊境關卡，我猜他沒別的事好做。不過這次經驗再次提醒我，隨時確保有獸醫的最新證明至關重要，否則娜拉就真的有危險了。我很確定那個衛兵會毫不猶豫地從我這裡沒收娜拉。

我接下來騎進目前遇過最寒冷的天氣。前往卡爾斯（Kars）市的路上，我們在低海拔山區露營，有好幾夜我都以為自己要凍死了。

我再次訂了火車車票，這次要從卡爾斯到安卡拉（Ankara），是一趟穿越土耳其中部的二十九小時旅程。只是又出現了一個穿制服的人質疑娜拉不能上車。等到他的一個同事打開他們自己的官網，讓他看服務條款寫出完全接受貓搭火車旅行，他才終於放我們上車。在這種時刻，我格外感激能重回正軌，自己騎車上路，感激能再次將命運掌握在自己手中。官員和官僚的煩人規定開始讓我火冒三丈。

之所以決定前往安卡拉有好幾個原因。安卡拉是土耳其首都，聽說相當值得一遊，另外我也希望開始安排飛往印度的班機，我知道這會是充斥官僚主義的夢魇，天曉得我要克服多少繁文縟節，但感覺這是我最好的選擇。我計畫飛到德里或孟買，然後再往上騎到喜馬拉雅山一帶。

我心裡有一部分確實躍躍欲試，我常常想像自己花一年時間探索印度，實在有數不盡的東西可以見識。已經有一間我捐助過的慈善機構聯絡我，叫做「人人為動物」（People for Animals），負責人莫妮卡．甘地出身知名政治世家。他們討論等我們到印度的時候派人提供醫療協助。印度對我們兩個都會是一大衝擊，對娜拉的衝擊更大，獸醫可以幫助我們順利適應過渡期。

我計畫從印度前往柬埔寨、越南、泰國，一切順利的話，再往下穿越馬來西亞，騎到新加坡，之後想辦法渡海前往澳洲。已經有人邀我去雪梨，他會協助我處理澳洲嚴格的動物檢疫規定。據他估計，只要事先規畫、完成檢驗，就可以讓娜拉進入澳洲，免受隔離數月之

苦。騎車穿越澳洲內陸和黃金海岸的情景確實非常吸引我。在亞塞拜然走進死胡同之後，我希望世界再次向我們敞開。

不過最重要的第一步是備齊進入印度需要的文件。簽證問題相當複雜，對我和娜拉都是。

有一天我騎車到英國駐安卡拉大使館想問簽證的事，結果發現我必須先預約。我再度前往英國大使館，他們叫我去印度大使館，但是接待我的印度使館官員看起來毫無頭緒，他從來沒聽過有人要帶貓飛到他的國家。他直接請我回去找英國大使館。

我已經打算要放棄了，這時幾個娜拉隊成員向我伸出援手，開始幫我四處打聽。經過幾天之後，文件的準備似乎開始往正確方向前進。多虧一間土耳其旅行社，我已經暫時安排好十二月第一週的航班，不過我需要再次確定娜拉上了飛機可以和我一起坐客艙。我清楚表明這點絕無妥協空間。

接下來娜拉只剩最後再由獸醫做一次健康檢查就好，我會在伊斯坦堡帶她去看獸醫。印度有印度自己的要求，對我和娜拉都是，希望娜拉在搭機之前最多只需要再打幾針預防針就好。

這些行政作業搞得我心浮氣躁，因此我很感謝有比較直截了當的事情可以忙。隨著十一月邁向尾聲，我收到信說月曆大功告成了。設計師凱特完成了出色的心血結晶，我們也和網路寵物商店「Supakit」談妥理想的經銷協議。

我們的第一刷要印野心勃勃的四千份，我覺得是一個大數字，所以終於宣布月曆開賣時，我心裡又是興奮又是擔心。月曆會有人買嗎？還是我即將坐擁一箱又一箱過期月曆？

答案幾小時之內立刻揭曉：月曆銷售一空，真是想都沒想到。網站湧入大家來自世界各地的訂單，有時候是大量訂購。大量需求完全出乎我們意料之外，我們迅速安排二刷，數量和一刷一樣，我最多只能預付這麼多了。

我欣喜若狂，粗略計算扣除印刷和經銷費用後還剩多少收入，結果會有至少八萬英鎊可以捐給慈善機構。簡直難以置信。我已經開始列出將要捐助的慈善機構清單，想到我能幫助的眾多使命真的令人興奮不已。這讓我更有信心相信自己在做正確的事，也幫助我重新提振精神，讓我有力氣克服前往印度的重重難關。

下一個挑戰，是研究怎麼把我的自行車和全套裝備運上飛機，解決方法似乎是託運成特殊行李，把自行車拆解之後，和拖車、馬鞍包、全部裝備一起打包進箱子。如此一來我要帶上飛機的只有背包和裝在外出籠的娜拉。

十一月即將落幕之際，我和伊斯坦堡一個專門打包特殊或易碎貨品的人約好碰面。一切似乎漸漸就定位，我離開安卡拉前往伊斯坦堡，感覺事情重新上了軌道。經過無數次出師不利、半路走岔，下一段旅程終於即將展開。只要沒有重大挫折或複雜難題攪局，我們將在印度慶祝耶誕節。

第二十章　地方英雄

我正在一路騎向伊斯坦堡，沿著薩卡里亞（Sakarya）鎮附近的繁忙公路前進，這時我注意到手機上跳出帕布羅的名字。

帕布羅很罕見地聯絡我，因此我停在路邊打開簡訊，心中已經隱隱感覺到可能是壞消息。簡訊前幾行證實了我最壞的預感。

「迪恩，告訴你一個非常難過的消息，幾隻小狗生病了。」

我立刻打電話給他，他的聲音非常難過，泫然欲泣。

「檢測結果回來了，三隻狗都感染了犬小病毒（parvovirus）。」他告訴我。「病毒傳染力很強，對小狗非常危險。嬉皮可能也感染了。」

我聽過犬小病毒，這是可能致命的嚴重傳染病，病毒會影響腸道，造成嚴重上吐下瀉。

「不過當然有辦法治療吧？」我問他。

「不，沒有辦法靠藥物治癒，至少沒有小狗的用藥。只能希望狗狗的免疫系統可以戰勝病毒。」他說：「但是萬一小狗太虛弱……」他不需要把話說完，意思也已經清楚了。

我感到無助，也覺得內疚，我應該留在那裡陪白靈的。我喃喃提到關於錢的事，告訴他我會募足需要的金額，不論要多少。

「謝謝你，不過我認為不會有多大幫助。」他說：「當然，我們會盡力的。」

我們掛斷電話，說好要保持聯絡。我重新騎上自行車，繼續往伊斯坦堡前進，但完全無法集中精神，一心一意只牽掛白靈。他怎麼會生病？是在我們共度的那週感染的嗎？是他把病毒傳染給其他狗狗嗎？

或者他已經感染病毒好幾週了？在我剛撿到他的時候就感染了嗎？這些全都是找不到答案的問題。

接著我忽然想到更糟的事：**娜拉呢？**她也感染了嗎？是不是該帶她去檢查？

晚上我訂了一間小旅館，熬夜到很晚，不只和帕布羅通電話，也問了施敏和之前幫過我的其他人的意見。不幸中的大幸是，施敏告訴我，娜拉感染犬小病毒的機率微乎其微，趨近於零。犬小病毒主要盛行於犬隻而非貓隻。

這只能稍稍安慰我，尤其施敏又告訴我犬小病毒有多危險。施敏直言不諱，毫無粉飾。

「迪恩，我很遺憾，但是我只能說小狗的存活機率恐怕不超過百分之五十，這還是樂觀的估計。」他說。

我在ＩＧ上留言，心中絕望大過希望。追蹤者立刻貼給我各種網站的連結，有些人甚至引用了幼犬從犬小病毒康復的案例。大家一片好意，只是這些全都無濟於事。是我的錯，我不該開口問大家，我只是拚命想抓住救命稻草。沒有人幫得上忙，白靈的命運不是我們能左右的。

幾天後我抵達了伊斯坦堡郊區，這時大概下午四、五點，交通已經開始繁忙到嚇人，汽車、巴士、卡車從我身邊高速呼嘯而過。我盡力跟隨衛星導航的指示，卻在一個關鍵路口轉錯方向。我覺得安全堪慮，尤其現在精神狀況欠佳，因此我招了計程車載我們到我透過網路租下來的公寓。這是最好的安排，我不希望讓自己還有娜拉橫死街頭。

我沮喪又消沉。我一直很期待好好探索伊斯坦堡，已經收到好多和大家見面的邀約，城市裡也有數不盡的地方等著我探訪。但是走在風景如畫的街道上，仰望莊嚴宏偉的清真寺和宮殿，我卻無法擺脫陰鬱的心情。我覺得自己被撕成兩半，確切來說是三半。一部分的我想衝回提比里斯照顧白靈，另一部分的我深受病毒消息震撼，只想待在這裡加倍愛護娜拉。

可是我接下來的七十二小時既不會陪在白靈身邊，也不會陪在娜拉身邊。時機真的非常不巧，但我有另一個不能失約的重要承諾必須趕赴。

「我們即將降落，請各位乘客豎直椅背，繫好安全帶。」廣播把我從熟睡中喚醒。我繫上安全帶，看向飛機窗外，試圖穿透下方雲層，認出離我幾千公尺的地面上倫敦灰濛濛的都市風景。我心裡雀躍無比，但也有點緊張，接下來幾天行程緊湊。我決定飛奔回英國慶祝非常特別的時刻：外婆的九十大壽。

我把娜拉留在伊斯坦堡，交給兩位土耳其女士照顧，她們是我前幾個月在土耳其旅行時結識的朋友。格克蘇最初是透過ＩＧ和我聯絡，後來我經過她的家鄉安塔利亞鎮時，她和姊妹伊塞娜茲約我一起喝一杯。她們兩個立刻和娜拉玩在一起，我們之後一直保持聯絡。聽到我說需要在伊斯坦堡找個貓保母，她們欣然把握機會，飛過來到我租的公寓陪娜拉幾天。她們都是貓保母老手，我知道娜拉在我離開的短短幾天會受到良好照顧。

我趕到機場的時候太匆忙，幾乎什麼衣服都沒帶，坐在經由愛丁堡前往鄧巴的北上火車上大概很引人注目吧，這個季節沒有多少人還穿背心短褲。到鄧巴的時候將近晚上十一點，我直奔鎮上的酒吧，我約好要和老旅伴瑞奇見面。

分開之後我們幾乎斷了聯絡，差不多剛好滿一年。因此我傳訊息問他，想知道我回鄧巴的時候他在不在，收到他的回覆讓我非常開心。我常常擔心他會不會心懷芥蒂，他覺得不滿我也不會怪他。我開始實現我們去年出發時共同懷抱的遠大志向，相較之下，他顯然又回到了鄧巴一成不變的老生活，他完全有權利對我生氣。但是我一走進酒吧，他立刻站起來給我大大的擁抱。

「嘿，看看是誰來了，地方的大英雄。」他說：「可以跟你要簽名嗎？」

我叫他滾開，當然講得更「直接」一點。接著我幫我們兩個都拿了啤酒。

感覺就像我們從來沒分開過一樣，我們很快開始互虧互鬧，我大大鬆了一口氣。

瑞奇也默默有幾個驚喜要和我分享。

首先，他透露我們分道揚鑣那晚他其實留在莫斯塔爾。我以為他早已遠去數公里之外，但原來我們過夜的地方只隔了幾條街。早知道的話，我們可以喝一杯好好把事情講開。瑞奇的另一個消息是他有全新的旅行計畫，他要在新年期間前往澳洲，看看這趟旅程會把他從澳洲帶到何方。

「搞不好我會在路上拯救無尾熊或袋鼠。」他笑著說。

「講得好像有誰會想搭你的便車一樣。」我回應。

不過我心裡為他開心不已。

「你不會後悔的。」我邊說邊向他舉杯。「旅行讓我脫胎換骨，讓我更由衷珍惜生命。」

我們離開酒吧，在一個靠海的車庫找地方坐下來，通宵暢談。和瑞奇彼此開誠布公把事情講開，聽到他說心裡沒有埋怨，聊完後我暗自感到飄飄然。只是，過不了多久我又重重摔回地面。

這趟返鄉之旅我向所有人保密，只跟姊姊說，希望給爸媽和外婆一個驚喜。因此我安排好住在荷莉和她的伴侶史都華家裡，他們搬到了鎮上的新家，離爸媽海邊的房子走路五分鐘。

第二天早上他們迫不及待想知道白靈的消息，他們喜歡看我為白靈拍的最新照片，但是我必須告訴他們犬小病毒的壞消息。

才剛說完不久，手機就跳出帕布羅的名字。

昨晚我發了幾則訊息給他，問白靈和其他狗狗狀況怎麼樣，帕布羅對其中一隻狗有點閃爍其詞。嬉皮和另外兩隻小狗似乎恢復得還不錯，但他對白靈隻字不提。

原因很快明朗。這次我只消讀訊息的頭兩個字就知道了，「抱歉。」

我已經要自己為壞消息做好心理準備，但還是覺得宛如晴天霹靂。我放下電話，肝腸寸斷。荷莉本來去了廚房，趕緊跑回來問我出了什麼事。我幾乎說不出話來。

「白靈沒有撐過去。」我說。

她幾乎和我一樣沮喪，她和史都華的種種計畫都將化為烏有。他們兩人都非常難過。經歷喪親之痛時，我們總是太容易自責，我猜這是人性。多數情況下，我們其實愛莫能助，但我還是忍不住一直想：要是我不去亞塞拜然，選擇留下來陪他的話會怎樣？要是我留在提比里斯和帕布羅他們三個一起過冬會怎樣？或許我可以照顧白靈重拾健康，等春天要前往土庫曼的時候再幫他找一個家？

事實當然是我幾乎一點忙也幫不上。犬小病毒是致命殺手，潛伏期顯然很長，白靈可能早在我們相遇之前就感染了。但這些都不能安慰我。我在ＩＧ上和大家說了這個消息，只是就連追蹤者為我加油打氣的話語也無法沖淡我的傷痛，反而讓我更內疚，更像是我辜負了白靈。

我知道自己必須放下這個消息，這件事我已經無力回天了，現在必須把精神放在外婆和派對上。不過內心深處我已經感覺到自己變了，我走到了旅程另一個轉捩點。

外公外婆——媽媽的爸媽比爾和艾格妮絲——在我的少年時代扮演很重要的角色。我以前念的文法學校就在他們鄧巴的家後面，我每天都把腳踏車停在那裡，再及時翻牆參加早會。我常常跑去外公外婆家吃午餐，如果爸媽工作到很晚（晚歸是家常便飯），也會跑去吃晚餐，外婆的起司通心麵真是一絕。她為撫養我長大付出的努力無人能及，幫助我走上人生的道路，我把外婆看成另一位家長。

外婆的盛大派對安排在明天星期六，地點在鄧巴一間有規模的旅館兼酒吧「麥金托什」。親戚會從蘇格蘭各地前來，爸爸那邊的親人也會從紐卡斯爾過來，派對即將熱鬧登場。

雖然我很想在派對當天給外婆一個驚喜，但我不想嚇得她心臟病發作。因此在姊姊幫忙下，這天下午我回到了家裡。

儘管如此，我還是忍不住想開個小玩笑開心一下。

我從小就以喜歡惡作劇聞名，有次我趁爸爸在富埃特文圖拉島（Fuerteventura）度假睡覺的時候剃掉了他右半邊的眉毛。他一直到經過酒吧、看到我寫在酒吧黑板上的公告才發現眉毛不見了：「懸賞二十歐元尋找尼爾．尼可森（Neil Nicholson）失蹤的眉毛。」我的家人也有幾次反過來唬住我，有一次我假裝在外婆的起司通心麵裡發現牙齒，想不到媽媽安排我收到假裝由通心麵廠商寄來的假道歉信和賠償禮券。我完全上當了。

我走進家裡的廚房給爸媽一個驚喜，然後大家一起想了一個計畫。

外婆和我們住在一起，不過現在出門做頭髮了。外婆回來之後，姊姊和爸爸告訴她，媽媽臥病在床，因為籌備派對壓力太大了。

姊姊和爸爸知道外婆會上樓看媽媽，等她走進媽媽臥室拉下棉被——猜猜看躺在被窩裡的是誰。媽媽有點擔心外婆會受到太大的驚嚇，不過外婆的反應真是太美妙了，她欣喜若狂地用力親了我一下，下半天也有空就抱抱我。

大家一邊準備外婆九十大壽的慶生派對，一邊閒聊家人的八卦，其樂融融。我們不久開始交換起故事，大部分都在說我小時候有多淘氣。

外婆忍不住一提再提我九歲左右的事跡，我沿著鄧巴海邊騎腳踏車的時候往前越過握把飛出去，結果兩手手腕都骨折了。

「我們以為你之後不會再騎車到處跑了。」外婆笑著說。

媽媽記得我差不多那個年紀的時候，有一次因為某個原因被禁足，我卻偷偷溜出家門，跑到年輕人的夜店。

「你在花園小屋裡多藏了一袋衣服，從廚房窗戶爬出去，」媽媽微笑著說：「老是這樣，為了參加派對，再辛苦都願意。」

晚餐時間，我們開始聊到更多我旅行的事情，我告訴他們，設法穿越中亞到遠東、印度著實碰到很多困難。但說真的，相較於擔心我，爸媽對此似乎反而放心多了。

「我知道你會撐過去的。也許你不會每次都做出正確決定，但是你會做出決定，這是最重要的。」爸爸說：「我超級嫉妒你，真希望像你一樣去旅行。」

不過最出乎我意料之外的是媽媽的發言，她告訴我，「比起你在家的時候，你出門在外我比較不擔心。」

隔天派對擠得水洩不通，一定來了一百人吧。很高興見到大家族成員，派對的頭一個小時左右，我在房間裡到處轉，和堂表親、姑姑、阿姨、舅舅、叔叔、伯伯打招呼。大家好像都知道我的冒險。

「看看什麼風把你吹來啦，稀客稀客。」一個表親跟我開玩笑。

「只不過風沒把貓也吹來。」我說。

「真可惜，比起見到你，我們更期待見到她。」他回嘴。

我習慣大家跟我開玩笑，這樣聊天讓我覺得非常自在，完全回到了我屬於的地方。一切似乎都跟過去一樣，嗯，只有一個地方不同。

在我離家之前，幾乎沒什麼人關心我做些什麼工作，或是我平常生活忙些什麼。他們知道這兩個問題通常只會得到同樣的答案：**沒什麼**。他們也很少問我對嚴肅的議題有什麼看法。我不是個正經的人，在多數人眼中，我是派對動物，放浪不羈。

今天迥然不同。大家不停問我去過哪些地方，接下來要去哪裡，有什麼計畫。人人似乎都以全新的眼光看待我，我不再是大家眼中的傻瓜，甚至開始把我當成某種楷模。

有個朋友告訴我，他和女友也在考慮從海外收容所救出狗狗，就跟荷莉和史都華一樣。他今天稍早在ＩＧ上看到白靈的消息了，向我致上哀悼之意。

「不過別放棄，」他說：「你做的事真的很棒，堅持下去吧。」

雖然我沒有表現在臉上，但他的鼓勵真的意義重大。ＩＧ和 YouTube 上每週都有數以千計的陌生人留下正面評論，但是從我還在蹣跚學步時就認識我的人口中聽到同樣的鼓勵完全是另一回事。聽到和我最親近的人、認識我最深的人告訴我他們敬佩我的作為，獲得他們的肯定意義非凡。或許這是有生以來我第一次衷心感到自豪。不過這當然不表示我可以到處說嘴，鄧巴這個地方不歡迎任何人自鳴得意。

派對一直歡慶到深夜。我沿著海岸回家，走在月光照耀的熟悉海岸線上，再度吸進蘇格蘭海風的味道，感受強勁的北海海風迎面吹來，真的很棒。但我並不思鄉或想家，恰恰相反，我已經心癢難耐，想再次上路了。我愛家，不過既然已經回來見過大家了，我準備好再次出發。

大家都過得很好很快樂，儘管時光流逝，一切還是老樣子。很高興知道等旅程結束之後這裡一樣等著我回來，不過那是好久好久以後的事了。

對我而言，我現在該去的地方是娜拉身邊。我希望和她繼續前進，完成我們開啟的旅程。

隔天我回到格拉斯哥機場，重新打起精神，也知道是時候做出重大決定了。

自從得知白靈的死訊，我的思緒一直運轉不停，只是鄧巴的活動讓人應接不暇，我很難看清全局，總覺得見樹不見林。飛回伊斯坦堡的航程正是我需要的空檔，讓我有幾個小時全盤深思熟慮，審慎評估自己身處的位置。我很清楚自己身在何方。

回蘇格蘭之前，我在伊斯坦堡和幾個人聊過天，大家的話讓我忐忑不安。第一個是另一位部落客兼 YouTube 頻道主，他正帶著貓騎摩托車在印度旅行。我們互相追蹤，也會私下聊天，他告訴我，印度的道路真的前所未見，讓他瞠目以對：汽車、摩托車、卡車、嘟嘟車呼嘯而過，視道路標記和交通規則為無物，他有好幾次差點被撞下摩托車。

一兩天後，我又和另一個人聊了一聊，這次是要幫娜拉打針的其中一位獸醫。他擔心娜拉可能會生病。

「氣候和生活方式的改變會對她的身體造成巨大衝擊。」他說：「人類去印度會碰上問題，動物也一樣，所以你必須非常密切注意她的健康。」

他的警告讓我大吃一驚，我的震驚一定完全寫在臉上了。

「你確定這一步正確嗎？」獸醫問我。「不能騎車前往世界另一頭嗎？這樣你跟娜拉可以漸進適應不同氣候。」

這晚我坐在飛機上，下方的中歐燈火通明，我開始明白他們說的都有道理。印度對娜拉會是一大挑戰，對我也是。我們會一口氣跳進未知的世界，但或許我們毋須一頭栽下去。

心中抱著這些疑慮，我盯著地圖良久，也讀了一些環遊世界自行車手的部落格和網頁，毫無疑問有另一條替代路線。我可以開始往北騎進入東歐，從東歐前往俄國，經由莫斯科橫跨俄國抵達遠東，在極東之城海參崴有往日本跟韓國的船可以搭。我會繞很長的遠路，穿越大片鄉野，走陸路而非空路。

這條路線相當漫長，俄國是世界上最大的國家，從西到東橫跨驚人的一萬公里。而且俄國天寒地凍，冬天氣候惡劣到無從想像，就算對我這個頑強的蘇格蘭人可能都是一大考驗。不過以上種種皆非問題，我不用趕期限，要花多少時間都可以。我的第一優先擺在其他地方。

繫好安全帶的指示燈再度亮起，飛機開始朝伊斯坦堡下降，這時我心裡已經做出決定。娜拉的健康幸福是最重要的，我不能冒險去印度。我已經失去了白靈，絕對不能再失去娜拉。

第二十一章　一人一貓

現在是耶誕節前一週，不過我無從得知，舉目所及看不見任何樅樹或是耶誕樹上的彩色燈串，聽不見耶誕頌歌歌聲或是教堂鐘聲。我和娜拉困在保加利亞南方的泥濘田野裡，今天是第三天了。我們被重重濃霧包圍。

霧氣又濕又冷，濃厚到幾乎可以用刀切開。我久久一次把頭探出帳篷外，幾乎連前方三公尺內的東西都看不到。唯一聽得到的只有偶爾經過的汽車聲或貨車聲，從距離我們幾百公尺外的道路急駛而過，就連鳥兒也靜悄悄的。換成其他時候，我可能會感到有點詭異甚至恐怖，但此時此刻想到我和娜拉完全遺世獨立，就覺得其實沒那麼糟，宛如求之不得的休息時間。

距離我們離開伊斯坦堡已經過了一週。我們在伊斯坦堡住了好一陣子，久到足以慶祝十二月十日的一週年紀念。在波士尼亞山頂相遇的那個週日早晨竟然已經是十二個月前的事情，想到這點就覺得不可思議。我們一起經歷過這麼多事情，見識過這麼多地方，遇見過這麼多人物，一人一貓都以各自截然不同的方式成長了。我確實長了一歲，也長了智慧，就像是在人生大學上了一門速成班。

在伊斯坦堡住的那段時間也久到足以看見最後一批月曆發售。我們又加印了八千份，追加的月曆幾乎立刻銷售一空，我結算利潤發現是一筆大數目，現在有大約九萬英鎊可以捐給慈善機構。一想到這筆錢可以在其他地方做多少好事，我就不願意繼續抱著這筆義賣收入，於是我努力列出長長的使命清單，接下來幾週準備為這些使命貢獻一份心力。我打算捐款給三十間名聲比較不響亮的小型慈善機構，每間各捐三千英鎊，我希望這筆捐款能夠大大幫上他們的忙。

總而言之，我對這趟旅行和未來的計畫有了一種嶄新的正面感受。取消飛往印度的決定現在讓我鬆了一口氣，卸下肩上的重擔。飛越半個世界的複雜難題既已拋諸腦後，如今我可以自由自在回去專心做最喜歡的事：和娜拉一起騎車上路。

重新騎上自行車帶給我冷不防的打擊。我從伊斯坦堡往北騎行，第一天總共騎了八十公里，晚上停下來休息的時候，每一碼路程都清楚烙印在身體上。說得直接一點，我的背很痛。坐火車旅行讓我變嬌弱了，我意識到這點，躺在吊床上設法減輕痠痛感。

我也再次體認到世界這一角的天氣有多麼變化莫測。我原本期待再次野營露宿，不必講究過夜的地方，在沿途找到的老舊廢棄建築窩一晚。我一路上找到幾個荒廢的地方，不過到了第三晚，保加利亞邊界已經近在咫尺，我們在星空下露宿而眠。手機上的天氣預報應用程式預測這會是個晴朗的夜晚，冬天即將來臨，遇到晴朗夜晚的機會不多。但這個決定大錯特錯，入夜幾小時後，我被突如其來的傾盆大雨淋得措手不及，只好到一間小旅館避難。我什麼時候才能學會別相信天氣預報應用程式？

從土耳其離境前往保加利亞的這段路也稱不上太順利，土耳其的邊境衛兵告訴我，我逾期滯留了，超過簽證效期三天。

因此我必須選擇繳納罰鍰或是面臨五年內不得再入境土耳其的罰則。我付了三十英鎊的罰鍰，考慮到我的旅行方式，我不能冒這個險，搞不好我會發現自己一週內又回到了土耳其。我不怎麼生官員的氣，沒有確認簽證日期是我自己的疏忽。

之後天氣開始變差，無助於提振我消沉的精神。進入保加利亞時，天空一片烏雲罩頂，風雨欲來，光線微弱昏暗，好像有人按到調光開關一樣，簡直無法相信上方天空某處還有太陽。接著霧氣飄來，有一陣子視線還夠清楚，可以繼續騎車，但是等到我們穿過第一個規模較大的城鎮斯維倫格勒（Svilengrad）時，情況急轉直下。前一分鐘還看得見前方一百公尺左右，下一分鐘只看得見五、六尺以內，視線能及的最遠範圍連六公尺都不到。

路上很快危機四伏，汽車、廂型車、卡車忽然憑空竄出，有一兩次駕駛必須急忙轉向才能避開我們。這裡地形崎嶇多山，道路彎彎曲曲，我擔心我們會衝過山頂，或是在一個急轉彎之後直直撞上對向來車。

因此我權衡之後決定在田野找地方紮營，紮營的地方有濃密灌木遮蔽，和幹道相隔安全距離。根據天氣預報應用程式，濃霧最多再持續一天，不過我開始對預報持保留態度，霧也許明天早上就散了，也可能要一週才會散去。

我搭起帳篷，把存糧全部丟進去，和娜拉安頓下來準備長期抗戰，我盤點確認食物還夠我們吃好幾天。就很多方面來說，這讓我重溫了過去更快樂、更單純的時光，讓我想起我們剛在一起的頭幾個星期。在布德瓦的時候，幾乎正好是一年前的事，當時只有我們兩個一同面對整個世界，沒有人知道我和娜拉相遇，沒有人在乎我們，我們一人一貓無懼風雨，一頂帳篷足矣。我喜歡這個樣子，讓我回想起光是和娜拉獨處就是件美好快樂的事情。

最近經歷了白靈病逝的打擊和飛回蘇格蘭的旅行，感覺自己過去幾週疏於關心娜拉。現在可以獨佔娜拉真好，可以全心全意陪伴她。我們在帳篷度過的第一天，娜拉絕對無法抱怨受到冷落，我從來沒有花這麼多時間陪她搔癢打鬧。在帳篷的第一天晚上，我拿著綁在繩子尾端的玩具晃來晃去，娜拉整晚追著玩具跑，吃完晚餐立刻累得睡著了。

娜拉呼呼大睡的同時，我躺在帳篷裡放鬆聽音樂。幸好電池電力滿滿，我可以用筆電收發電子信件，看看 YouTube 上的奇怪影片。不過我也小心注意剩餘電量，我沒有忘記那晚在土耳其碰到熊上門時有多驚慌失措。如果需要轉移陣地，我希望這次燈點得亮。

第一個晚上睡醒之後，我看看外面，希望霧散了一些，讓我們可以上路騎到大概十公里遠的下個城鎮，可是霧氣不散反聚，比前一天更凝重地縈繞不去。我讓娜拉出去上廁所，自己也出去活動筋骨，不過最遠只走到附近幾碼外的灌木叢。下午四、五點，天色已經暗下來，重新上路的希望迅速宣告破滅。隔天又重演同樣的狀況。

到了紮營的第三天晚上，我開始擔心存糧不足。娜拉的點心庫存沒問題，但我只剩幾個豆子罐頭和一些椰子水，再過一晚就得餓肚子，不過我處之泰然。我遇過更嚴峻的考驗，如果要挨餓一天就餓吧，沒什麼大不了。

我腦海裡的迷霧終於漸漸散開，我開始利用這段停工時間為新的旅行計畫骨架補上一些血肉。計畫有個最高原則，我決心不再讓娜拉的生活承受任何非必要壓力，也就是說目前不搭飛機。繼續往下進入俄國，只要有需要，隨時都能利用知名的西伯利亞特快車（Trans-Siberian Express）穿梭各大城市，娜拉搭火車的時候非常開心。不過到時候我還是希望能在俄國比較溫暖的春季和夏季月份多多騎車。

長遠而言，當然不可能全程走陸路環遊世界，不過如果能花一年左右的時間抵達俄國的極東之地，我知道我們就能坐船到日本或韓國。娜拉到時候就滿兩歲了，會適應置身世界不同地方的變化。我希望避免對她的身體造成任何重大衝擊，白靈的記憶實在歷歷在目。

第四天我從帳篷探出頭，能見度大幅提升，足以讓我衝到下個城鎮。我希望能在耶誕夜之前抵達保加利亞的第二大城普羅夫迪夫（Plovdiv），今天是十二月二十日，如果能有一絲幸運眷顧就沒問題。

光線依舊十分昏暗，車流往往靠得太近，所以到了第一間加油站，我提早買了耶誕禮物送給自己：一件超醒目亮黃色外套，眼下真是前所未有地迫切需要它。

我在耶誕夜抵達普羅夫迪夫，租了舒適的公寓，決定在這裡停留幾週。普羅夫迪夫是歐洲文化之都，會有很多可看可玩的地方。

大家都在耶誕節假期好好放鬆，我又何樂不為？

我祝福追蹤的網友耶誕快樂，之後告訴他們耶誕假期我也要放假休息，只會偶爾在ＩＧ發照片，等新年才會繼續更新 YouTube 頻道。開工之前，我要好好充電，再次找到方向。大家當然都能理解，回應全是滿滿的溫暖祝福。

耶誕節這天我們安靜慶祝。我和娜拉一同享用我在附近超市找到的美味食物，飯後放鬆看電影和 YouTube 影片，當然已經先和家鄉的爸媽和家人聊過天了。看到家人確實勾起我一點思鄉之情，去年的耶誕節不好過，但今年離家在外讓我覺得更難受。我歸咎於最近幾週心情像在坐雲霄飛車一樣上上下下，我徹底累壞了，精神上比身體上更累。

娜拉再次成為我的導師。她完全愛上了這間公寓，最喜歡可以俯瞰下方美麗街道的小陽台。她可以在陽台待上幾個小時，靜觀世界運行，睏了就小睡片刻。我需要再從她的智慧之書摘下一頁：我應該放下煩惱，享受每一天的生活。我謹遵教誨，如實照做。

耶誕節過後幾天，我的手機響起一通電話，我簡直無法相信螢幕上顯示的名字：是聖托里尼的獨木舟嚮導東尼。

「嘿，東尼。」我說。真高興接到他的電話。

「嘿，迪恩。猜猜我人在哪裡？」

我隱約記得他好像說過他以前在保加利亞念書，好像也說過在哪裡有間公寓，但是我完全沒想到是在普羅夫迪夫。這樣的機率有多少？

他告訴我，他向一個普羅夫迪夫人買了車，所以從雅典離家來這裡取車，會在這個城市待到新年。他在ＩＧ上追蹤我，看到我也在這裡。

他還有好消息和我分享。我在聖托里尼和他的女友莉亞見過幾面，東尼說他們幾週前結婚了，而且是雙喜臨門，莉亞懷孕了。

「我們應該慶祝一下。」他說。

於是我寧靜的天地頓時天翻地覆。迎接新年的倒數幾天，一切彷彿回到了聖托里尼。我們歡送舊年的尾巴，舉杯、舉無數次杯敬這對新婚夫妻，敬即將升格的新手爸媽。坦白說，他們真的讓我振奮不少，很感謝他們的陪伴。

我在一場東尼朋友主辦的熱鬧家庭派對度過跨年夜。派對地點離我們住的公寓不遠，我讓娜拉在屋裡安全窩著，也留了很多點心給她。

「說說你有什麼新年新希望？」東尼問我，臉上帶著促狹的微笑。「繼續繞圈圈繞一年？」

「至少是在歐洲和亞洲四處繞，比每天在同一個島上划獨木舟繞圈強多了。」

「很好笑。」他大笑。

我向他說明自己的計畫。

「如果能夠進入俄國，整個世界都會向我敞開。」我說：「幸運的話，我們會在明年春末抵達日本，夏天進入泰國、越南。」

「真的去俄國的話要小心注意，」他說：「俄國的路真的很危險。」東尼不是第一個這麼說的人，不過我現在知道沒有一條路線是完全安全無風險的，所以沒有因此打退堂鼓。

新年第一週，東尼回到希臘，我開始為下一段旅程做準備。耶誕假期期間，普羅夫迪夫降下好幾場大雪，我知道等我們繼續深入東歐，前方還有更多紛飛大雪在等著我們，我的第一優先是確保娜拉和我做好保暖準備。

娜拉的籃子在夏季月份舒適得無可挑剔，不過入冬之後不夠溫暖，因此我買了一個更堅固、更保暖的籃子。籃子是水桶型的，不只防水，還附一個可拆卸式屋頂，樣樣皆完美，只除了一個細節美中不足：前面的標誌是一隻狗，幸好娜拉寬宏大量不和我計較。我也向世博再訂購了兩個全新輪框和一組輪胎，是冰雪路面專用胎，胎面上打了很多小釘子，抓地力更強一些。

我想很快就用得上它們。

我開始規畫俄國橫貫之旅的更多細節，一月中的時候諮詢了俄國駐倫敦大使館裡的俄國旅遊局，也洽詢一間專門安排俄國等地旅行的公司，他們告訴我，橫貫俄國還有另一種選擇，激發我的無限想像。這條路線是騎自行車、坐火車深入西伯利亞，再從西伯利亞搭上火車穿越中國抵達越南西貢。我一直都想騎自行車環遊東南亞，可是我知道前往中國會牽涉更多繁文縟節，娜拉也必須打更多預防針。這條路線更輕鬆寫意，因為我們不必下火車，聽起來是個絕佳的解決方案，可以為我們開啟世界嶄新的角落。

不過我必須先拿到俄國簽證，否則兩條路線都免談。而且簽證不能只是一般的觀光簽，觀光簽效期只有三十天，但我有一萬公里要騎，即使真的偶爾跳上火車，距離還是很長。我也渴望路線能有彈性，讓我可以沿路繞到哈薩克、蒙古等其他國家。我甚至想再往下繞到烏茲別克，可以在那裡騎一段帕米爾公路過過癮。

大使館和旅行社都建議我試著申請一年期商務簽證，申請商務簽需要俄國政府發的邀請函，不過接待我的俄國駐倫敦大使館官員維克多表示他可以協助我拿到邀請函，完全不成問題。我寄了很多資料給他，從我們的報紙報導到我在ＩＧ和 YouTube 的帳號，現在我在這兩個平台上有超過八十萬人追蹤。我也說明我的目的是展現絕大多數人無緣目睹的俄國美景。我完全不知道最終會由誰做出定奪，也許案子會一路呈到克里姆林宮，總之我盡力了。

一月接近尾聲之際，我更覺得放棄搭飛機到印度是正確的決定。我們的新路線滿足一切需求，不論是就旅行而言，對我而言、還是最重要的對娜拉而言都是。穿越世界的道路瞬間豁然開朗，我躍躍欲試，重新燃起了動力。一月的最後一天，我離開普羅夫迪夫動身上路。

二月初的天氣是震撼教育，即使是對我這個蘇格蘭人也不例外。有天我在帳篷露宿一夜，隔天早上醒來時發現地墊結冰了，我的臉貼在冰上。

看向帳外，地面被一夜之間降下的大雪掩埋，對娜拉來說是前所未見的好消息：整個世界變成了大型遊樂場。娜拉先前曾經置身雪地，之前在普羅夫迪夫過新年的時候玩過雪，不過她現在玩得好像第一次看到雪一樣。看她小心翼翼地把腳掌踏進白色粉末中，逗得我樂不可支，她試探性地踏出幾步，焦慮地看了我一眼，尋求我的指引。

這是什麼奇怪的東西？喵嗚，真的好冰！

娜拉很快把小心謹慎拋在腦後，在雪地打滾了十分鐘，不時把頭埋進去，再退後欣賞她弄出來的洞。中間看她在一個大雪堆邊緣跳上跳下、手舞足蹈，我忍不住朝她丟了一個小小的雪球。雪球從她耳邊飛過，咚一聲掉到她身後的雪地上，看到她臉上的表情，讓我覺得這一球完全值得，不知道該說她是震驚還是興奮。

隨後她短暫瞇起雙眼，歪著頭看我，這倒是好懂得多。

先生，這可饒不了你。

二月第一週結束時，我已經跨境進入塞爾維亞。這個區域路況極佳，柏油路面和標線看起來簇新無比，內側車道也保留充裕空間讓自行車通行，騎起車來真的很享受，我很快以理想速度一路向北騎行。

我估計月底就能抵達匈牙利。我打算從匈牙利經過斯洛伐克到波蘭，或是到捷克共和國。走捷克看起來比較輕鬆，因為可以沿著多瑙河騎行，道路比較平緩不崎嶇。

我們在情人節當天抵達尼什（Nis）鎮，兩位追蹤者卡塔琳娜和喬瓦娜邀請我們來這裡小住。她們為我煮了美味大餐，還送了娜拉情人節禮物和卡片。

陌生人的善意永遠讓我驚喜連連。

我從尼什繼續前往匈牙利邊界，一切按照計畫前進，現在幾乎是整趟旅程中移動速度最快的時候，一天規律騎行八十甚至九十公里。我有信心三月能抵達布達佩斯，甚至說不定六月就能到莫斯科。

前方唯一籠罩的烏雲是倫敦旅行社那邊傳來的消息，完全是墨菲定律，我們才剛想出穿越中國到越南的計畫，就出現了新的波折。某種流感或病毒在中國引起旅行限制。

我從新聞上隱約得知這件事，但不是特別關心。這是一人騎自行車的一大優點：你可以完全遺世獨立，不用管世上的紛紛擾擾。不過旅行社的尤里不斷寄電子信件過來，慢慢告訴我更多資訊，讓我知道疾病愈來愈嚴重。疾病顯然在中國中部的武漢市爆發大規模感染，情況危急，不少人因此喪命，病逝者主要是免疫功能低下的人和老年人。尤里說武漢有八十人死亡，整個城市為了阻止疾病繼續蔓延而全面封鎖。

尤里的最近一封信告訴我事情每況愈下，疾病蔓延到武漢之外，觸及香港。中國政府施加更多限制，外國人的旅行限制更是嚴格。

「要搭火車縱貫中國到西貢可能有困難。我們接獲通知，不能在中國組織任何旅行團。」尤里在信裡寫道。

我大失所望，原本穿越中國似乎是完美的解決方案。不過我知道只能兵來將擋，水來土掩，找出其他方法。

我心想：**畢竟不是整個世界都封鎖了。**

只能說，話別說得太早……

第二十二章　頭號粉絲

到了二月底，雪幾乎完全融化，第一絲淡淡的春天氣息飄揚在空中。在涼爽晴朗的早晨頂著蔚藍無雲的天空騎車真的非常舒暢，同時也是適合露宿的完美天氣。一天晚上，經過一個叫大普拉納（Velika Plana）的小鎮之後，我在距離貝爾格勒（Belgrade）以南約八十公里遠的森林深處搭帳篷。我向來喜歡在大樹環抱下入睡，享受樹冠籠罩下，四周圍繞的種種氣味、聲音、感覺，即使現在樹上幾乎光禿禿的也一樣。在森林露宿非常撫慰人心，我通常睡得跟嬰兒一樣香甜。快速吃過晚餐後，我和娜拉很快在吊床上進入夢鄉。

早上五點左右，我被附近的狗叫聲吵醒，娜拉也注意到了，一時之間緊張地東張西望，嗅嗅空氣，好像想偵測有沒有危險。狗吠聲漸漸平息，但我們兩個惶惶不安，之後都睡不太好，太陽升起的時候，我們早已翻來覆去睡不著了。

接著八點左右，我聽見森林某處傳來人聲。

昨天看到離營地不遠處有林間小徑，所以一開始我以為一定是遛狗的人在和寵物說話。

不過一陣子之後，我發現那個聲音說的是英語，而且離我們愈來愈近。

「哈囉，哈囉。」

我把頭探出吊床外，簡直無法相信眼前迎接我的景象。一位女士站在大約三公尺外的地方，她很年輕，大概二十多歲，衣著光鮮亮麗。她微笑著拿出某樣東西：一個水壺。

「我幫你泡了咖啡。」她說。

接著她手伸進外套口袋，拿出一個罐頭。

「然後我帶了一些鮪魚給娜拉。」

我慢了半拍才感到震驚。怎麼會有人一大早在森林深處遞咖啡給我，我無意間誤觸手機打電話給戶戶送（Deliveroo）塞爾維亞分公司了嗎？她又怎麼會知道娜拉的名字？我的思緒一時間翻騰不已。昨天晚上我在ＩＧ發了一張娜拉試躺吊床的照片，但是娜拉被數百棵樹包圍，每棵樹看起來都一模一樣，這位女士怎麼有辦法從那張照片找到我們，她是什麼森林偵探或尋人專家嗎？種種疑問讓我的腦袋一時反應不過來。

我不希望顯得失禮，於是爬出吊床。

「呃，謝謝妳，妳真親切。」我邊說邊接過水壺，倒了一點咖啡到我的金屬水杯。

「不嫌棄的話，請到我家來吃早餐。」女士說：「離這裡不遠。」

我不想對別人的一片好意潑冷水，因此收拾好行李，接受了她的邀請。她的車停在路邊，我騎車跟在後面，大約五分鐘就到了一間農場上的小房子。有幾輛拖拉機停在外圍建築附近，雞、鴨和幾隻貓到處跑來跑去。她帶我進屋，又替我泡了咖啡，弄了一些食物給娜拉。

幾隻貓在房子附近晃來晃去，不過經過短暫對峙和嘶嘶叫囂以後，牠們又默默回到自己最愛的其他角落。

「娜拉，別擔心，牠們不會煩你。」女士邊說邊摸摸她的後頸，一邊放下娜拉的食物。我注意到女士站在爐火前的時候，娜拉靠過去磨蹭她的腳，這是娜拉認同她的明確訊號。

「不好意思，忘了請教妳的大名？」我說。

「叫我喬凡卡就好。」她回答。

「很高興認識妳。娜拉，跟喬凡卡打聲招呼。」

喬凡卡告訴我，她的丈夫在瑞士工作，她也一樣，明天就要飛回去上班。

「我想這應該就是妳說了一口好英語的原因？」

「謝謝你，沒錯，我工作上必須說英語。」她說：「很幸運你們經過這裡的時候我剛好在家。如果你們明天才來，我就錯過了，那我一定會很難過。我是你們的忠實粉絲，從最一開始就在ＩＧ上追蹤你們了。」

她為我煮了一頓美味的塞爾維亞式早餐，有蛋、麵包、番茄。

「說起來一定要問問妳，」吃到一半的時候我開口問：「妳到底怎麼在森林裡找到我們的？」

「跟那位女士在土耳其公車站找到你們的方法一樣啊，看ＩＧ知道的。」她解釋。

我很驚訝她記得之前在錫瓦斯時，艾莉亞招待我們的事。

「但還是不太一樣。」我說：「那時候我人在大城市的公車站，不難找。但妳是在森林中間找到我的。」

她微微一笑。

「喔，嗯，你的貼文有鎮名，是離這裡最近的鎮。我傳給老公看，他立刻知道你們人在哪裡。」

「怎麼辦到的？」

「他常常在那一帶的森林散步，所以認得出來。我不相信他，早上五點跑過去確認看看。」

「妳五點就看到我了？那時候我聽到狗吠聲。」

「喔，我猜可能是我的關係，我把車停在一座農場旁邊，他們養了好幾隻高大的獵狼犬。」

我微笑著搖搖頭，難以置信的心情一定全寫在臉上。喬凡卡尷尬了一下。

「抱歉，你一定覺得我是什麼跟蹤狂，但是我不想太早吵醒你，所以晚一點才又過去。」

我一時之間忍不住想起電影《戰慄遊戲》（*Misery*），劇情是一個作家巧遇凱西・貝茨（Kathy Bates）飾演的「頭號粉絲」。想不到這位粉絲是個瘋子，對作家迷戀得無法自拔，因而將之軟禁。

考慮到她為了找到我這麼大費周章，她很有可能是我的頭號粉絲。聊得愈多，就愈是發現喬凡卡似乎對我、娜拉還有我們一同的冒險如數家珍，不過我看得出來，她是個非常可愛又有點害羞的人，我不需要擔心。娜拉也大大贊同她。

一隻可愛的白色小貓信步走進來，好像聞到了喬凡卡為娜拉準備的食物。喬凡卡把一些食物盛到另一個碗裡，放到廚房另一端。

「妳養了幾隻貓？」我問。

「五隻，不過我們也餵村子和附近農場的一些流浪貓，牠們在這裡有很多活動空間。我爸媽也住在農場上，他們會在我們不在的時候照顧貓咪。」

貓咪現在吃完東西了，往上跳到爐子前的喬凡卡旁邊，開始用臉頰磨蹭喬凡卡的臉。

喬凡卡對我微笑。

「無條件的愛。這就是貓咪最美好的地方，不是嗎？而且也不會對你指指點點，更不會有什麼要求。」

「嗯，要求不多啦，」我微笑回答。「妳應該聽聽娜拉一早吵著要吃早餐的叫聲。」

喬凡卡開懷大笑。

我發現跟她聊天很輕鬆，這真是太好了，因為她對我們的冒險有問不完的問題。早上過了一半，我們還繼續聊個不停。

天氣變冷了，看起來可能會下雨，她邀我留下來吃午餐，我欣然接受。她要煮煎餅。

「好極了，」她說。「要不要喝點東西？」

她拿起一大瓶亨利爵士琴酒（Hendrick's gin）。

「琴酒加檸檬汁？」

「妳也喝我才喝。」我說。

「好啊，有何不可？」

那天什麼繼續騎車上路的計畫很快便完全被拋諸腦後，我欣然答應留下來吃晚餐、過夜。喬凡卡在車庫放了床墊，看起來無可挑剔。

從下午一路聊到晚上，我們的對話愈來愈放鬆。

「所以妳為什麼會追蹤我們？」我說。

「當然是因為她。」喬凡卡朝娜拉點點頭，娜拉窩在椅子上沉沉入睡。「我喜歡她坐在自行車頭看世界在眼前流轉的影片。」

「娜拉特派員。」我說。

「沒錯。不過我也喜歡你瘋得嚇人，不敢相信你竟然會決定在那些地方睡覺。還有你開的玩笑也很棒。」

不像某些比較纖細的追蹤者，喬凡卡很喜歡我幾個月前剪的那支影片，我穿插不同段錄影，讓畫面看起來好像是我把娜拉綁在無人機飛上空中一樣。

我覺得現在是大好機會，可以一解自從離開伊斯坦堡以來一直困擾我的疑問。

「我們不去印度，妳會不會很失望？」我問她。

「為什麼會失望？」

「嗯，頁面名稱叫『單車一世界，我應該要環遊世界，』我說：「可是我跟娜拉幾乎繞回了剛出發的地方。」

真的是這樣。我查了地圖，就直線距離而言，從波士尼亞那個改變命運的星期天早上以來，我現在的位置距離當時出發的地點特雷比涅只有大約兩百七十公里。

喬凡卡又為我倒了一杯琴酒加檸檬汁。

「只要你們平安無事，我認為沒有誰會煩惱你選擇哪條路線、要花多久時間。」她說：「大家追蹤你是因為他們關心你，你也帶給大家歡樂。」

確實如我所望，從別人口中聽到這些讓我放下心來，尤其這些話出自打從一開始就非常關心我們的粉絲口中。我們一直聊到很晚，你一杯我一杯，更多琴酒下肚，天南地北聊著。

我中間稍微看了一下手機上的新聞，有一艘載著四百名乘客的遊輪，船上一名乘客染疫——現在大家稱之為新型冠狀病毒——因此整艘遊輪現在正在日本隔離。大家擔心疾病會蔓延到歐洲。

「想像像那樣被隔離起來？會把我逼瘋的。」我說：「我被保加利亞的濃霧困在帳篷三天就悶到快瘋了。」

「不過聽起來真的很嚴重，」喬凡卡說：「聽說法國和義大利已經有一些病例了。」

「還好我是往反方向走。」我說。

我跟娜拉在車庫裡睡得又甜又香，不過第二天早上醒來我宿醉得頭痛欲裂，頭好像被用萬力鉗緊緊夾住，喬凡卡卻好像一點也不受昨晚的酒精荼毒。雖然她這天晚點要收拾行李飛往瑞士，但還是堅持再幫我煮一頓豐盛的早餐。她也快速幫我們打包了一大堆零食，從三明治、蛋糕到不知道從哪裡變出來的一瓶一公升裝琴酒。

「抱歉，我的包包裝不下這瓶酒，」我邊說邊禮貌地把瓶子遞還給她。「就算裝得下，我想我應該好一陣子不敢再碰琴酒了。」

「喔，好吧，我想只好留給我跟老公喝了。」她笑著說。

喬凡卡把她的IG帳號給我，我們約好要保持聯絡。我很快動身上路，晚上抵達了貝爾格勒。

那天晚上躺在旅館房間，我才開始在網路上搜尋喬凡卡。她說她不太愛用社交媒體，這點果然沒騙我，雖然她用IG的時間一定已經很久了，才能這麼密切地追蹤我們，但她現在才發了第一則貼文：她跟娜拉、我和自行車的自拍，附上簡短但溫馨的文字，感謝我拍的影片和故事。

「謝謝你帶給大家歡樂，和大家分享你和娜拉皇后的旅程。」她寫道。「祝你們旅途平安，你的琴酒跟蹤狂敬上。」

在貝爾格勒停留幾天之後，我繼續推進到塞爾維亞和匈牙利的邊界，三月初跨境進入匈牙利。我沿著多瑙河騎行，騎起來比較輕鬆，風景也非常怡人，現在穩定累積不少里程。

我大概騎了一週抵達布達佩斯，第一眼立刻愛上這座城市。建築美輪美奐，但是也充滿活力，街上咖啡廳和酒吧林立。我決定停留幾天好好探索布達佩斯。

抵達布達佩斯之前，一位在旅遊業工作的女士聯絡了我，她叫茱莉亞，自願為我導覽這座城市，我無法抗拒這項提議。我和茱莉亞立刻成了朋友，一部分原因是娜拉非常喜歡她，娜拉和茱莉亞相處的樣子讓我想起之前她在雅典和小莉迪亞一起玩的感覺。娜拉和茱莉亞兩個真的非常親暱，幾乎剛見面就打成一片，一人一貓立刻建立了感情。

我剛在布達佩斯安頓好，不久就接到了兩位鄧巴朋友的訊息：弗雷澤和瑪雅週末要來布達佩斯玩。很高興能和他們見面，聊聊鄧巴那邊最近的消息，不過弗雷澤更在意的似乎是趕快到我的旅館來見娜拉。

我們無可避免地稍微聊到冠狀病毒的事，我聽說英國那邊的人已經開始建議不要像他們這樣到處旅行。

「真是太誇張了。」弗雷澤在我們喝啤酒的時候開口說：「好像整個世界都要瘋了。」

弗雷澤說得沒錯。我看到義大利有數千人染疫，死亡人數與日俱增。義大利政府實施了嚴格的移動限制，好幾個城市全面封鎖，禁止居民外出。

我從弗雷澤口中得知英國也正朝同樣局面演進，人民被要求保持距離、不要握手——所謂的保持社交距離。據傳酒吧和餐廳即將關閉，我看得出來各地都趨向實施愈來愈嚴格的管制，美國、加拿大、印度、澳洲無一例外。我查了匈牙利最新的新聞，匈牙利也在討論不久要禁止人民移動、關閉邊界。

看到眼前發生的種種，我的思緒轉向遠在蘇格蘭的家人。媽媽的工作會接觸孤單脆弱的老人，據我所知，他們也是面對病毒最危險的族群。至少媽媽、爸爸、外婆都待在一起，我安慰自己。

我收到俄國大使館的維克多寄來的電子信件，收到信時，我才終於開始意識到這場傳染病可能會嚴重影響我的旅行。俄國政府的官方邀請函終於發下來了，我只需要回英國參加面試，然後——拇指一彈，客倌請看——一年期簽證到手。我把煩惱甩到一旁，誰知道之後會發生什麼事？這是必須把握的大好良機，這張簽證確保我終於可以環遊世界了。通往遠東的路線已經向我開啟。

簽證直到四月初才開始生效，不過根據眼前發生的一切，我想我最好盡速動身回國。

我問茱莉亞能不能幫我照顧娜拉幾天，她表示樂意之至。我相信她會照顧好娜拉，我不在的這段期間，娜拉毫無疑問會被寵上天。

因此我安排好一切，訂了隔天回國的班機，匆匆打包好一個旅行袋，然後把娜拉連同她最愛的玩具和食物帶去茱莉亞的公寓。我給了娜拉一個大大的擁抱，然後才走出大門搭計程車去機場。

「在茱莉亞這邊要乖乖的，我很快就回來接妳了。」我邊說邊摸摸娜拉的脖子，輕輕親了她一下。

我衷心希望事情如我所言。

第二十三章　俄羅斯輪盤

機上廣播的訊息耳熟能詳，下方大片延伸的英國鄉村景色也一派熟悉，一樣的灰濛濛略帶陰鬱感，但是繫上安全帶的時候，我的心情天差地別。三個月前飛回英國時，我心中洋溢興奮之情，今天卻覺得神經緊張、坐立不安，不停看手錶。

我的計畫是大概三十六小時內快閃倫敦，我會在倫敦住一晚，第二天就飛回布達佩斯接娜拉。這次我難得安排得有條有理，我預約好明天前往俄國大使館面談，從布達佩斯啟程上飛機的時間算得剛剛好。這次不容一絲閃失。

面談的前一天下午和晚上，我盡力確認萬事準備周全。我理了頭髮，拍了幾張新的證件大頭照帶去。

倫敦氣氛古怪。隔天一早我搭上地鐵，不少人戴著口罩，用乾洗手和濕紙巾擦手，盡可能和大家保持安全距離，有些人看起來焦慮不安。晨間新聞的報導提到政府正在研擬也許下週起全面封鎖英國，超市顯然已經出現恐慌搶購潮。感覺像是暴風雨前的寧靜，至於是什麼樣的暴風雨，我毫無頭緒。

我在諾丁丘門站下車，走到貝斯沃特路。俄國大使館的主建築是一幢宏偉氣派的古老維多利亞式大宅，離肯辛頓宮不遠，不過我要去的辦公室在附近一棟比較現代的建築裡。我提早抵達，時間充裕，大使館正準備開門。

和我魚雁往返的旅遊局官員維克多等著迎接我，他是個親切的年輕人，一點也不像我想像中那種在大使館工作的可怕人物。他亮出政府發下的官方邀請函。

「政府同意你基於商務目的在俄國停留一年。」他面帶微笑，「同時有多次出入境俄國的權利。」

我把證件照交給他，然後我們逐一確認我事先上網填妥的申請表。我發現還有幾個地方要處理，像是有個欄位我填得不夠詳細，這個欄位要求我一一列出預計旅行的地點。我擔心像我聽過的故事一樣，前往俄國的旅客一舉一動都必須說明，也必須留存餐廳和旅館的收據。不過這方面維克多很快讓我放下心來。

「我想一定只有粗略的計畫，對吧？」他微笑著說。

「對，我希望能騎車去莫斯科，之後路上也許搭一段西伯利亞特快車，在不同地區騎幾段路。或許也會造訪哈薩克和蒙古。」我說。

他開始輕敲螢幕。

「那我寫你會去大城市，莫斯科、葉卡捷琳堡、鄂木斯克、新西伯利亞、伊爾庫次克、海參崴。」

「聽起來很不錯。」我說。

「對了，你一定要去西伯利亞的貝加爾湖，在蒙古北邊，這是世界上最深的湖，騎自行車的好地方。」他建議。

「我也這麼聽說，」我點頭附和，因為知道申請沒問題，感覺比較有自信了。我不停看錶，距離回蓋威克（Gatwick）機場搭回程班機還有幾個小時，今晚深夜我就會回到娜拉身邊了。

「那麼可以給我你的護照嗎？」他問。

「當然。」我邊說邊把護照遞過去。我以為他想核對我上網填表格時填寫的細節資料。我錯了。

「護照必須留在我們這裡幾天，等我們把簽證加進去。」他說。

「不好意思，你說什麼？」

我大吃一驚。我以為當場就能拿到簽證，或者簽證會是分開的文件，可以請別人幫我代領再寄給我。

「幾天？要多久？」

「也許能趕在明晚深夜前弄好，但是我無法保證。」他回答。「最有可能需要四個工作天，所以是下星期，週末過後。」

我不想顯得失禮，維克多盡力幫忙了，這顯然是我的錯。我一定有什麼規定看得不正確，或是有什麼地方誤解了。

「不能更快拿到嗎？」我問。「我必須趕回布達佩斯。」

「很抱歉，」維克多說：「我們可以盡量加快速度，但是不能保證會在四天內完成。」

如果是一兩週前我不會擔心，多等三、四天不會有太大影響，簽證可以讓我們自由旅行，等待完全值得。但眼前情況變化多端、瞬息萬變，所有變化真的迅雷不及掩耳。

感覺就好像在玩俄羅斯輪盤，如果延後回程時間，匈牙利的旅行管制也許說變就變。大門可能忽然拉下，娜拉會被丟在匈牙利，我則坐困英國。

我們或許再也見不到對方。

維克多依然拿著我的護照，看我的表情像在說：**輪到你做出選擇了**。

我沒有時間猶豫不決，還有其他人等著拿簽證，每個人肯定都有自己的難題。

我必須下定決心。

「抱歉，我必須等一切塵埃落定再回來完成手續，」我說：「我不能冒這個險。」

「我了解，現在情況艱難，由你自己選擇。」維克多邊說邊把護照交還給我。「不過簽證就在這裡等你來完成手續、加進護照，歡迎你隨時回來。祝你好運。」

我沮喪到無以復加，只差臨門一腳而已。我看到邀請函了，簽證需要的細節樣樣俱備，但我不能賭這一把。

我一邊走回地鐵站一邊罵自己。我怎麼會這麼蠢？為什麼沒預料到這點？我回頭確認往返的信件，安慰自己信裡沒有任何線索提到他們會需要我把護照留下來。確實沒有。

我心想：**也許他們以為我有第二本護照。**

這個想法讓我驚訝得停下腳步。

等一下，第二本護照？

如果我能在今天辦好另一本護照，就可以把第二本護照留在維克多那裡，之後護照再用郵寄或快遞寄給我。有片刻時間我真的非常興奮，現在才早上十點左右，還有時間，我打電話到護照辦公室。護照辦公室在維多利亞車站附近，離這裡不遠，我知道如果付急件費，當天就能拿到護照。但是我的希望很快就破滅了，我最快能預約到的時間是三天之後。我再次覺得挫敗洩氣，沒辦法就是沒辦法。

我路過一個書報攤，看到頭條斗大寫著歐洲封鎖、邊界關閉。

迪恩，你幹了什麼好事？

我跳上火車趕往蓋威克機場，腦海裡閃過無數個念頭。我應該留下來等簽證嗎？我的決定正確嗎？一切充滿了不確定性。只是我在手機掃過愈多新聞，就看到情況似乎愈發危急。一眼望去，只見一條又一條最新頭條新聞報導旅行限制實施，彷彿整個世界全面關閉。我找找有沒有新聞報導匈牙利的狀況，但一無所獲。我完全不知道匈牙利那邊發生了什麼事，邊界說不定已經關閉，我的班機可能會取消。真的這樣我就完蛋了。

我在傍晚抵達蓋威克機場，大概還有兩個半小時的空檔。機場這裡確實瀰漫著異樣氣氛，可以感覺得到緊張氣息。我來到出境大廳，看見大家成群圍住服務台，或是聚在航班資訊顯示板附近。幾個商務人士抬頭看看顯示板，搖了搖頭，一面熱烈講著電話。一個年輕亞洲女孩相當沮喪，同伴正安慰她。我很快明白了原因。

我抬頭看顯示板，往下掃過一排排資訊，尋找我的班機。有幾架班機取消，許多班機延誤。我不停往下找，看到我的班機時屏住了呼吸。什麼資訊也沒有，只有一行字說：**等候通知**。

我走到附近的酒吧。我需要喝點東西，今天整天都非常緊繃。詭異的是，我坐在酒吧裡的時候，竟然有幾個人認出我，邀我一起自拍。娜拉不在我的肩膀上，真不知道他們怎麼還認得出我。

坐在酒吧裡，上面的電視不停播報新聞，紅色橫幅不斷閃過螢幕，報導冠狀病毒的最新消息。愈來愈多國家考慮封鎖邊境，班機接連被取消。不到下飛機踏上布達佩斯的那一刻，我不會相信自己真的回到了匈牙利。

ＩＧ上訊息如潮水般湧入，無助於放鬆我緊繃的神經。我昨天留言提到我快閃回來倫敦，大家已經開始替我慌張不已，很多人猜到我回匈牙利可能有困難。

我傳了訊息給人在布達佩斯的茱莉亞，她幾乎立刻回覆，顯然她也很擔心。那天晚上匈牙利當地的新聞也提到政府正在研擬關閉邊界，可能在明天或一兩天內實施。茱莉亞說甚至可能今晚就實施。

「萬一我在半空中怎麼辦？」我問她。「會要我們調頭回去嗎？」

「我不知道，沒有人知道會怎麼辦。」她說。

幾分鐘後她傳來一張娜拉的照片，娜拉蜷縮在沙發上，看起來心滿意足，彷彿沒有一絲世間的煩惱，開心一如往常。我知道茱莉亞想讓我放心，可是適得其反，我心裡的自責排山倒海襲來。我怎麼可以拋下她？怎麼可以像這樣不顧一切地冒險？我還能不能再見到她？

離班機預定起飛時間不到一小時，我心裡的壓力更是直線上升。我不停來回奔波於酒吧和航班資訊顯示板之間，很多比我更晚起飛的班機現在都已顯示登機資訊，但我的班機還是毫無動靜。我一直巴望顯示板上的登機資訊趕快變，但同時又害怕登機資訊會變成「取消」。愈來愈多班機取消了，顯示板密密麻麻布滿了小小的黑字說明。

距離班機表定起飛時間只剩半個多小時，登機資訊終於變了。登機門號碼忽然出現，航班狀態只簡單寫著：**登機中**。

我全速衝刺跑過空蕩蕩的走廊。

大家已經開始陸續登機。我走下停機坪，走上飛機，發現機艙幾乎空無一人。只有我和另外十幾個旅客，大家沿飛機前後散開，保持新的社交距離。

這段航程非常超現實，空服員戴著口罩，送食物和飲料給我們的時候戴著手套，也發給我們酒精濕紙巾，用來擦拭餐盤上的每樣東西。一切都非常令人不安，但我終於踏上了歸途。

現在我必須重新思考眼前的選項。我的直覺是騎車上路，如果所有邊界都關閉了，那我可以在布達佩斯附近的荒野露營，遠離人煙。我會像是末日電影裡的角色，地球上只剩一小撮人活下來，只不過這次還有隻貓。這真的很吸引我。

不過深思之後，我知道這樣太冒險了。現在是非常時期，警察或軍人可能會輕易認定我是危險人物，我有可能惹上大麻煩。我需要的是藏身之處，我和娜拉的避風港。回到布達佩斯後，我必須想想辦法。

飛機在當地時間接近半夜的時候降落，我跳上計程車，直奔茱莉亞的公寓。爬上樓梯敲門時，我的心狂跳不停。太瘋狂了，我這輩子從來沒有這麼焦急要見到誰。

我幾乎還沒走進門，娜拉已經像火箭一樣彈跳出茱莉亞的懷抱。娜拉緊緊抱住我，近到我臉上能感覺到她的氣息。她大口喘氣，呼吸沉重，肋骨好像要從腹部迸出來。要不是知道娜拉是貓，我會以為她明白情況多嚴重，知道我趕回來有多驚險。

晚上她緊緊蜷縮在我身邊，貼得比以前更緊，在我耳邊發出呼嚕聲。她的直覺永遠讓我嘆為觀止。我們之前也曾經分隔兩地，我回阿爾巴尼亞看巴羅的時候，還有上次飛回去看外婆的時候。這次哪裡不同？也許她感染了我的焦慮，或是她能夠聽出我的呼吸方式不太一樣？

回到公寓之後，第二天早上我上網掃過前一晚的新聞，情況又更像世界末日了。布達佩斯這裡的中央政府宣布關閉匈牙利邊界，即刻生效，人員一概禁止出入境。

真不敢相信我只差一點就回不來。我在千鈞一髮之際趕回娜拉身邊。

第二十四章　好旅人

接下來幾天局勢加速變化，每一小時情況都不一樣。匈牙利政府開始頒布新規定、新管制，要求人民待在家裡，若非必要不應外出移動。你可以去藥局或超市，但也僅此而已。被關在市中心的公寓對我來說不太開心，但對娜拉更折磨。她需要空間跑跑跳跳，她畢竟還是年輕的小貓。

我開始上網到處尋覓，但找不到任何適合我們住的地方。大部分地方都標記為不可出租，封鎖的效力確實正在發威。

我稍微想了一下要不要和娜拉飛回蘇格蘭，不過考慮到各種層面，只能說這個選項不切實際。幸運的是完美解決方案主動現身，我發現只要放下煩惱，讓生命自己找到方向，解答往往會自動浮現。

一位叫卡塔的女士傳來訊息，願意借我們地方住，這根本是天上掉下來的禮物。卡塔在ＩＧ上追蹤我，她和老公、小孩住在離布達佩斯約半小時車程的鄉下房子，但他們將被困在英國隔離。如果我能幫忙看家，等於幫了他們一個忙。

我立刻回覆她的訊息，聽起來非常理想。

卡塔告訴我，她的父母住在同一塊地上，不過是在花園彼端另一間比較小的房子裡。我很快整理好自行車，騎出布達佩斯。路上現在還沒有任何路障或柵欄，警察似乎也不太嚴格執行封鎖措施，我只花幾小時就騎到了卡塔的家。房子位於山上安靜小社區的巷弄中，有三層樓，我想要的廚房和衛浴設施一應俱全。房子甚至還有陽台，可以一覽附近鄉村的優美景緻。

這個地方再適合我們不過了，只是一開始鄰居好像不這麼認為。

住在隔壁的一對夫妻看我來到這裡，於是向屋主的父母抱怨，我猜他們擔心我是外來者，可能會把病毒帶進社區。我不能怪他們，也尊重他們的顧慮，但真的很可惜。我本來很樂意為社區貢獻心力，幫體質脆弱或因故無法外出的當地居民送餐，但我體會到只能慢慢來，大家一時之間會對我抱有疑慮。即使在最完好的情況下，我也總是引人注目，現在更不用說了。

因此雖然不太情願，但我低調度日，試著為生活建立一些規律作息。至少我有娜拉幫我。

房子有個大花園，很適合娜拉跑跑跳跳。我會騎五公里左右去最近的超市，或是騎到附近的湖邊當成運動，但大部分時間都待在家裡，和家鄉的親朋好友聊聊天，和娜拉玩。我也開始和人在蘇格蘭的爸爸下西洋棋。

每次出門都覺得世界變得愈來愈安靜，我看到的寥寥幾個路人神情焦慮，行色匆匆。沒有人開口說話。

三月底是我的生日，真是奇怪的時刻。

我收到許多訊息，和人在蘇格蘭的爸媽跟姊姊聊天，但現實中唯一遇到的人是住在隔壁的卡塔的父親，他在花園裡忙個不停。他簡單向我揮手致意，但也僅止於此。

不過當然還是有好的一面，永遠都有好的一面。世界縮小的同時，我和娜拉之間的距離也縮小了。

感覺好像不可能，不過我們變得比之前更親密。我花好幾個小時陪她玩，在花園裡玩或是在屋裡到處跑。娜拉喜歡巡邏前門外那片草皮，或是啃咬門廳的木樓梯，我則試著從縫隙中抓住她。娜拉永遠不會無聊，但我擔心如果隔離持續太久，我恐怕會感到百無聊賴。

至少短期內我有很多事情可以忙。

幾個月來，我一直想好好整理照片檔，我有數百張或搞不好數千張照片堆在手機和筆電裡。因此我花時間分類歸檔，趁著腦中記憶還鮮明的時候寫下圖說。我知道自己未來有一天會想回味這些照片。

多少事情的回憶歷歷在目，彷彿是昨天才發生的一樣。在波士尼亞的山頂找到娜拉，我們在蒙特內哥羅和阿爾巴尼亞共度的最初時光、在聖托里尼的日子、穿越土耳其的旅行。還有我們遇見的人，真的是一群很棒的人，一切全拜娜拉之賜。在難民營和我一起吃橘子的男人，在土耳其載我下山的一家人，東尼、帕布羅、傑森和席林，還有尼克、伊蓮娜和莉迪亞。我遇到這麼多美好的人，我知道其中一些人會成為我一輩子的朋友。我永遠不會忘記自己欠他們的感激之情。

最重要的是，我和娜拉共度的時刻點滴在心頭。時而美好時而困頓，有開懷大笑的時刻，也有擔驚受怕的時刻。

一邊挑選這些照片，我心裡又更加珍惜娜拉。她教會我這麼多事情，如何享受生命中最珍貴的時刻，有時候怎樣才能忠於自我，做自己想做的事、過濾其他雜音。不只這樣，娜拉還教會我如何貢獻一己之力，她為我鋪下能幫助眾人的道路，我決心繼續往前邁進。

當然，她也讓我更深入體會到友誼是什麼。

好朋友未必總是常伴左右，不過重要時刻他們必定挺身而出。我想自己應該確實在娜拉需要的時刻支持了她，娜拉無疑在我的緊要關頭支持住我，在聖托里尼的時候，還有在亞塞拜然的荒郊野外也是。我永遠不會忘記土耳其深山裡那一夜，是她警告我有熊或什麼東西在帳篷外伺機而動。沒有娜拉，我會淪落何方？

娜拉在各方面都帶給我正面影響。相較於一年半多以前，從鄧巴出發時有點不受控制的個性，我覺得自己變得更有智慧、更冷靜、更成熟。娜拉讓我定下心來，讓我更深思熟慮，也在我緊張過頭的時候讓我放鬆下來。現在面臨匈牙利的封城時光，她再次成為我的良師益友。

娜拉蜷縮在我身邊，她坦然接受隔離，接受生活就是這樣，她只是一如往常地繼續好好生活。我決定效法娜拉，冷靜下來韜光養晦。否則還能怎麼辦呢？就連地球上最有權力的人也無能為力，現在對抗局勢似乎只是白費力氣。

如今我有時間思考旅程的全貌和真正重要的事情。我從蘇格蘭出發，希望看見世界，看見世界各種複雜的面貌。目前為止，我只走訪了十八個國家，不到全世界國家的百分之十。我看到巨大的相異處，但也有很多相似處。歸根結柢，我們都在努力解決同樣的問題，也都受到同樣的事情激勵，面對這波襲捲全球的疫病更是如此。

現在不管我身在匈牙利或夏威夷，身在鄧巴或德本（Durban）都無所謂，我都和大家在同一條船上。這證明了（如果還需要證明）大家真的必須同舟共濟。我希望等我們終於戰勝冠狀病毒，全世界回頭看這場傳染病教會我們的事，這將是我們學到的最大教訓。我們都住在同一個星球，大家都是同一個種族，如果我們不為彼此著想，不齊心合作，恐怕會自取滅亡。

至於我的旅行，我已經習慣繞路和封鎖了，旅途中遇過好幾次，在蒙特內哥羅和阿爾巴尼亞遇過，在希臘、保加利亞、喬治亞也遇過。以前必須一次次穿越暴風雨，這次的暴風雨我也會挺過。這段期間我可以繼續捐款給慈善機構，其中不少機構將會非常需要這筆捐款以度過難關。

我還是相信我和娜拉可以找到一同環遊世界的道路。我不再在乎我們踏上哪一條路，或是要花多久時間。這趟旅程走到今天，我已經透徹了解什麼重要，什麼不重要。

耶誕節的時候，家鄉一位朋友送給我一本小小的旅行名言集，我喜歡偶爾翻開品味幾句，裡面有幾句格言我特別喜歡。

第一句是，「**好旅人不會抱著一成不變的計畫，不會執著於抵達何方。**」

我完全同意，心有戚戚焉。

騎車上路的這段時間以來，我漸漸明白制定過多嚴格的計畫幾乎毫無意義。要說我學到了什麼，那就是永遠準備好迎接未知數。過去幾個月顯然格外突顯了這點。

第二句格言出自海明威，他寫道，「**絕不要和自己不愛的人一同踏上旅途**。」

這點我也心領神會。

娜拉是上天賜給我的完美旅伴。我之所以深愛娜拉，不只是因為她每天陪伴我騎車，帶給我喜悅，也不只是因為她讓我透過她的雙眼看世界。我深愛娜拉更是因為她為我的人生帶來新事物，為我的人生賦予新意義：她帶給我全新的責任感，帶給我目標和方向。她帶我走上正確的道路。

我們最終會踏上哪個方向，東、南、西、北？誰也不知道。

命運也會左右我們的方向，一如既往，不過本該如此。自從我們的道路第一次交會以來，命運無所不在。

會發生在你身上的事，終究會發生。且看這條路將帶我們走向何方。

我知道只要我們守在一起，就能共度難關。

致謝

寫書這件事，就某方面而言，幾乎和我在旅程中不得不面對的一些挑戰一樣嚴峻——不過只是幾乎而已！這本書裡，我覺得雖然我跟娜拉是主要角色，但世界各地和我們旅途交會的許多人也在我們的故事裡撐起配角的分量。我也希望在此感謝出版路上幫助過我的所有人。

我在波士尼亞找到娜拉的渡渡鳥影片發布，讓我的生活起了翻天覆地的大變化，不久之後出書的想法就誕生了。我即使是做最瘋狂的夢，也從沒想過自己可以寫書，而且寫的還是關於自己的故事，作家蓋瑞・詹金斯（Garry Jenkins）到聖托里尼來找我的時候勾起了我的好奇。我們一起喝了幾杯啤酒，一邊觀賞小村子梅加洛丘里每年夏天舉辦的躍火儀式，決定合作寫書。團隊自此漸漸擴大，加入了我的經紀人——艾特肯・亞歷山大公司（Aitken Alexander）的萊斯利・索恩（Lesley Thorne），以及由兩位專家帶領的出版專業人士，兩位專家分別是倫敦霍德與斯托頓出版社（Hodder & Stoughton）的羅伊娜・韋伯（Rowena

Webb），以及紐約大中央出版社（Grand Central Publishing）的伊麗莎白．庫爾哈內克（Elizabeth Kulhanek）。如果沒有你們和盡心盡力的團隊，這本書不可能誕生，謝謝你們！我也要向家人和世界各地的朋友致上深深的謝意，你們一路上伴我走過每一步——相信你們都知道在說你，在此不一一點名。

最後也最重要的，當然要感謝娜拉，她是人類夢寐以求的最佳旅伴。她忍受我的歌喉、我的廚藝，還有任何我可能毫無自覺的惱人習慣。我真是最幸運的人！謝謝妳，娜拉，謝謝妳那天早晨在山上等我。

迪恩．尼克森

二〇二〇年七月於歐洲某地

圖片來源致謝

感謝以下人士慷慨同意本書使用他們的照片。

內文彩頁照片第一頁左上：尼爾・尼可森（Neil Nicholson）；中：吉爾・拉斯特（Gill Last）；第三頁右上：地拉那遛狗訓練公司（Dog Walking and Coaching）的阿伯爾（Arbër）和柯內莉亞（Kornelia）；第七頁右上：梅莉娜・卡特里（Melina Katri）；第十三頁下：帕布羅・卡爾沃（Pablo Calvo）。

扉頁毯子上的娜拉（第三頁中與左下）：凱瑟琳・莫曼（Kathrin Mormann）。

圖片選輯由珍・史密斯媒體（Jane Smith Media）負責。

其他照片皆由作者迪恩・尼可森拍攝，選自作者收藏。

關於截至目前我們透過募款活動支持的慈善機構名單，請見：

www.1bike1world.com/supported-charities/

別忘了追蹤我們收看最新的消息、故事、照片：www.1bike1world.com

Instagram：@1bike1world

臉書：/1bike1world

推特：@1bike1world_

國家圖書館出版品預行編目資料

Nala's World，最幸福的旅程：一人一貓的單車環球冒險 / 迪恩・尼可森（Dean Nicholson），蓋瑞・詹金斯（Garry Jenkins)著；陳璽尹，林紋沛譯. -- 初版. -- 臺北市 ： 商周出版，城邦文化事業股份有限公司出版 ： 英屬蓋曼群島商家庭傳媒股份有限公司城邦分公司發行, 民 110.10
面 ； 公分
譯自：Nala's world : one man, his rescue cat, and a bike ride around the globe
ISBN 978-626-318-013-0（平裝）
1.尼可森（Nicholson, Dean） 2.遊記 3.世界地理 4.腳踏車旅行 5.貓

719 110015962

Nala's World，最幸福的旅程：一人一貓的單車環球冒險

原著書名／Nala's World : One man, his rescue cat, and a bike ride around the globe
作　　者／迪恩・尼可森（Dean Nicholson）、蓋瑞・詹金斯（Garry Jenkins)
譯　　者／林紋沛、陳璽尹
企畫選書人／陳思帆
責任編輯／陳思帆

版　　權／林易萱、劉鎔慈、黃淑敏
行銷業務／周丹蘋、周佑潔、賴正祐、黃崇華
總 編 輯／楊如玉
總 經 理／彭之琬
事業群總經理／黃淑貞
發 行 人／何飛鵬
法律顧問／元禾法律事務所　王子文律師
出　　版／商周出版
台北市中山區民生東路二段 141 號 9 樓
電話：(02) 2500-7008　傳眞：(02) 25007759
Blog：http://bwp25007008.pixnet.net/blog
Email：bwp.service@cite.com.tw
發　　行／英屬蓋曼群島商家庭傳媒股份有限公司城邦分公司
聯絡地址：台北市中山區民生東路二段 141 號 11 樓
書虫客服服務專線：(02) 25007718・(02) 25007719
24小時傳眞服務：(02) 25001990・(02) 25001991
服務時間：週一至週五09:30-12:00・13:30-17:00
郵撥帳號：19863813　戶名：書虫股份有限公司
讀者服務信箱 Email：service@readingclub.com.tw
城邦讀書花園網址：www.cite.com.tw
香港發行所／城邦（香港）出版集團有限公司
地址：香港灣仔駱克道 193 號東超商業中心 1 樓
Email：hkcite@biznetvigator.com
電話：(852)25086231　傳眞：(852) 25789337
馬新發行所／城邦（馬新）出版集團【Cité(M)Sdn. Bhd.】
41, Jalan Radin Anum, Bandar Baru Sri Petaling,
57000 Kuala Lumpur, Malaysia.
電話：(603) 90578822　傳眞：(603) 90576622

封面設計／李東記
版型設計／鍾瑩芳
排　　版／游淑萍
印　　刷／高典印刷有限公司
經 銷 商／聯合發行股份有限公司　電話：(02) 2917-802　傳眞：(02) 2911-0053

■ 2021 年（民 110）10月5日初版

Printed in Taiwan
城邦讀書花園
www.cite.com.tw

定價 / 450元

　ISBN　978-626-318-013-0